2020年8月26日，作者在国家级技术创新示范企业广西南宁南南铝业公司调研。其高端铝材广泛应用于火箭、飞船及高铁制造。

2020年10月16日，工信智库联盟成员在郑州郑煤机集团参观学习。郑煤机在业界创下多个"中国第一"。

　　2020年12月28日，在第五届中国制造强国论坛上，国家制造强国建设战略咨询委员会发布了《2019中国制造强国发展指数报告》。

　　2021年4月23日，作者在舟山7412工厂参观。该厂紧固件年销售额12亿元，是国家级重点"小巨人"企业。左一为厂长陈益峰。

　　2022年7月19日，作者与世界清洁能源大会组委会成员一道在西安隆基绿能参观调研。隆基绿能目前是全球单晶硅单项冠军企业。

　　2022年7月21日，作者在温州市润新机械制造有限公司调研。润新阀门已出口到全球136个国家。左一为润新阀门创始人杨润德。

　　2023年4月13日，作者在溧阳江苏铭丰电子材料科技有限公司调研。该企业以锂离子电池所用的超薄、极薄铜箔获评国家级"小巨人"企业。

　　2023年5月18日，作者在河北武安龙凤山铸业与董事长白居秉在1号高炉前。龙凤山铸业研发的超高纯生铁填补了国内空白，被誉为"生铁之宝"。

　　2023年5月23日，作者在国家级重点"小巨人"企业安徽黄山昌辉汽车电器公司调研。前排左一为昌辉汽车电器创始人王进丁。

　　2023年7月24日，作者在山东临沂佰盛能源调研。佰盛能源因管道防腐保温技术获评国家级专精特新"小巨人"企业。左一为创始人张寿新。

中国制造业应该和可能走一条什么样的道路，这是在国际国内诸多矛盾、冲突、选择交汇之处提出的问题。新望先生长期深耕制造强国领域，在本书中不仅从多个角度提出并尝试解答问题，更重要的是通过大量鲜活而有说服力的案例提供了实践答案，值得关注中国制造业发展的各界人士一读。

——第十三届全国政协经济委员会副主任、国务院发展研究中心原副主任 刘世锦

建设制造强国，应充分发挥我国超大规模市场优势和新型举国体制优势，抢抓新一轮科技革命和产业变革战略机遇，不断提升我国制造业自主创新能力。如何打好关键核心技术攻坚战？如何努力突破重要领域"卡脖子"技术？新望在这本书里提出了他的思考和建议。对如何处理好举国体制和市场主体的关系、处理好"补短板"与"锻长板"的关系、重视民营企业在产业基础建设中的作用，这些观点都有一定启发性，值得推荐。

——国家制造强国战略咨询委员会委员、第十三届全国政协经济委员会副主任、工信部原副部长 刘利华

这本书的书名是《关键时刻：中国制造业何去何从》，我同意这样的判断，因为中国制造正处在由大到强的关键阶段。我们既要在传统制造领域推进高质量发展，继续保持优势，还要在现代制造领域补上短板，并逐步引领创新。新望在书中讲到的"工业基础的现代化"是一个十分新鲜的观点，对推进我国产业基础高级化和产业链现代化有很好的启发作用。

——中国科学技术协会第十届全国委员会副主席、中国工程院院士、国家产业基础专家委员会主任　陈学东

智能制造正在引领全球制造业的变革。"头部"企业引领专精特新中小企业融合共进，新技术革命推动智能制造新业态"无中生有、层出不穷"和传统产业"有中出新、日新月异"交织演进，创新生产方式、丰富人们生活、使未来充满希望。《关键时刻》一书深入浅出地洞察了中国制造走向智能制造的趋势，值得一读。通用人工智能大模型赋能千行百业的时代已经到来。创新是未来发展的决定性因素，构建"数字中国"为先进制造业开辟广阔前景，中国式现代化新征程上迎来"中国制造"迭代升级的黄金期。拥抱数字，创新无限；拥抱智造，发展无限；拥抱人才，未来无限！

——国务院参事室特约研究员，中国劳动学会会长，人力资源和社会保障部原党组副书记、副部长　杨志明

该书从制造强国建设的背景出发，阐述了从制造大国走向制造强国的意义，内容丰富，角度独特，具有很好的参考价值，值得一读。中国制造由大到强，还需要眼睛向内，练好内功，核心

是制造业的高质量发展。要设计、创新、研发高质量的产品，没有高质量的产品就谈不上高质量发展；要生产高质量产品，必须要有高质量的技术；关键还需要高质量的管理和高质量的人才。该书列举了中国制造业高质量发展好的几个省，其中包括江苏、广东、福建、浙江，之所以发展得好，就是由于在产品、技术、管理、人才四个方面的基础扎实有力并能不断进取。该书可以供从事制造业研究、应用的技术人员、管理人员借鉴、参考。

——中国工程院院士、浙江大学求是特聘教授　谭建荣

中国的制造业企业不仅变得越来越强大，而且能够提供日益精密复杂的产品和服务，"隐形冠军"企业在其中做出了巨大贡献。此书揭示了中国式隐形冠军的成长之路，展现了中国各地培育"隐形冠军"企业的丰富实践。我们期待，在全球化的进程中，来自中国的制造业企业能够获得更大的新的竞争优势，实现可持续增长。

——德国著名管理学思想家、《隐形冠军：未来全球化的先锋》作者　赫尔曼·西蒙

新望的这本著作，为解决中国制造向新阶段转型提供了具有实践意义的方案。

——南京大学长江产业经济研究院理事长、产业经济研究方向首席专家 刘志彪

新望这本书讲了制造业的重要性，我认为很有必要。制造业

对当下中国的重要性，怎么强调都不过分。美国从来都没有放弃过制造业，至今居于全球产业链的顶端，仍然是全球制造业第一强国。制造业是科技创新和国家间竞争的主战场，没有制造业的强大就没有国家的强大，对此我们必须要有清醒的认识。

——国家发展改革委产业协调司原司长　年勇

本书讨论了大国博弈之下全球供应链重构的中国对策，内容深入，案例丰富，引人入胜，为企业家和管理者认识中国制造，把握中国制造发展方向，提供了一个宽广的视角，有很好的参考价值。

——国务院研究室工业交通贸易研究司原司长　陈全生

中国制造业规模已经成为全球第一，这个世界工厂的概念，有客观对应的基本现实佐证。但是这个世界工厂同时存在着一个问题，就是还"大而不强"。新望在该书中从多个层面和视角论证"中国制造"由大变强的路径选择、现实策略，尤其关于新型举国体制的辩证分析和民营制造业企业在夯实产业基础、提高产业链韧性中重要作用的论述，鞭辟入里，令人深受启发。

——华夏新供给经济学研究院创始院长、财政部财政科学研究所原所长　贾康

中国经济开始从出口导向的增长模式转到以国内需求为主的增长模式。中国企业今后的创新也要眼睛向内，一定要正视自己

的历史、文化与地理，选择一条适合自己的创新之路。新望书中呈现了中国各地中小制造业企业成长的"专精特新"之路及其案例，给我留下了深刻印象。

——北京大学国家发展研究院院长　姚洋

值此中国制造穿越周期的关键时刻，基于前沿实践的思考和建议难能可贵！

——浙江大学求是特聘教授、社会科学部主任　吴晓波

《关键时刻》围绕着中国先进制造业的未来，从全球讲到本土，从"链"讲到"点"，宏大理论稳稳落地，让更多关心中国经济的人看到了光明的未来。

——上海交通大学安泰经济与管理学院教授、《变量》作者　何帆

制造业正在加速升级。正如本书所论证和预测的，制造业与其他产业的界限正在逐步淡化。在产业互联网时代，所有单一型的制造企业将被更加融合、更加开放的生态型企业整合，甚至被这些生态型企业所淘汰。本书值得向制造业企业管理人士推荐一读。

——长城汽车董事长　魏建军

新望博士是我的好朋友，也是我在全国工商联高端装备制造与仪器仪表委员会的同事。新望博士对制造业有感情，对江浙民

营制造业企业的发展历程十分熟悉，他对中国制造业的研究和把握有感性基础，有田野观察、实地调查的基本功。我们卧龙集团成长壮大过程与中国的电气化、自动化基本同步，从模仿、赶超，到现在的引领，这个过程所走过的道路，与新望博士在书中所讲到的中国制造业企业的成长规律十分贴合。我隆重向大家推荐这本讲述中国制造故事的高水平的著作。

——卧龙集团董事局主席、全国工商联高端装备制造与仪器仪表委员会主席团轮值主席 陈建成

18世纪中叶开启工业文明以来，世界强国的兴衰史一再证明，没有强大的制造业，就没有国家和民族的强盛。如今，虽然美国的制造业占GDP不到12%，但研发经费的70%、科学家和工程师人数的60%都投入于制造业，专利的90%来源于制造业。

打造具有国际竞争力的制造业，是我国提升综合国力、保障国家安全、建设世界强国的必由之路。形成中国经济增长新动力、形成经济发展新优势、推进供给侧结构性改革，重点在制造业，难点在制造业，出路也在制造业。"推动制造业高质量发展，坚定不移建设制造强国"是中央的既定方针，也已经成为凝聚人心、动员全社会力量推进中国式现代化的一面旗帜。

中国工业化已告别重化工时代，进入工业化中后期。制造业发展进入中高速增长新常态。2015年中国政府发布了被业内称为"中国制造强国战略"的《中国制造2025》，大大推进了我国制造业发展进程。如今，中国的"全球第一制造大国"地位已保持13年，制造业增加值超过美、德、日三国之和，有绝对的制造业规模领先优势。

我国制造业体系完整，国内市场巨大，具有内循环条件下的相对独立性，产业动员能力和产业协同能力具有独特制度优势；传统产业，特别是纺织、食品等民生产业已经成为智能制造和绿色制造发力的主要领域，从所谓的"夕阳产业"蜕变为"朝阳产业"；制造业部分重点领域正逐步形成全球竞争新优势，如新能源汽车、锂电池、光伏装备"新三样"国际市场份额遥遥领先，通信设备、轨道交通装备、电力装备三大产业居于世界领先地位，航天装备、海洋工程装备及高技术船舶、稀土材料、超级计算机达到世界先进水平。这些产业已摆脱了"跟随创新"模式，正在向"领跑创新"模式转变。中国制造有强大韧性，14亿多中国人能吃苦，敢拼搏，尤其广大民营中小企业，在严峻的环境下不仅能生存，还能向前发展，越战越勇。

中国已经成为世界第二大经济体，中国科技从来没有像今天这样距世界最先进水平如此之近。当然，就整体水平来讲，在全球制造强国阵营，我们还处在第三阵营。虽然与制造强国仍有差距，但这一差距正在缩小。当前，国际形势复杂严峻，大国博弈，争先布局，抢占先进制造制高点；我国经济稳中有进，但结构性因素与周期性因素叠加，下行压力加大；新一轮科技革命和产业变革与我国加快转变经济发展方式形成历史性交汇。我国制造业发展正处于重要战略机遇期。

2018年以来，中美贸易摩擦持续升级，美国将矛头直指"中国制造2025"提出的十大重点领域。美国等发达国家一方面指责中国政府过多干预市场，同时也在加紧制订自己的产业规划和产业政策，甚至将其法律化。此外，美国还对华为、中兴、大疆、晋华等一大批中国高科技企业实施精准制裁，对中国实行高技术出口封锁，关键技术、设备、材料切断供应，对工程类中国留学生进行限制，甚至想绕开中国重组供应链。美国就是要把中国制造业永远摁在全球价值链的中低端。东南亚和北美等地区国家利用中美贸易摩擦之机，加快吸引产业转移。越南政府还提出，到2030年将基本建成现代工业国家。

当前，我国制造业在国际上正受到"前有堵截，后有追兵"的双向挤压。中美贸易摩擦是一场持久战，美国还将有一些其他后续手段。全球产业链正在解构和重构，我们要保持战略定力，首先把自己的事情做好，加强核心技术研发创新，瞄准建设制造强国目标，坚定不移向前迈进。

近五年来，我国制造业在GDP中的比重下滑过快。如果不加控制地继续下滑，到2025年将降到26%以下，届时会出现"产业空心化"的险情，并引发就业人口快速减少。一些发达国家由于过度"去工业化"引发金融危机，不得不提出"再工业化"，吸引制造业回归。一些南美洲国家任凭经济"脱实向虚"，跌入"中等收入陷阱"，经济发展长期停滞不前。这些教训值得我国高度警惕。

我国制造业发展面临一系列现实的困难。一是高速扩张带来了严重的产能过剩，出现了过度低价竞争的局面。去产能、去库存成了难以破解的困局。二是工业民间投资增速持续疲软，企业家信心不足，预期偏弱。三是资源环境约束日益趋紧，土地价格在十几年间已经翻了一番，劳动年龄人口已连续六年下降，企业招工难，留住人更难，人才严重短缺。四是大企业成长受阻，在世界500强企业中，中国10家银行的利润占了中国上榜公司总利润的50.7%，60家制造业企业的利润占比仅20.16%。五是企业生存压力大。遇到"市场冰山、融资高山、转型火山"这三座大山的重压，加之税费负担过重扼杀了企业的活力和持续扩大经营的能力。

此外，"中国制造"仍然存在大而不强的问题。如：工业基础薄弱，研发投入不足，自主创新能力不强，制造技术依存度超过50%。核心技术和关键元器件受制于人，如芯片、飞机发动机单晶叶片、高铁轴承依赖国外。高制程芯片、航空发动机、工业软件三大"卡脖子"短板领域亟需突破。新一代信息技术产业、高档数控机床和机器人、航空航天装备、海洋工程装备及高技术船舶、先进轨道交通装备、节能与新能源汽车、电力装备、农机装备、新材料、生物医药及高性能医疗器械，上述十大领域中大部分产业与国际先进水平相比仍存在较大差距。产品质量问题突出，可靠性、稳定性、安全性不高。产业结构不合理，资源密集型产业比重大，技术密集型产业和为用户提供服务的服务型制造比重低，高端领域和高技术产品贸易竞争优势指数低，产业结构仍处在中低端；能源资源利用效率偏低，GDP全球占比与能耗占比不相称，中国的单位GDP能耗大约是世界平均水平的1.8倍。

中国要成为世界制造强国，必须补短板、锻长板、固底板，构建现代化制造业体系。

第一，组织有关部门，梳理出关系到国计民生、国防安全的短板，由国家统筹国企和民企的力量，实现中央和地方的联动，开展协同创新，逐个突破。在这一过程中，中国应把核心零部件（元器件）和关键基础材料作为补短板工程的重点。

第二，培育世界领先产业。巩固通信设备、轨道交通装备、电力装备三大产业的世界领先地位；提升优势产业，努力赶超世界最先进水平；将钢铁、石油炼化、家用电器、纺织、农产品加工、建材六大传统优势产业培育为世界领先。

第三，创建世界级产业集群。努力形成40～50个产业规模在全球行业内占有较大比重、拥有世界一流的领军企业和专业化分工系统与协作网络、具有世界领先的核心技术和持续创新能力的世界级产业集群。

第四，创建世界一流企业。营造良好营商环境，深化企业改革，到2025年，形成40～50家世界一流企业。这些企业在全球产业发展中能够具有话语权和影响力，代表新一代"中国制造"的总体形象。

第五，引导"隐形冠军"企业成长。鼓励民营中小型企业向"专精特新"方向发展，到2025年形成700～800家世界级"隐形冠军"企业，提高专业化生产、服务和协作配套的能力。中小制造业企业，如果不具备制造整机和大机械的实力，就专心在诸如轴承、密封、模具等一个细分领域里耕耘，为大企业、大项目和产业链提供零部件、元器件、配套产品和配套服务。

第六，制定既符合国际惯例，又能体现中国特色的产业政策，以更多的普惠性政策代替选择性政策。加强知识产权保护，取消进入的门槛，逐步走向"三零"（零关税、零补贴、零壁垒）。

第七，数实融合，推进制造业企业数字化转型。新一代信息技术与制造业的深度融合，正在引发新一轮技术革命和产业变革，而制造业数字化、网络化、智能化是这次变革的核心。抓住这个机遇，就有可能实现超越。

第八，我特别想强调的是：加强产业基础建设，既任重道远，又刻不容缓。改革开放后，无论是人民生活还是国防建设都需要最终产品。中国能生产普通的零部件，但如果是需要研发的且当时未能研制出来的，我们就从国外购买。中国有后发优势，我们可以利用别国的零部件直接制造主机，但这导致了中国产品存在空心化现象。我们能做飞机外壳，但做不出发动机、机载设备；我们能做轮船的发动机，但做不出机泵阀；我们修了4万多公里的高铁线路，可是我们没攻克高铁轴承的制造技术。与之相反的是，德国在工业发展阶段买不到零部件，全都需要自己造出来，因此其零部件制造技术和整机制造技术是同步发展的。

国家产业基础专家委员会于2022年发布的《产业基础创新发展目录（2021年版）》显示，在26个重点领域中，对国民经济和国防建设影响大的基础产品共有1456项存在薄弱环节。其中国内空白、依赖进口的产品占29.4%，已开发但质量性能不能满足需要的产品占44.1%，已开发成功但未产业化的产品占26.5%。从中美贸易摩擦中，我们能得到什么有益的启示？特别是华为、中兴芯片受制裁事件，我们应该猛醒。因为产业基础薄弱，有时候一个零部件、一种材料，就可以把一个企业，甚至整个行业置于死地。真是"基础不牢，地动山摇"。芯片、传感器、控制器、飞机发动机、轴承等核心零部件必须掌握在自己手里。只有这样才能不被别人"卡脖子"。

"中国制造强国战略"提到了五大工程，分别为制造业创新中心建设工程、智能制造工程、工业强基工程、绿色制造工程、高端装备创新工程。这五大工程开始实施后，我发现大家对智能制造很感兴趣，但是对工业强基工程、核心基础零部件、关键基础材料等领域，就不是那么有兴趣。担任工信部智能制造专家委员会副主任以来，我对这点感触比较深。在实践中，如果是智能制造的项目，各级政府都很愿意掏钱，而一旦涉及到类似工业强基的长期投入，各地就有畏难情绪了。

我们组织了100余位院士，1000余名专家，整理并发布了1000多项各领域重点需要的"五基"（基础零部件及元器件、基础材料、基础工艺及装备、工业基础软件、产业技术基础）。我希望能动员起全社会的力量，让更多企业来认领任务，借此全面提升中国产业基础水平。

中国制造的发展举世瞩目，精彩万千，前景无限。新望博士是学经济学出身的，这些年又走访了不少东南沿海一带的制造业企业。他掌握了大量资料，对政策十分了解。他以他的专业角度，走进中国制造现场，讲述中国制造故事，研判中国制造趋势，观点独到，亮点纷呈。值得一提的是，九年前，新望找到我，说是要组建制造强国论坛组委会，没想到，他们当年就做成了这件事，一眨眼已经成功召开八届制造强国论坛，而且做得有声有色，对推动全社会重视制造强国建设起到了很好的宣传作用。

《关键时刻：中国制造业何去何从》一书，以开阔的视野、坚实的逻辑、敏锐而独特的洞察力，用大量生动有趣的事例，向我们讲述了全球产业链大重构的关键时刻中国制造蜕变的艰难困苦和光明未来，值得您一读。

屈贤明

国家制造强国建设战略咨询委员会委员

国家产业基础专家委员会副主任委员

国家智能制造专家委员会荣誉主任

中国工程院制造业研究室主任

在这本书中，我想说的是全球产业链正处在一个大洗牌、大重构的时期，而中国制造业正面临这样一个何去何从的关键时刻。

如果你是一个关心这个话题的人，天天都会看到新消息。不消说，喜忧参半。

就在我写这篇自序的时候：

2023年5月13日，中共中央政治局委员、中央外事工作委员会办公室主任王毅与美国总统国家安全事务助理沙利文在维也纳长谈10小时。与美国的关系有多重要，可见一斑。

5月16日，ChatGPT发明人、OpenAI CEO（首席执行官）山姆·阿尔特曼（Sam Altman）前往美国国会听证会。有人认为这是一个工业革命级别的大事件，将改变人类生产生活的方方面面。山姆·阿尔特曼主动提出请求政府监管并由美国制定ChatGPT全球标准。就在听证会后没几个小时，ChatGPT开放了移动端接口，而且有了中文版。

5月17日，美国蒙大拿州立法，禁用Tik Tok（抖音海外版），并令苹果、谷歌自选商店将其下架。

5月19日，广岛G7峰会召开。峰会声明，基于"经济安保""降低对中国的贸易依赖"，"尤其关键供应链依赖"，拜登将在G7峰会后，签署一项行政命令，严格限制美国企业对中国芯片、量子信息和人工智能等高科技产业的投资。

G7峰会结束没几天，5月23日，日本正式对尖端半导体设备及其辅助材料进行大规模出口管制，涉及23类，影响到中国45纳米制程以上芯片的制造。

美国商务部官员在5月27日表示，美国主导的"印太经济框架"基本上完成了"提高供应链韧性与安全"的协议谈判。"印太经济框架"包括四大方面的共识：贸易、供应链、能源、反腐。其中，供应链方面的共识率先达成，其目的就是要联合印度洋、太平洋地区的14个成员国建立一个去中国化的普通制造业的全球供应链。

新冠疫情以来，苹果、东芝、三星、戴尔、宝洁、安森美等企业，有的将总部搬离中国，有的将工厂从中国迁出，有的大规模裁员。

大国博弈，不请自来，不论你喜不喜欢。你还相信全球化吗？全球化将走向何方？底线在哪里？东升西降？谁主沉浮？全球化结束？是"逆全球化"还是"半球化"？"新冷战"来临？世界再次阵营化？百岁老人也哀叹"活久见"。诚所谓"百年未有之大变局"！

所有这一切，都会最终落在全球产业链变局上。全球产业链大重构将是划时代的世纪性事件。"产业链断裂！""产业链转移！""产业链重构！""保卫产业链安全！""提高产业链韧性！"这样的呼声此起彼伏。

在这样的时刻，每一个有思考能力的人都应该重新打量眼前的世界。

但是，全球化对中国制造业的重要性怎么强调都不算过分。中国之所以成为世界第一制造大国，离不开全球化。已经全球化的世界经济，也不可能与中国脱钩。

2009年，即中国入世第9年，中国成为全球第一大商品出口国。

2010年，即中国入世第10年，中国成为世界第一制造业大国。

2011年，即中国入世第11年，中国成为世界第二大经济体。

2013年，即中国入世第12年，中国成为全球第一货物贸易大国。

上述这些，桩桩件件，说退回去就能退回去吗？说脱钩就能脱钩吗？

所以，我们还看到了中国与美国、中国与世界关系的另一面：

2023年3月份以来，中国继续增持美国国债200亿美元。

5月18日，中亚五国峰会在西安召开，成果清单蔚为大观，"一带一路"扎实推进。

5月21日，拜登在广岛接受记者采访时表示，"将在很短时间内缓和与中国的关系"。

2023年第一季度，在中国新能源汽车出口全球第一的基础上，中国乘用车、商用车出口又超越日本，中国成为全球第一大汽车出口国。

截至2023年第一季度，中国制造了全球75%以上的光伏组件，66%的电池组件。而钢铁、家电、服装、建材、化工等传统制造业的产量更是遥遥领先、全球第一。

中国仍然是全球电子产品网络的中心，并紧握供应链底牌，即使有转移，越南等国也只是一个节点。包括电子产业集群在内，中国的东南沿海地区有近百个这样的产业集群，这些集群大多已经跻身世界级先进制造业产业集群之列。

5月24日，英国《金融时报》报道，英伟达创始人兼首席执行官黄仁勋警告美国政府，"世界上只有一个中国市场"，芯片之争将给美国科技行业带来"巨大伤害"。

近三年时间，在一系列国家政策促进下，中国迅速成长起上万家专精特新"小巨人"企业和单项冠军企业，把守着全球供应链各紧要关口，国内产业链韧性得到空前加强。尤其是，"卡脖子"倒逼进口替代，补短板无意中促成了锻长板，而关税战也促使一批中国制造业企业"走了出去"。

5月17日—18日，李强总理在山东调研期间视察潍柴集团、海尔集团，强调"推动制造业高端化、智能化、绿色化发展"，"更大力度吸引和利用外资，想方设法稳定国际市场份额"。

此前10多天，即5月5日，习近平总书记主持召开第二十届中央财经委员会第一次会议时发表重要讲话强调，"现代化产业体系是现代化国家的物质技术基础，必须把发展经济的着力点放在实体经济上"，"加快建设以实体经济为支撑的现代化产业体系"。

6月，外交部表示，中国政府已向《全面与进步跨太平洋伙伴关系协定》（CPTPP）成员递交了中国加入CPTPP的交流文件，并重申中国"有意愿、有能力加入CPTPP"。

7月，中国商务部和海关总署宣布，从8月1日起对镓、锗相关物项实施出口管制。7月19日，中共中央、国务院印发《关于促进民营经济发展壮大的意见》。

以上就是我们截取到的全球产业链重构的一个个瞬间，也是中国与美国，美国与中国以不同角度因应对方、构建各自新发展格局的几个镜头。

全球产业链大重构，制造强国大博弈。在美的推动下，中美高端制造脱钩，普通制造断链。美国的意图很明显，即主导此轮全球产业链大重构，把世界工厂从中国转移出去，并将中国排除在新一轮全球化进程之外。对此，中国的应对有理有节，反孤立、反脱钩，拆墙填沟、补链铸链，把开放的大门开得更大。

构建中国的新发展格局，需要两根支柱：一是建设现代化产业体系，二是建设国内统一大市场。这是中国应对全球产业链重构的大思路——内循环为主，内外循环相互促进。中国从来没有说过要中断外循环。新发展格局，当然是大格局。

中国制造从哪里来？到哪里去？面对全球产业链大变局，我们有必要对中国制造的阶段定位有一个清醒认识，需要为当下的中国制造"造像"。所谓知彼知己，百战不殆。简单概括，五句话：世界第一制造大国；全链制造；富有韧性；超大内需市场；处在由大到强的关键跃升阶段。

未来中国制造的战略和地位将没有悬念。党的二十大提出以中国式现代化全面推进中华民族伟大复兴，而中国式现代化首先需要经济的现代化，也就是经济体系的现代化；而要实现经济体系现代化，产业体系的现代化是首要发展目标。产业体系包括实体经济、高新技术、现代金融、人力资源，其中，着力点和支撑点在实体经济上。实体经济是什么？根据经济合作与发展组织

（OECD）的一般均值，实体经济的80%是工业，而工业的87%是制造业。这就是中国式现代化与中国制造背后的逻辑关系。

"由制造大国迈向制造强国"是本书重点关注的话题。2021年3月7日，全国政协经济委员会副主任、工信部原部长苗圩在全国政协十三届四次会议第二次全体会议上提出"在全球制造业四级梯队格局中，中国处于第三梯队"，并表示"实现制造强国目标至少还需30年"。他的发言曾令许多人目瞪口呆。

事实上，我们只是规模意义上的大国，还不是质量、结构和可持续发展意义上的强国；虽然我们的传统制造规模大，但现代制造还不够强。正如一位专家在中制智库的论坛上所讲，"中国不是世界第一制造强国，连第二也不是！"

俄乌冲突会让你想到什么？作为一个研究中国制造业的人，我马上想到的是：打仗，打的是高端制造，打的是先进制造。现代战争是信息化、智能化战争，而制造强国与军事强国是高相关性的对应关系。

所以，当学术界朋友在讨论"后工业化社会中的中国制造业"的时候，我只能摇摇头说我不同意。按照中央的部署，2020年基本完成工业化，2035年将基本实现新型工业化。也就是说，完成工业化，至少还要10年时间。而且，工业化是一个动态过程，只有程度高低之分，没有结束之说。所谓"完成"，只是保持一种相对的稳态。老牌工业化国家英国提出"再工业化"，中国的提法是"新型工业化"，即只有进行时的工业化，没有完成时的工业化。须知，信息化、智能化的基础仍然是制造业。譬如，没有芯片的设计、制造，信息化、智能化就无从谈起。

面对全球产业链大洗牌、大重构，中国需要从"工业强基""产业基础再造"做起，我们需要大企业，需要龙头企业，但更需要打造中国版"隐形冠军"和产业链集群。过去的低成本比较优势和后发模仿优势即将衰减。中国制造需要从大企业崇拜走向专业化引领；需要从集成制造、装配制造走向基础制造；需要从模仿引进为主转向自主创新为主。对于近两年出现的国内GDP中制造业占比和全球制造业增加值中国占比"双下降"的苗头，我们必须高度关注。新形势下中国参与全球产业链重构，既要解决断裂与反断裂、脱钩与反脱钩、控制与反控制这样迫切而现实的问题，又要找到长久的铸链、强链、布链、延链、引链的密匙。

这个密匙就是打造中国制造业细分领域"隐形冠军"和世界级先进制造业产业集群。这也是本书给出的应对全球产业链大重构的可行答案。

20多年来，我基本上没有间断过对中国制造的持续观察和思考。20世纪90年代，我曾近距离观察、研究苏南乡镇企业，甚至在一个钢铁企业待过一年多时间。苏南乡镇企业基本属于典型的"两头在外"加工制造业。沙钢集团、永钢集团、远东电缆，虽然不是高新技术企业，却都拥有极致的精加工技术，对成本利润和产品品质有着精准的把控，对"负公差"等工艺路线娴熟自如。"蚂蚱腿里能榨油""螺蛳壳里做道场"，那都不是吹牛！后来我先后在《经济观察报》、中制智库任职，观察了东南沿海一带另外一类制造业企业。如山东信发铝电、魏桥创业集团，属于基础材料的加工业，因为自建发电厂，能源成本低，拥有了竞争利器；当然更多的制造业企业还是利用高新技术赚取创新红利，这样的企业也被称为战略新兴企业，如我曾经走访过的宁德时代、比亚迪、隆基绿能、大族激光等，它们的目标是世界市场。

8年来，中制智库已经服务了1000余家大大小小的制造业企业，近两年又接触到了大量民营高新技术企业和专精特新"小巨人"企业。所以，书中的一些基本观点有感性基础。我对中国制造所谓"韧性"的认识正是基于我多年来对民营制造业企业的接触和近距离观察。这类企业主业突出、务实专注，是中国制造业争冠全球的底气和底蕴。华为、比亚迪、宁德时代、隆基绿能都是从这类企业当中成长起来的。

新冠疫情期间，我写了一系列制造业观察思考的文章，也做了多场线上讲座，自我感觉，这些观点和思考形成了一定框架和逻辑体系，有必要整理成一本小书供大家一起批评、探讨，也算是对自己一段时间以来的思想做一个总结。

是为自序。

2023年6月8日

第一章

产业体系大调整

2015年，国务院颁布《中国制造2025》，将制造业定位为"立国之本"。

2016年，中央经济工作会议指出，"房子是用来住的，不是用来炒的"。

2017年，全国金融工作会议首次提出了"金融服务实体经济"的工作任务。

2020年，多个互联网大厂开始接受反垄断调查，阿里巴巴被罚182.28亿元。影视、教培等非实体经济均被强化监管。

2021年，"十四五"规划提出"保持制造业比重基本稳定"。

············

8年时间里，基本完成了国民经济体系的大调整。

调整的结果是：制造业被放在了更加突出的位置。

近十年来，中国国民经济产业体系进行了一轮自上而下的、巨大的调整，因为时间跨度较长，许多人并没有感到显著的变化。殊不知，这一轮中长期的产业体系大调整，可谓惊心动魄。

从"四个现代化"到现代产业体系

从1954年第一届全国人民代表大会第一次会议"四个现代化"萌芽，到1964年第三届全国人大第一次会议正式提出"四个现代化"战略目标，"四个现代化"成为中国经济建设的基本战略，之后其内容多次出现在周恩来总理所作的政府工作报告中。

"在本世纪内，全面实现农业、工业、国防和科学技术的现代化，使我国国民经济走在世界的前列。"

20世纪80年代以后，实现"四化"是经济建设的重要目标，也是鼓舞全国人民的最响亮的口号。

21世纪以来，我国经济进入了新的发展阶段，对"四化"的理解和解释也在不断拓展、创新。

十七大报告首次提出"发展现代产业体系"，主要指工业（与信息化结合）、高新技术产业、现代服务业、基础产业在内的产业体系。同时，十七大报告首次出现了"经济体系"的提法，并用"内外联动、互利共赢，安全高效"12个字来定位开放型经济体系。

十八大报告将"发展现代产业体系"扩展为"着力构建现代产业发展新体系"，讲的还是现代产业体系。这里的"新"与报告中提到的"着力激发各类市场主体发展新活力，着力增强创新驱动发展新动力""着力培育开放型经济发展新优势"等其他内容构成了一个有机整体。

十九大报告指出，"我国经济已由高速增长阶段转向高质量发展阶段，正处在转变发展方式、优化经济结构、转换增长动力的攻关期"，"建设现代化经济体系是跨越关口的迫切要求和我国发展的战略目标"。必须坚持质量第一、效益优先，以供给侧结构性改革为主线，推动经济发展质量变革、效率变革、动力变革，提高全要素生产率，着力加快建设实体经济、科技创新、现代金融、人力资源协同发展的产业体系，着力构建市场机制有效、微观主体有活力、宏观调控有度的经济体制，不断增强我国经济创新力和竞争力。

二十大报告提出，以中国式现代化推进中华民族伟大复兴。中国式现代化有五个方面的特征：人口规模巨大的现代化、全体人民共同富裕的现代化、物质文明和精神文明相协调的现代化、人与自然和谐共生的现代化、走和平发展道路的现代化。从具体内容上讲，包括经济、政治、文化、社会、生态的现代化，这其中，经济的现代化是根本，是出发点。而大国经济的现代化，一定是经济体系的现代化。

现代化经济体系和现代产业体系，都有"体系"和"现代"二词。我们知道，经济体系由经济系统构成，经济系统是包含经济要素的有机整体，强调内在联系的整体性；经济体系泛指一定范围内或同类的事物按照一定的秩序和内部联系组合而成的整体，是由不同系统组成的，也可看作若干个系统的集合。经济体系以规模大、要素全、内部联系完整为特征。

现代化经济体系的思想源头来自世界经济体系和世界贸易体系的概念。世界经济首先是一个整体，包含发达地区和不发达地区，区域内可能形成产业集聚，相关对应理论是克鲁格曼区域经济学中的"中心－边缘"理论。

现代世界的经济体系，由市场的贸易，世界各区域、各成员在水平层面与垂直层面的生产分工，金融体系的深度合作相交织而成。现今世界主要有三个比较有代表性的国际贸易体系：第一个是政治、经济深度融合的欧盟；第二个是由美国主导、强调自由市场的北美自贸区；最后一个就是以自由、开放、自愿为特色的亚太经合组织（APEC）。

我国的现代化经济体系建设主要有七个方面的要点和任务：

第一，产业体系。产业体系是经济体系的基础。我国经济的主要问题是产业资本与货币资本收益率失衡，在部分领域、部分区域存在的垄断是导致这一问题的主因。

第二，市场体系。经过四十多年改革开放，我国商品市场的发育已较为充分，97%以上的商品和服务价格由市场决定，要素市场的建设和改革也取得了重要进展。但与商品和服务市场相比，土地、劳动力、资本、技术、数据等要素市场的发育相对滞后，市场决定要素配置的范围有限、要素流动存在体制机制障碍、新型要素市场规则建设滞后等影响了市场对资源配置的决定性作用的发挥，成为高标准市场体系建设的突出短板。

第三，分配体系。高技能人才拿不到相匹配的收入，在体制内尤甚，亟需人力资本价值的释放。

第四，区域体系。我国的人口分布有以黑河—腾冲为界的"胡焕庸线"，线以东人口稠密，且人口沿路网、河网呈网状分布，线以西地广人稀，经济规划必须考虑到区域人口分布的特点。

第五，生态体系。生态的可持续发展是近年来的热门话题，前几十年的经济发展造成了很多环境健康方面的问题，这些都是经济活动的外部成本，未来要靠"双碳"战略逐渐将其内部化。

第六，开放体系。这里的开放不仅指对外开放，还有国内各地市场不能有地方保护，不能无视各地自然条件、人文条件，盲目上项目、扩产业，搞零和博弈造成浪费。2022年提出的"全国统一大市场"就是指对内开放，就是要破除地方产业保护的问题。

第七，制度体系。最重要的是在我们的制度建设与实践中，要让市场经济发挥决定性作用，要做到市场经济有效、微观主体有活力、宏观调控有度。

产业体系是经济体系的核心和重点。十九大报告明确指出，产业体系需要实体经济、科技创新、现代金融、人力资源四方面协同发展，而且提出"建设现代化经济体系，必须把经济发展的着力点放在实体经济上"。那么实体经济是什么呢？根据经济合作与发展组织统计的各国平均数，实体经济的80%是工业，而工业的87%是制造业。所以说，制造业是建设现代化经济体系的重中之重。正如《中国制造2025》开篇指出的，"制造业是国民经济的主体，是立国之本、兴国之器、强国之基。"

物质资料的生产是人类生存发展的前提。制造业通过不断扩大再生产，形成生产资料生产和生活资料生产两大部类，构成了国民经济运行的基本面，生产、交换、分配、消费，都是围绕制造业而展开的。定义一个国家是农业国还是工业国，主要看其制造业。世界上主要发达国家都经历过工业革命及其引发的技术革命。制造业是构成一个国家综合实力和国际竞争力的坚实基础。完整的工业体系、强大的制造业基础对国家综合实力的保障至关重要，也保证了一个国家的国际地位和独立自主的国防实力。

实体经济和制造业是国民经济高质量发展的关键。任何经济体的发展都需要实体经济的支撑，实现国家发展战略目标更是如此。没有制造业强国做支撑，建成社会主义现代化强国就无从谈起，满足人民群众对美好生活的需求也同样无从谈起。

现代化首先是工业化，但工业化不是一次性完成的，是一个长期的动态过程。工业化之后还有"再工业化"或叫"新型工业化"。很多发达国家从20世纪70年代开始制造业比重下降，"脱实向虚"，产业空心化，造成账面财富增加，但是贫富差距却越发扩大的现象。

面对"退二进三""不断调整产业结构""后工业社会"等说法，我们应当保持清醒的头脑。

在我看来，制造业既不是蓝海，也不是红海，制造业就是大海；制造业既不是朝阳，也不是夕阳，制造业就是太阳。

金融、房地产、互联网各归其位

改革开放以来，我国制造业规模持续扩大，但一段时间里出现了制造业平均利润严重低于非实体经济的现象，制造业企业生存困难，被边缘化。甚至在制造业发达的长三角、珠三角一带，还出现过"办工厂的不如炒房的、不如炒股的"现象，让制造业企业主一度感到自卑。制造业占国民经济比重快速下降，个别地区出现严重的"脱实向虚"倾向。2006—2019年，我国工业增加值在GDP中占比由48.7%降到39%；同期，制造业在GDP中占比由32.5%降至27.7%。所以，中国工业经济联合会会长李毅中大声呼吁："制造业比重下降的严峻状况要引起重视……落实中央关于'保持制造业占比的基本稳定，巩固壮大实体经济根基'的要求，功夫要下在高质量发展上，应保持工业增加值增幅与GDP增幅相当……工业投资增幅与全部固定资产投资增幅相当……"

习近平总书记2019年9月17日在郑州煤矿机械集团股份有限公司考察调研时指出，"制造业是实体经济的基础，实体经济是我国发展的本钱，是构筑未来发展战略优势的重要支撑"。这段讲话非常及时、非常有针对性，也为实体经济注入了强劲的信心和动力。回顾近些年，尤其是党的十八大以来，中央政府对过去经济发展脱实向虚倾向做出了一系列政策调整。

1. 金融业的新定位

2017年7月召开的全国金融工作会议首次提出了"金融服务实体经济"的工作任务。此后，一方面央行通过提高货币市场利率和加强宏观审慎评估体系等途径，倒逼金融机构去杠杆；另一方面，银保监会、证监会等监管部门出台了一系列文件，明确了强监管、治乱象、补短板、防风险、服务实体经济的目标。

2016年，银监会等四部委联合发布了《网络借贷信息中介机构业务活动管理暂行办法》，随后关于存管、备案、信息披露三大主要配套政策陆续出台和落地。2019年，监管部门下发的《关于做好网贷机构分类处置和风险防范工作的意见》提出，除了严格合规的在营机构以外，"良性退出""能退尽退，应关尽关"。到2020年底，P2P网贷机构已经基本清零。在这场资本的豪赌狂欢中，许许多多普通人经不住诱惑投进了全部身家，最终落得血本无归的结局。

近年来，中央多次强调，传统金融机构要回归服务实体经济的本源和本分，要加大对制造业的支持力度，防止信贷资金过度向房地产集中。对于中信银行原行长孙德顺的处理是一个典型案例。2020年，孙德顺因涉嫌严重违法违纪被带走调查。2022年2月，法院对孙德顺一案进行了公开审理。有新闻报道显示，孙德顺任职期间曾直截了当地要求全行一定要立刻把制造业贷款停下来，即便有100%的抵押也不行。所以，中纪委的通报第一条就明确指出："孙德顺丧失理想信念，毫无政治意识和大局意识，严重违背党中央关于金融服务实体经济的决策部署，限制、压降制造业贷款。"

这是"不支持实体经济"第一次出现在反腐通报中。这表明，金融不支持实体经济的乱象，已经成为严重的政治问题和社会问题，而中央对不支持实体经济，给制造业添堵的情况已经深恶痛绝，到了零容忍的地步。当然，这也再次强调了制造业是中国经济的核心和基础。

前几年，中国的制造业，特别是民营制造业"苦银行久矣"。银行抽贷、压贷、断贷的频繁发生让很多制造业企业的生存、发展步履维艰。实体企业融资难、中小企业得不到资金支持的情况，和这种普遍存在的银行消极怠慢实体经济有着很大的关系。

近年来，相关政策对于推动经济"脱虚"效果较为明显，在严监管态势下，影子银行的活动有所萎缩，但资金进入实体经济的力度仍不够。在经济下行压力增大、外部经济环境不确定性因素增多、货币政策传导途径存在一定阻滞、民间投资需求疲软的环境下，资金"脱虚"易而"向实"难。

中国的制造业企业中相当一部分是中小民营企业，而银行在资本市场的融资偏向大企业、国有企业，所以，中小民营企业，尤其三四线城市以下的制造业企业，仍然得不到有效的金融支持。中小企业融资难是世界性的难题，而想要增强经济活力、吸纳就业，又需要金融机构给中小民营企业足够的信心。未来，金融机构、资本市场如何支持民营制造业，如何通过借贷审批机制、风控指标构建来适应中小制造业企业的需求，是金融行业需要面对的重要课题。

2.房地产回归理性

2016年12月14日至16日，中央经济工作会议召开。会议明确指出，坚持"房子是用来住的，不是用来炒的"定位，意在淡化房地产的金融属性和投资功能。

住房作为一种商品，有二重性，既有使用价值，也有交换价值。在房价上涨时期，有人因为囤房炒房而赚得盆满钵满，房子的交换属性、投资属性、金融属性在无形中均逐渐增加。房企融资渠道不断被拓宽，大量资金被注入房地产蓄水池，导致实体企业因此缺少资金支撑。

因为房价、地价高企，我国东南沿海地区制造业的成本优势正在丧失。部分制造业发达地区的地价、房价高企，已经赶超国外老牌工业化国家的城市，个别地区甚至出现"逼走制造业"的情况。比如，深圳的制造业就在陆续外迁。

2017年7月，深圳市政协发布了一份《深化供给侧结构性改革，壮大深圳实体经济重点调研报告》，重点提到深圳制造业外迁已成潮流，同时，大多数外迁企业已不再是低端落后的制造型企业，而是先进制造业，尤其是一些大中型制造业企业。

2019年6月，深圳市政府向深圳市人大常委会提交的《深圳市2018年中小企业发展情况的专项工作报告》显示，2016—2018年，37.5%的外迁企业集中在电子信息制造业领域。在城市产业由低端向高端升级的过程中，因租金成本不断上升，深圳制造业企业外迁或关停的现象越发突出。

"天眼查"数据显示，近三年，深圳的制造业企业吊销及注销数量逐年上升，2018—2020年分别为225家、976家、3116家，同比增长492%、334%、219%。与此同时，虽然工业企业也在持续迁入深圳，但每年迁入的增速远不及迁出。2020年10月，史丹利百得宣布关闭深圳石岩街道的工厂。更早之前，飞利浦、三星电子、爱普生、奥林巴斯等外资企业也相继关闭了位于深圳的厂区。内资方面，华为、大疆、比亚迪、中兴等企业陆续将新基地设在了深圳周边。

江浙地区是中国民营经济最活跃的地区，因为房地产过热，已经出现了房地产挤占制造业生态位的趋势。例如，浙江温州自改革开放以来一直是民营经济极其活跃的地区。温州人以家族小作坊的形式，通过低成本、低利润的劳动密集型产业，迅速完成财富积累。到2005年，温州工业总产值在10亿元以上的产业集群有29个，工业总产值达到3178亿元，形成了"中国鞋都"、中国电子元器件生产基地、"中国五金洁具之都"等数十个"国字号"工业生产基地。素来有投资习惯的温州人，不会让手上有闲置资金，缺乏投资渠道的他们一头栽入了房价只涨不跌的楼市中。随着房地产过热，"温州炒房团"带着大量游资横扫全国。在温州本地，房地产价格也一直处于高位。中国房价行情网数据显示，2021年温州全市新房均价1.97万元/平方米，明显高于中部地区省会城市长沙（1万元/平方米）、武汉（1.7万元/平方米）的均价，亦明显高于紧邻的台州、丽水。温州一直在规划产业转型，想从"低小散"产业转型至"高精尖"产业，但目前尚未形成足够的实力，高新技术企业的数量明显不足。要实现产业转型，需要企业投入大量自有资金购买新设备、研发新技术，而从盈利的逻辑看，投资房地产显然比踏踏实实搞实业风险更低，收益更高。在温州，企业主夫妻间丈夫搞实业做工厂，老婆拿着工厂大部分现金炒房搞投资的现象非常普遍。但结果往往是"夫亏妻赢"。

中纺机（全名中国纺织机械股份有限公司）作为一家老牌的行业龙头企业，早在1992年中国股市的萌芽时期，就已经在上海证券交易所上市。1993年中纺机成立了地产开发公司，开始涉足房地产行业。后来在经营过程中，中纺机因各种原因主业萎靡不振，而房地产经营也没有让公司起死回生。2021年中纺机最终卖壳，离开金融市场，也丧失了纺机行业龙头的地位。

雅戈尔以主营男装业务被公众熟知，却一度依托房地产业务实现了营收的大幅增长。雅戈尔在1992年便进入了房地产领域，宁波是雅戈尔的发家之地，也是雅戈尔地产开发的起点。从2007年开始，雅戈尔尝试从宁波走向长三角，并在苏州、杭州、上海等地均拿下地王项目。然而，这些地王项目并未给雅戈尔带来预期的高收益。如杭州的地王项目，因房地产调控、盈利前景不乐观等问题导致雅戈尔于2013年退地，约4.84亿元定金打了水漂，拖累公司当年净利润同比下降14.88%。近几年来，雅戈尔地产业务受挫，主业也受到很大影响，萎靡不振，主业收入仍处在低水平。

又如，庄吉服饰曾是温州西服行业的领头羊，近年来也因为先后斥巨资投入房地产、物流、电力等领域，一味追求高额利润和规模而忽略风险控制，酿下了无可挽回的恶果，造成企业经营不善以至于倒闭。

这些经营方向转移、荒废主业的民营企业在市场里多如牛毛。一方面由于投资房地产的收益与投资实业的收益严重倒挂，企业因逐利而转行；另一方面也是由于高房价导致的生产成本、人力成本大幅上升对制造业造成冲击，企业脱实向虚。

想让制造业企业各归其位，坚持房住不炒的定位是非常重要的。

3. 互联网大厂找回初心

互联网公司在中国已有二十余年的发展历程。从21世纪初第一批创业的门户网站搜狐、新浪开始，国内的互联网企业一开始都可以算作信息化平台，通过模仿国外的业态，在巨大的国内市场中得到快速发展。

马云创立阿里巴巴的初衷是为江浙中小制造业企业提供服务，把供销从线下搬到线上，消除市场中的信息差和过高的中间成本。

浙江和苏南历来有发达的专业市场。如温州的桥头镇纽扣市场，从20世纪80年代中期开始逐渐发展，到20世纪90年代，全镇共有店、摊1030个，从业人员2000余人，每天市场交易人数达3000余人，每年纽扣销售量约50亿粒，相当于全国人均5粒，销量占全国的80%、全球的60%。这个面积仅有90.6平方公里的偏僻小镇，被誉为"东方的布鲁塞尔"，闻名国内外。

阿里巴巴把这类线下的专业市场搬到线上，既为原料市场做供应，同时又为制成品提供网上销售的渠道，大大提升了供应链信息传递、业务流通的效率，发起了一场中国制造业的革命。由此催生的电商、物流、网上支付极大地推动了国内统一大市场的建设。

然而，阿里巴巴做大后，为中小企业服务的功能逐渐弱化，平台的收费也逐渐提高。形成垄断后，企业没有更多的选择，广大中小企业主只能忍受高昂的平台收费。更明显的趋势是，阿里巴巴做大后，开始广泛拓展业务版图，变成了投资平台、金融平台、媒体平台。不仅阿里巴巴，许多互联网大厂都忘记了初心，变成以流量为王、以盈利为目的的资本金融平台，大搞恶性竞争、无序扩张，对实体经济的挤压十分明显。近年来，国家对互联网的无序发展进行规范和监管，尽管手法比较粗放，但方向值得肯定，也十分及时。

从单车、汽车、充电宝，再到雨伞、健身舱等，各路共享项目纷纷诞生，互联网+金融的"共享经济"曾一度成为所谓的资本风口。但很快，"共享产业"就迅速进入了"洗牌阶段"，ofo单车、悟空单车、小鸣单车、酷骑单车等近10个项目相继停止运营，从所谓的"风口"坠落。人们开始觉察到，模式创新终究只能是昙花一现。蚂蚁金服、京东数科连续上市失败；滴滴不顾大背景的剧烈变化，试图在美国上市，因被监管机构查处造成严重经营危机；政策发力整治各大互联网公司的"996"加班现象。这些都是明显的政策风向：虚拟经济需要整顿和规范，实体经济的发展机会正在得到拓展。

📈 什么才是"立国之本"

2015年5月19日，国务院正式印发了《中国制造2025》，提出制造业是"立国之本"，这份文件被称为"国家行动纲领"。其核心是加快推进制造业创新发展、提质增效，实现从制造大国向制造强国转变。

2015年至今，不管是中国的经济发展，还是外部的经济环境，都出现了新情况、新变化。以往讲到"立国之本"的时候，会让人马上想到粮食、能源、军事，而很少让人想到制造业。近年来，中国制造业产业体系集中承压，但经受住了考验，让大家再次体会到制造业是"立国之本"的深刻含义。

原来经常用的"第一、二、三产业"概念，现在在中央层面、在产业政策层面用得越来越少。为什么？这里其实有一个认知的误区。因为很多人不曾察觉，"第一、二、三产业"的概念隐含着要不断调整产业结构的意思。产业结构需要现代化，于是一些地方明确提出来要"退二进三"。所谓的产业结构现代化就是后工业化——工业的比重不断降低，第三产业，乃至于第四产业比重不断上升。包括一些经济学家在内，许多专家认为中国需要大力发展服务业，而工业化的进程是可以缩短的，甚至是可以跳过的。他们拿美国举例，指出美国制造业经济总量占比不到12%。但这个例子并不合适，因为中国与美国处于完全不同的发展阶段。虽然中国经济发展总的趋势是服务业占比会继续提升，而制造业比重还会下降。但现在的问题是，制造业比重下降的速度过快，与中国现在所处的发展阶段不相符。

2019年美国制造业产值约为2.36万亿美元，占经济总量的11%，而服务业占比是81%。有人以此证明美国处于后工业经济时代。但是，很多人不知道这81%背后的东西。在美国服务业中，60%以上的服务业是为制造业服务的，占美国经济总量约48%，如果加上制造业本身的11%，美国制造业及其配套产业的比例就超过了50%，甚至接近60%。换句话说，美国制造业实际上占美国经济总量的比例近60%。

"十四五"规划提出"保持制造业比重基本稳定"具有重大意义。现在，我们不仅强调保持制造业比重稳定，还要求有所上升。如北京这座城市，已经定位为政治中心、文化中心、国际交往中心、科技创新中心，但北京的"十四五"规划明确提出制造业比重要从现有的11.5%提到15%。当然，它主要是指高端制造业，也包括服务型制造业。

制造业的起伏跌宕伴随着大国经济的崛起。自18世纪中叶工业革命以来，制造业成为人类创造物质财富的主要渠道和现代经济发展的重要支柱。英国率先实现第一次工业革命，制造业发展突飞猛进，于1850年前后成为世界第一制造业大国；美国借助第二次工业革命，大力发展制造业，于1895年超过英国成为世界第一制造业大国。百余年工业革命的历史表明，一项新技术的产生，往往最先应用于制造业，而制造业技术变革的红利很快会溢出到全社会的各个领域。因此，制造业是一个国家综合实力和国际竞争力的坚实基础。制造业是所有发达国家尤其是大国经济的"立国之本"。

工业化是城市化的基础。通过发展制造业、搞工业化，中国完成了"农村剩余劳动力转移"，推动了城市化进程。中国现在还有2.4亿农民工，制造业衍生的就业岗位仍是吸收农村剩余劳动力的大头。虽然物流等新兴产业的就业吸纳力在快速增加，但制造业的特点是产业链比较长，虽然生产线上工人的岗位在减少，但同时也衍生出许多其他就业岗位；在信息化时代，制造业向服务业延伸，第二、三产业高度融合，大多数职工并不在厂房车间，而是在研发、管理、销售等服务岗位上。有学者分析，美国从来没有放弃制造业，仍然是一个制造业为主或者是靠制造业支撑的国家。因此，制造业发展一旦持续放缓，不仅影响中国工业化进程，城市化进程也将受到影响，甚至稳就业也会变成大问题。经济学家陶然在其著作《人地之间》中揭示了一个中国模式的城市化路径。地方政府为什么愿意花大力气"九通一平"搞工业园区，而且给入驻企业免税？陶然发现，只有制造业发展起来了，才会带来高收入人群，后者才会在本地购买住房，并增加服务业消费。政府才可能通过垄断供应商住用地，获取高额土地出让金。整个地区的经济也就开始活跃起来了。

中国已是国际公认的"制造大国"和"军事大国"，但我们非常清楚，不论是制造业还是军事工业，都存在"大而不强"的问题。中国军事工业依赖于中国制造业，两者之间的对应关系毋庸置疑。虽然中国制造业创新能力在不断提升，中国制造业目前却仍处于全球制造业产业链的中下端。先进制造业、高端制造业的整体竞争能力并不强——核心技术、关键零部件均受制于人；自主创新能力和研发能力不足，对于先进制造技术的掌控缺乏主导性。这些也反映在了军事工业层面。

很少有人注意到一个基本常识，即信息化依赖工业化，依赖先进制造业。自海湾战争以来，信息化作战已经成为主导型战争形态。信息化作战使斩首行为成为可能，而美国信息战专家认为，"斩首"应是现代战争的首选原则。所谓"斩首"，依靠的就是"刀片＋芯片"，但其武器装备和指挥系统，实则是工业化、信息化的融合。芯片是先进制造业的结晶。其原料是单晶硅，属于工业新材料，其加工工具光刻机属于精密机床，是先进制造业的珠穆朗玛峰，是智能制造皇冠上的明珠。

飞机和航母是一个国家工业综合实力的集中体现，属于装备制造。大飞机的发动机制造目前全世界只有三家，美国通用、普惠公司，英国罗尔斯—罗伊斯公司。我国的C919大飞机80%以上的硬件以及主要的飞控系统，甚至包括航空发动机，都是欧美产品。C919的顺利下线和成功试飞均离不开欧美公司的协助。

第二次世界大战时，如果包括护航航母在内，美国有158艘航母，英国有91艘，日本也有25艘。现在，美国现役的航母虽然只有11艘，但是技术水平大大进步，配有航电系统、推进系统、通信系统、自卫系统等复杂的支持系统，形成了 11 个航母打击群，代表了航海、航空、电子制造业各领域的尖端水平。

国家的国防军事实力是由制造业上限决定的，随着国际局势的剧烈变化，发展先进制造业、高端制造业，加强国防力量建设，迫在眉睫。这就是制造业在当今严峻的国际局势下的特殊重要意义。

📈 杭州的故事

杭州是近年来迅速崛起的新一线城市。提到杭州，最有代表性、最被大众熟知的是西湖和阿里巴巴，一个代表文旅经济，一个代表数字经济。前些年，数字经济蓬勃发展，数字经济核心产业占 GDP 比重超过 27%，为杭州贡献了亮丽的经济数据，以及"数字之城""创新之城"的美誉。但伴随而来的是杭州的工业一路衰落，甚至一蹶不振。2010—2020 年的十年间，杭州市第二产业占 GDP 比重已从 47.8% 一路下降至 29.9%。在数字经济一路高歌猛进的荣光下，杭州工业的失落却少有人问津，杭州的经济、产业已严重空心化。

近年来，因为互联网公司尤其电子商务公司的集聚，杭州成为很多年轻人向往的就业首选地。然而，杭州的产业布局过度偏向虚拟经济和第三产业。面对外部冲击引发的发展低谷，杭州缺乏应对的底气。杭州强调"服务业优先"，做强了第三产业，但第二产业占 GDP 比重逐年下滑。2013 年，杭州工业产值被宁波反超，GDP 增幅在全国副省级城市中排名已经靠后。

举两个企业的例子：杭州的民生药业创建于 1926 年，是中国最早的四大西药厂之一，然而企业经营在 2021 年陷入危机，连续成为被执行人；杭州钢铁集团作为大型钢铁企业，年营业收入不足阿里巴巴的四分之一。近几年，随着国家互联网产业监管的入场，杭州的经济结构开始暴露出一系列问题。

杭州在向虚拟经济狂飙突进的过程中，互联网产业集群和社会资本迅速推高了其房价，杭州市财政对土地的依赖程度也逐渐加深。2021 年上半年，全国300个城市土地出让金总额为28340亿元。其中，土地出让金超千亿的城市有5个：第1名是杭州，土地出让金为2001亿元，土地成交面积731万平方米；第2名是上海，土地出让金为1967亿元，土地成交面积1010万平方米；第3名是北京，土地出让金为1414亿元，土地成交面积408万平方米；第4名是广州，土地出让金为1315亿元，土地成交面积651万平方米；第5名是南京，土地出让金为1233亿元，土地成交面积630万平方米。

如果我们结合近年来的数据，就会发现杭州的土地出让金从2018年起就冠绝全国。高地价和高房价不仅拉低了杭州市民的生活质量，还拖累了杭州实体经济的发展。杭州2020年的工业增加值为4221亿元，还不到深圳（9528.12亿元）的一半。

为什么杭州的实体经济增长乏力？首先是虚拟经济与实体脱节，丢掉了产业基础。

我们从阎锡山的故事讲起。

阎锡山在太原的宅子里给他父亲安装了一部电话，并告诉父亲，需要什么东西，拎起这个电话说话就行了，要饭有饭，要酒有酒，哪怕是杂货铺里刚出来的水烟也可以马上拿到。父亲回到老家后，阎锡山问他在老家日子过得如何，缺什么东西。他父亲说，什么都不缺，但就想要之前的电话。阎锡山的父亲只知道电话是个好东西，却不知道电话背后实际上有一系列的制造业在支撑。在老家，就算装上电话也不一定像在太原那么方便。信息、通信再发达也不能脱离制造而解决最终的需求。如果整个浙江省的中小制造业企业日子都不好过，杭州的电子商务终究会成为沙中之塔；一个地区产业结构单一、虚拟经济占比过高，必然出现发展的可持续性和稳健性问题。

杭州实体经济的衰落也与其对硬核科技的不够重视有关。杭州偏"软"、偏"虚"的经济结构，在面对经济下行压力时缺乏"稳定器"。新能源、集成电路、生物医药等热门新兴产业领域的发育不足，更是让杭州错过了最大的风口。

芯思想研究院发布的"2021年中国大陆城市集成电路竞争力排行榜"显

示，杭州竞争力排在全国第十一位，甚至比不过苏南的地级市无锡。2020年无锡市集成电路产业产值为1421亿元，而杭州只有340亿元。根据亿欧网、中国科学院大学经济与管理学院、华为、西安市硬科技产业发展服务中心联合发布的《2020中国硬科技创新白皮书》，杭州的硬科技综合排名和科研人才指数都跌出了省会城市前十名。

与集成电路一样，新能源汽车产业也是国家战略性新兴产业。在这一板块，杭州依然落后于其他大城市。2020年，杭州市境内只生产了9200余辆新能源车，且不论与上海（23.86万辆）、深圳（10.9万辆）存在巨大差距，令人震惊的是居然只有合肥（5.27万辆）的17.5%。杭州最大的车企是吉利集团，其曾于2015年宣称"到2020年新能源汽车销量占吉利整体销量90%"。而据其2020年的业绩公告显示，该公司几何A、几何C、帝豪EV、帝豪GSe等新能源及电气化产品总销量为68142辆，不仅同比下滑39.73%，且仅占吉利汽车总销量的5.16%。

第二章

全球产业链大变局

全球产业链的形成，有四个重要节点。

"二战"后美国推动了全球贸易体系和游戏规则的建立，全球市场催生全球产业链。

苏联解体、冷战结束、中国入世后的快速全球化，使全球产业链大为深化。

2008年金融危机之后，各国重新重视制造业回归，全球产业链逐步收缩。

2019年以来，新冠疫情、中美博弈、俄乌冲突三大冲击促使全球产业链急速重构。重构的结果是，安全性代替效率性，细长型变为短粗型。

中国的制造业正面临美国及其盟国的全面打压，"卡脖子"事件频频发生。西方制造业回归，中国产业链外迁，全球产业链回缩并变脆弱，全球化出现逆流，WTO被边缘化。面对产业链回缩的冲击以及全球产业链重构，中国制造业短期内已经承受了损失，保卫产业链安全的呼声此起彼伏。

📈 全球化催生全球产业链

如果以新航路开辟和地理大发现为经济全球化开启的标志，从15世纪末到现代的五百多年间，经济全球化大体经历了四个历史阶段。也就是说世界发生了四次具有不同特点的经济全球化。

第一次经济全球化源于地理大发现，特别是美洲新大陆的发现。人类第一次发现地球是圆的，人们对世界各大洲国家和地区的全貌开始有比较完整的认识与了解，其深远意义是难以估量的。大航海时代的开启，使得欧洲的经济发生了巨大的、革命性的变化。市场规模由独立的国家个体扩大到世界，推动了资本主义的海外扩张和世界市场的初步形成，促进了资本的原始积累和流通。

第二次全球化源于工业革命。18世纪从英国发起的第一次工业革命，开创了以机器代替手工工具的时代；19世纪最后30年和20世纪初，因为科学技术的进步和工业生产的飞速发展，被称为近代历史上的第二次工业革命，世界由"蒸汽时代"进入"电气时代"。两次工业革命，让人们发现世界市场可以打通，世界可以分工。

第三次全球化从"二战"结束后开始，全球经济规则在这一阶段确立。随着布雷顿森林体系的建立，国际货币体系形成了以美元本位为核心的格局。同时，由于更自由开放的国际贸易体系形成，美国也形成了较强的全球投射能力，从经济、政治、文化等多方面改变了世界。在这个阶段的全球化进程中，形成了美国和美元主导的全球价值链和货币体系，并在此基础上尝试在人类发展方式转变、国家治理模式改革、全球治理体制机制创新、国际合作规则体制建立等方面探索。与此同时，全球化也面临着诸多挑战，比如各个主体需共同面对气候环境保护、恐怖主义等。

第四次全球化从苏联解体开始。1989年东欧剧变，1991年苏联解体。苏联的继承者俄罗斯经过多年经济危机后，沦落为二流国家。华约解散后，东西方之间的意识形态鸿沟逐渐淡化，世界进入美国一极主导的时代。中国经济在这轮全球化中经历了人类历史上罕有的高速增长。改革开放后，尤其加入世界贸易组织后的前十年时间，中国经济通过导入外国资本和技术，结合中国的劳动力优势，为西方市场生产便宜产品。"Made in China"行销全球。通过人力优势和一系列入世后的经济改革，中国的GDP快速跃升为全球第二。

近年来，中国深度参与全球化进程，成为全球产业链的枢纽，同时也在试图打破"中国制造—美国消费"的结构，目标是完成从中国制造到中国创造；从输出劳动力和产品到输出设计、技术和资本的战略性转变。

金融危机后的全球产业链格局

中国入世对奠定中国制造业大国的地位具有决定性意义。在世界历史上，曾有英国、德国、美国等多个国家成为世界工厂。2010年之后，中国成为世界第一制造业大国，世界工厂转移到了中国。得益于开放和竞争的全球经济体系，中国制造业已深度融入全球产业链，成为世界经济发展的主要引擎之一。传统制造业转型升级步伐加快，新兴产业不断孕育发展，智能制造、高端制造取得积极成效，有一定技术水平的现代化工业体系已基本形成。

然而，全球产业链格局的形成与发展是合作中有竞争的动态变化过程。继2001年中国入世之后，2008年是全球产业布局出现变化的又一个节点。次贷危机引起的一系列金融风暴让各发达国家深受虚拟经济反噬，纷纷开始制定制造业发展规划。

表1 部分发达国家近年来发布的再工业化战略

发布时间	战略名称	主要内容	战略目标
2011年	美国先进制造业伙伴关系计划	为了创造高品质制造业工作机会以及提高美国全球竞争力的新兴技术进行投资	提高美国制造业全球竞争力
2012年	美国先进制造业国家战略计划	围绕中小企业、劳动力、伙伴关系、联邦投资以及研发投资等提出五大目标和具体建议	促进美国先进制造业的发展
2013年	美国制造业创新网络计划	计划建设45个制造创新中心和一个协调性网络，专注研究3D打印等有潜在革命性影响的关键制造技术	打造出世界先进技术和服务的区域中心，持续关注制造业技术创新，并将技术转化为面向市场的生产制造

续表

2013 年	德国工业 4.0 战略实施建议	建设一个网络：信息物理系统网络；研究两大主题：智能工厂和智能生产；实现三项集成：横向集成、纵向集成与端对端的集成；实施八项保障计划	通过信息网络与物理生产系统的融合来改变当前的工业生产与服务模式，使德国成为先进智能制造技术的创造者和供应者
2013 年	新工业法国战略	解决能源、数字革命和经济生活三大问题，确定 34 个优先发展的工业项目，如新一代高速列车、电动飞机、节能建筑、智能纺织等	通过创新重塑工业实力，使法国处于全球工业竞争力第一梯队
2014 年	日本制造业白皮书	重点发展机器人、下一代清洁能源汽车、再生医疗以及 3D 打印技术	重振国内制造业，复苏日本经济
2015 年	英国工业 2050 计划	推进服务＋再制造；致力于更加快速敏锐地响应消费需求、把握新的市场机会，可持续发展，加大力度培养高素质劳动力	重振英国制造业，提升国际竞争力
2017 年	工业战略：建设适应于未来的英国	英国应积极应对人工智能和大数据、绿色增长、老龄化社会以及未来移动性等四大挑战，呼吁各方紧密合作，促进新技术研发与应用，以确保英国始终走在未来发展前沿，实现本轮技术变革的经济和社会效益最大化	通过创新提升盈利能力

续表

2018年	美国先进制造业领导力战略	该报告提出了涉及"技术、劳动力、供应链"的三大战略目标，目的是扩大制造业就业，确保强大的国防工业基础与可控的弹性供应链。同时，采取有力行动打击不公平的全球贸易。报告还将目标分解到了诸多联邦部门，国防部几乎参与了全部行动	强化全球先进制造业的领导力，对供应链的控制能力和对国防的支撑力
2018年	德国高技术战略2025	德国研究与创新发展的顶层战略，明确了"高技术战略2025"的关键举措和任务目标	德国重视强化技术和工业领域的领导力，偏重先进技术研发和制造能力提升
2019年	（德国）国家工业战略2030	借助能源、税收和竞争政策的调整，有针对性地扶持钢铁铜铝、化工、机械、汽车、光学、医疗器械、绿色科技、国防、航空航天和3D打印等十个"关键工业部门"	计划到2030年将工业产值占国内生产总值的比例增至25%，保证德国工业在欧洲乃至全球的竞争力

　　高端制造业是各发达工业国家争相占领的高地。从各国产业规划中可以看出，第一是高端产业，比如机器人、飞机、高铁、3D打印等技术受到重视；第二是各国对制造产业集成化、集群化的追求非常明显；第三就是中小企业的重要性在制造业回归的过程中十分明显。对中小企业的支持是世界各国创新发展的来源，也是各层次劳动力释放市场的有效途径。

　　减少贸易逆差，扩大出口规模，创造就业机会是欧美"再工业化"战略的重要一环。为鼓励本土制造业的发展，贸易保护成为欧美提升出口竞争优势的重要手段。美国自2018年3月宣布依据301调查对中国进口商品加征关税以来，中美经贸摩擦数次升级；中国与欧盟在经贸领域的发展势头虽好于美国，但贸易摩擦从未停歇，欧盟不承认中国的市场经济地位，并通过建立技术性贸易保护、征收高额"反倾销税"等手段构筑贸易壁垒。

　　欧美"再工业化"的战略重心之一在于，运用技术创新占领技术制高点，加大对新兴产业的政策支持与研发投入。一方面，欧美加快技术创新或将拉大与我国的技术差距；另一方面，欧美通过加强高技术产品的出口管制，阻碍我国相关行业的技术赶超。尤其是美国商务部工业和安全局通过将高科技企业列入实体清单，限制我国获取美国生产的关键零部件。

为扶持本土制造业发展，欧美通过土地、财税、金融等一系列政策吸引本国和外国资本流入。尤其是美国特朗普政府推行的"美国优先"政策，在一定程度上抑制了美国企业在华投资的意愿。同时，随着我国劳动力、土地、运输等成本的快速上涨，我国制造业相对于欧美国家的成本优势正逐步下降，再加上东南亚、非洲等国家低成本的吸引力，部分跨国企业出于政治与经济的双重考量，计划逐渐减少对中国的投资，并计划转移部分供应链。

📈 各国对后工业化的反思

"二战"以来，各发达国家先后经历过"去工业化""产业空心化"。此前的20世纪70、80年代，从英国提出"后工业化"概念开始，许多西方国家开始了后工业化改革。第二产业占经济比重大幅减少，第二产业人口向第三产业转移，制造业发达的传统工业区出现大规模的衰落。

作为"去工业化"的先行者，美国既尝到了甜头，又吞食了苦果。自20世纪后期以来，美国一方面将发展重心转向服务业与知识技术密集型产业，拥抱全球化并成功在知识竞争时代夺得高科技全球领导地位；另一方面也饱受"产业空心化"的负面影响——美国国内制造业岗位外流严重，国内需求日益依赖国外进口，地区差距与收入不平等的加剧进一步助长了美国国内右翼民粹主义的兴起。在此背景下，作为国际产业转移的主要接受者，中国成为美国民怨的发泄对象。伴随着去工业化负面影响的不断显现，"中国搭美国便车""中国占美国便宜"等观点在美国国内越来越有市场，在特朗普发动对华贸易摩擦之后，中国威胁论几乎成为美国决策层的主导性思维。

美国的去工业化进程始于20世纪70年代。美国人发现，通过跨国企业来整合全球的原材料、生产制造、运输、销售等全流程业务，创造的价值远远大于在美国本土搞生产创造的价值。因此，出于整合全球资源的需要，美国跨国公司从70年代开始蓬勃发展。

美国的去工业化进一步推动了华尔街股市的繁荣，然而五大湖区的传统重工业区从此一蹶不振，大量产业工人陷入贫困，美国的传统工业区因而被称为"锈带"——经济问题积重难返，人口大量外移，区内民生凋敝。以新英格兰地区为例，1957—1975年大约有83.3万工人在传统工业中工作，如服装、纺织和橡胶等。至1975年，因工厂倒闭和外迁等原因，有64.7万工人离开了这些行业。在外迁的工厂中，有些工厂迁往南方，有些工厂迁往国外，如新加坡、韩国和巴西等。而失业的工人中，大约有三分之一的工人凭借着专业技术在高新技术产业找到了工作，大约有16%的工人只能从事零售和消费者服务行业。此外，在汽车工业中，从1979年1月至1980年12月，美国国内有20家汽车工厂宣布倒闭，有5万工人失业。与此同时，因汽车工厂倒闭而受到牵连的企业有将近100家，其中包括原材料供应商、配件制造商等，有8万多工人因此失去工作。依据美国国会预算局的估计，在1979—1980年间，因汽车产业转移而失业的工人约有35万至65万人。钢铁工业方面，在20世纪70年代，尤其是在70年代末期，几乎美国所有的钢铁企业都缩减了产量。在1979年感恩节那天，美国钢铁公司在《纽约时报》上宣布"美国有14家与冶炼有关的企业分别在8个州宣布破产，有13000人失业"。在1977—1981年间，美国有许多钢铁企业倒闭，削减了国家11%的钢铁生产能力。

20世纪70、80年代，撒切尔启动英国私有化改革，精简了大量国有制造业部门，让金融业成为英国的支柱产业，这同时造成了许多低效行业工人（钢铁工人、煤矿工人、纺织工人、造船工人等）的永久失业，他们只能终生靠政府救济生活。到1990年，英国工业占GDP的比重首次低于20%，而以银行、保险、餐饮娱乐为代表的服务业占GDP的比重长期高于20%。这造成了什么后果呢？举三个小例子：

英国的罗孚汽车曾经是英国汽车制造工业的一面旗帜，但从20世纪80年代开始，英国将汽车工业列为"夕阳产业"，罗孚汽车公司后来被中国公司收购，现在上汽的荣威汽车挂的就是罗孚的标志。

英国航母制造中的重要配件龙门吊是由中国供货的。英国已经失去了独立制造航母的能力，曾经的日不落帝国的荣光已经越来越黯淡。

青年就业问题愈发严重。2011年开始英国爆发了一系列骚乱，骚乱的主体就是一些难就业的低学历青年。服务业不管有多好，它的门槛始终存在，很多低学历的年轻人根本迈不进去。而制造业能让很多年轻人有一份工作，这很重要。

巴西也是较早实现工业化的南美洲国家。1960—1980年间，巴西的GDP一路腾飞，年平均经济增长率高达10.1%。在还未落入"中等收入陷阱"的泥潭之前，巴西经济被称作"巴西奇迹"。然而，正是受限于丰富的天然资源，巴西长期利用资源赚取外汇，却忽视了产业链升级的重要性。巴西是资源型国家，资源极其丰富，已探明的金属矿产多项位居世界前列，靠出口矿产巴西就能够赚到大量的外汇。另外，巴西地处热带，气候湿润，雨水充沛，土地肥沃，农作物出口这一方面也具有极大优势。"巴西奇迹"之后，巴西政府采取了"去工业化"，即降低了工业在经济中所占的比重，转而发展第三产业。本意不差，但是在还没有建立真正稳固的工业体系前，便"去工业化"，无疑在很大程度上损害了国家经济的根基。这使得巴西在之后的几十年里工业生产仍然集中在资源密集型领域，无法产生更大的发展效益。

阿根廷曾经是南美洲最发达的国家，20世纪初的人均GDP可与西欧强国比肩，首都布宜诺斯艾利斯更是被冠以"小巴黎"的称号。1913年是阿根廷最辉煌的一年，当年阿根廷人均GDP排名世界第十，发展程度与当时作为新兴发展国家的美国相当，直有追赶法国等成熟经济体的势头，经济富裕程度与文明繁荣程度均达到顶峰。然而阿根廷地处肥沃的潘帕斯草原，对资源的依赖让大农场主们结成的集团过分强调农牧业的重要性，抑制了对国家发展至关重要的工业的发展，使长远的有序发展变得非常艰难。在历史惯性影响下，阿根廷选择将工业化置于一旁，而贯彻了以谷物、牛羊等农牧业初级产品出口为主要产业的发展道路。胡安·庇隆于1946—1955年间两次出任阿根廷国家领导人，反击国内利益集团，将出口农产品所获的资金用于发展初级工业，出台本国历史上第一个五年计划，建立起国有的工业企业，大力推进国家的工业化，改善国内工人的工作与生活条件，建立劳工总同盟，实施进口替代策略。胡安·庇隆的工业化改革使得阿根廷成为南美为数不多的具有工业基础的国家之一。可惜，1989年卡洛斯·梅内姆上台，西方资本全面控制阿根廷，仅6年时间，阿根廷的失业率就高达18.8%。10年后的1999年，阿根廷国家债务升至1500亿美元，占GDP的将近一半。通胀、失业高企、经济欲振乏力，之后的阿根廷经济几经震荡，总体来说再也无法再现百年之前的荣光了，彻底坠入"中等收入的陷阱"。

关于19世纪工业革命带来的一系列变化，美国学者库兹涅茨等人认为用"现代化"一词来说明从农业社会向工业社会的转变比较合适。从此，"现代化"这个术语开始被学者们广泛使用。中国著名经济学家张培刚教授对"工业化"与"现代化"的关系作了严格的分析，他指出，"现代化"必须包括工业化的基本内容，当然还要包括其他如政治思想、生活观念、文化修养等许多方面的新内容，但其中不少部分又是由工业化这一大变革过程所必然引起而发生的。一个社会的工业现代化如果进行得不彻底，那么经济现代化也就缺乏根基。

中国的工业正在经历由大变强的过程，制造业的高质量发展任重道远。曾经大为流行的所谓"现代化等于后工业化"的论调值得时时警惕，在没有迈入发达国家门槛之前，中国应始终保持制造业比重基本稳定。

〽 "三大冲击"与全球产业链重构

近几年，全球产业链面临着"三大冲击"：以中美经贸摩擦为代表的大国竞争、2020年暴发的新冠疫情、影响全球的俄乌冲突。

贸易冲突短期内增加了贸易成本，在生产中大幅提高了中间品及产业链上的生产流通成本，使跨国公司在世界范围内的生产决策布局趋于保守，引发全球价值链、产业链的拆解和重构；以纺织业、电子产品为代表的劳动密集型产业将加速向东南亚国家、孟加拉国、印度等生产成本更低的国家转移，而产业链上端技术和资本要求更高的产业将趋向于向日韩、欧洲等资本密集、经济发达的地区转移。以美国为首的西方国家，在高科技和先进制造上意图精准脱钩，从贸易摩擦延伸到技术战，甚至产业链战，这已经严重影响到中国制造业各个行业，导致中国经济循环不畅。

美日等国认为，高端制造，尤其生物、医药健康的生产链不能过分依赖国际市场，不能掌握在别人手中，至少国内应该有备份。未来的全球产业链可能会变成区域化的、洲际的产业链。产业链的区域化将代替全球化，或者成为块状的全球化。比如东亚、北美、欧洲，各自成链。对中国而言，某些产业还有可能收缩成国内产业链，或者形成由中美各自主导的两条平行供应链。

新冠疫情以来，世界范围内的人员、生产要素自由流动受到限制，部分国家生产停滞，加之原油市场大幅波动、金融市场剧烈震荡等负面因素的叠加影响，全球产业链"断裂"风险加剧。疫情对出口的影响是明显的，疫情来了，工厂停工停产，复工复产后，发现疫情转移，国外的订单没了——需求没了，出口停了——甚至出现退单。企业资产负债表开始恶化，出现了一系列次生灾害。疫情的长鞭效应，越到末端震荡幅度越大，企业损失越大，恢复的成本就越高。疫情重创世界各国实体经济，部分产业链停摆导致民众大量失业，收入减少引发需求萎缩，产业链危机由供给端扩散至需求端。疫情加速了全球产业链的再布局，加剧了保护主义、单边主义、孤立主义、霸凌主义。美国首先采取内顾政策，收回产业链甚至设置贸易及技术壁垒，推动全球产业链本地化、分散化，这导致全球产业链不稳定性升级。各国都开始追求产业链的自主可控以及稳健性、安全性，产业链全球布局的要素价格问题和生产成本问题成为次要的考量。

新冠疫情结束后，各国为消化巨大的抗疫成本，投资和消费都将在相当长的时间内处于低迷期，全球经济将会出现一定程度的衰退。企业家为规避未来再出现产业链断供的风险，投资选址在地化、友岸化。美欧国家发现，以往追求效率最大化的全球产业链过长过细，过于复杂，过于脆弱，尤其太过依赖中国，于是开始布局"中国+1"。对涉及民生以及国家命脉的战略产业，各国将纵向整合以缩短供应链条，本土化、区域化的产业链和供应链将加速形成。

俄乌冲突使世界工业的生产原料与能源价格大幅上涨。例如，俄罗斯是芯片原料钯的重要出口国，对俄制裁将持续冲击世界芯片产业链。俄乌冲突极大推升了全球石油价格，石油是工业生产的重要原材料，能源化工产业已开始出现原料紧缺的状况。俄乌冲突给全球化带来重创。后来，俄罗斯退出联合国人权理事会，西方无端指责"中俄站队"。俄乌冲突对中国的中长期影响更是存在许多不确定性。西方对俄乌局势的表态越来越具有政治化、意识形态化的特征，甚至有"不支持就是反对"的倾向。中国如何在俄乌冲突中找准位置，避免被负面舆论波及，避免影响能源自主权，避免战争带来的经济波动，也是未来需要研判的重要课题。

总结来说，以上"三大冲击"对全球产业链产生了深刻而长远的影响，使全球化趋于保守。全球化进程变慢，逐渐变成"半球化""慢球化"。对于关键产业链，有能力的国家将在自身周边建立比较完善的产业链条，同时实现供应商多元化，在全球多个地区生产同样的零部件；还有一些国家将继续参与大国主导的区域产业链，但将增加谈判筹码，谋求产业升级和更大的市场空间。

社会学家孙立平提出了全球产业链"大拆解"的概念。"脱钩"是局部性的、要素性的，主要指经济技术领域，尤其是产业链和供应链。而"大拆解"则是整体性的、结构性的，是原有框架的拆除与重新构建。"脱钩"的考量是基于利益的得失，"大拆解"的考量是基于战略格局、地缘政治，甚至价值观。基于利益得失，有些事情看起来不可能发生，但基于战略格局，就另当别论了。目前，欧洲对俄罗斯能源和资源依赖的拆解已基本完成，产业链依赖的拆解大体过半，科技和高端设备依赖的拆解正在展开。（见"孙立平社会观察"公众号文章：《孙立平：关于当前形势的十点看法》）

　　"三大冲击"之外，新一轮技术革命和产业变革也将带来全球产业链的新变化。世界主要国家纷纷围绕核心技术、顶尖人才、标准规范等强化部署，力图在新一轮国际科技和产业博弈中掌握主动权，这直接催动全球产业分工格局发生新的变化。数字化、网络化、智能化新技术的发展应用，不仅带来了产业思维模式的改变、催发了新需求的产生，还将推动不同生产要素的相对重要性发生变化，进而使不同国家间的资源禀赋优势发生变化，最终影响全球产业分工格局。

　　总体上看，全球产业链的区域化、本土化，以及数字化、网络化和智能化发展将是未来的长期态势。对中国而言，须在稳定全球产业链、确保产业链安全与畅通上切实发力，发挥超大规模市场的优势，加大关键核心技术攻关，提升制造业核心竞争力。同时，还要积极培育和发展国内产业链和区域价值链，构筑自主可控的全产业链体系。

　　中国制造业在很长一段时间内得益于全球化，实现了经济发展的"中国奇迹"。面对全球产业链萎缩的冲击以及世界产业链新格局的形成，中国制造业短期内已经承受了损失，保卫产业链安全迫在眉睫。但在此进程中，中国的超大规模市场和工业门类齐全等比较优势，或将有可能使东亚产业链发展得更为紧密，也将推动国内统一大市场的建设进程。

第三章

"中国制造"新阶段

为什么说是"新阶段"？

一是自身发展阶段的变化，二是国际环境的变化。

新阶段要构建新发展格局，实现多重转变：

从速度型发展向质量型发展转变；从模仿制造向创新制造转变；从产品概念向品牌概念转变；从出口拉动向消费推动转变；从市场开放向制度性开放转变。

构建以内循环为主、内外循环相互促进的新发展格局，是推进中国式现代化的大棋局、大步骤。以实体经济为支撑建设现代化产业体系，同步建设国内统一大市场，是新发展格局的一体之两翼。畅通内循环，并保住外循环的质量，是构建制造业新发展格局的当务之急。

📈 从供给侧改革说起

2015年11月10日，中央财经领导小组第十一次会议在研究经济结构性改革和城市工作时提出"供给侧结构性改革"。习近平总书记在会议中强调，要着力提高供给体系质量和效率，增强经济持续增长动力。

当时的中国经济面临两大主要变化：

第一是主要矛盾发生变化。经济增长的主要动力从投资出口逐渐转向消费，而国内"供需不匹配"。为什么说"不匹配"？一方面，传统的中低端消费品供给严重过剩，廉价衣帽、打火机这种低附加值产品生产太多，市场消化不了，价格持续下滑；另一方面，高品质消费品供给不足，当时中国游客在日本扫货马桶盖，在欧洲、美国抢购奢侈品的新闻算是例证。

第二则是消化过剩产能的步伐提速。针对产能过剩的企业占据大量资源的现象，政府关停了一大批高能耗、低产出的企业。很多地方经历了这个过程，效果也是很明显的，北京雾霾天明显减少就是一个标志性的成果。

美国在20世纪80年代有一些类似的政策调控，当时称为"供给革命"。因为20世纪70年代石油危机，美国的经济经历了长期的滞胀过程，主要的现象是经济停滞的同时存在通货膨胀。政策上，美国先后于1981年和1986年出台了旨在减税的《经济复兴税法》和《1986年税制改革法案》，扩张的财政政策和收缩性货币政策的结合，颇有"一脚刹车，一脚油门"的意思。美国在20世纪80年代出现了连续92个月、平均4%的经济增长，让供给学派获得了话语权，减税更是因此成了美国供给经济学的代名词。"供给革命"期间，美国的经济结构发生了大的转变，政府将低效制造业外移，同时支持高新制造产业和服务业的发展。

中国供给侧改革的方向主要是"结构"而非"总量"。中国制造业的发展规模已经很大了，全球制造业增加值占比从2010年开始连续12年世界第一，全球出口占比从2009年开始连续13年世界第一。2021年，我国制造业创造的GDP创下历史新高，达到31万亿人民币的规模。从制造业创造GDP的维度看，其规模超过了美国、日本、德国之和。比如，出口帽子100亿顶、鞋子100亿双、各种衣服300亿件，这样的出口规模世所罕见。

但不可忽视的是，中国制造业仍存在结构性的问题。产业体系上，细化到产业链中，我们还是有很多产业的关键零部件、关键工艺、关键专利不在自己手里，先进制造、高端制造"卡脖子"现象依然明显。另外，我国2021年的商品出口增速高达21.2%，而社会消费品零售总额增速却只有12.5%。在全球经贸发展受限的新背景下，启动内需市场显得尤为必要。

解决结构性失衡，必须从供给侧改革、结构性改革上想办法、定政策，用改革的办法推进结构调整，减少无效和低端供给，扩大有效和中高端供给，增强供给结构对需求变化的适应性和灵活性。

就制造业而言，最大的问题是由大变强，即实现从数量优势到质量优势的转变。十九大提出了"新阶段"的概念，即"我国经济已由高速增长阶段转向高质量发展阶段"。中国经济增长由高速度转向中速度，但是发展质量能不能提上去，这才是经济能不能长期健康发展的基础。

未来的制造业发展将围绕创新、协调、绿色、开放、共享这五大发展理念，实现"由大变强"的跃升，使中国从制造大国变为制造强国。

习近平总书记为何提出"三个转变"

2014年5月10日，习近平总书记视察中铁工程装备集团有限公司时，曾作出"推动中国制造向中国创造转变、中国速度向中国质量转变、中国产品向中国品牌转变"的重要指示。

"中国速度向中国质量转变"是发展新阶段的题中应有之义；而中国品牌的核心是中国品质，是中国质量。目前，中国的制造业仍然存在明显的质量、品牌发展滞后的问题。制造业产品在安全性、稳定性和一致性等方面仍与欧美日存在明显差距。有数据显示，中国制造业每年因质量问题造成的直接损失超过两千亿元，间接损失超过万亿元。我们还缺少世界知名的大品牌。在欧美国家，既有飞利浦、壳牌、美国通用这样的跨国巨无霸"百年老店"，又有近年来新兴的以特斯拉、苹果、谷歌为代表的科技企业。相比之下，我国制造业企业在品牌设计、品牌建设和品牌维护等方面投入严重不足，品牌化发展滞后。英国品牌咨询公司品牌金融（Brand Finance）2018年品牌价值榜前十名中我国仅有中国工商银行一个品牌，国内制造业企业尚未有入选的品牌。由于产品质量整体水平不高，难以跟上居民消费需求升级的步伐，导致高端消费品领域出现巨量海外购现象。中国消费者出国不仅采购珠宝、手表这类奢侈品，还采购奶粉、药品、化妆品，甚至采购牙膏这类日常生活用品，消费者一有机会就会进行这样的替代消费。

三个转变中，最困难也最重要的是"推动中国制造向中国创造转变"，也就是推动科技创新。近十年来，"中国创造"取得了飞速进展，在集成电路、5G通信、高速铁路、大飞机、航空发动机、工业母机、能源电力等领域攻克了一批关键核心技术难关，取得了以载人航天、探月工程、深海探测、北斗导航、5G应用、国产航母等为代表的一批重大科技成果，建成了港珠澳大桥、白鹤滩水电站、"深海一号"大气田、"华龙一号"核电机组等一批重大工程。

但是，我们依然可以看到，一些关键领域核心技术受制于人的局面尚未根本改变，很多产业还处于全球产业链、价值链的中低端，迫切需要推动科技创新。近年来，信息技术、智造技术、新材料技术、新能源技术等领域的颠覆性技术不断涌现，由此引发了新的产业变革和国际产业分工大调整，世界竞争格局正在重塑。只有全面提高科技创新能力，加快推进中国制造向中国创造转变，才能在新一轮的全球竞争中赢得战略主动。

要实现习近平总书记所说的"三个转变"，必须要有如下一系列的转变做保障：

第一，从投资驱动向创新驱动转变。投资驱动是改革开放以来很多年中国经济增长的主要引擎。20世纪80年代初开始，中国作为后发国家通过设立特区、开放城市、"三来一补"把比较优势发挥得淋漓尽致。与此同时，中国模仿、借鉴发达国家的成功经验，省却了不少试错成本，少走了不少弯路，积攒下巨大的后发优势。同时，政府层面的大量投资，包括基建投资、政府购买等，在经济增长的前期效果很好，但随着经济的发展，会出现边际递减效应。入世以来中国经济发展经历了十来年的黄金期，通过引入大量外资，以劳动换资本、换技术、换管理，充分发挥了我们的后发优势。外资涌入对很多地区的管理体系改进、经济结构提级、深度工业化都有非常正面的影响，但伴随着原来的人力成本优势不再，管理效率、工作效率的进步已经无法掩盖产品本身低技术水平、低利润的问题。上一轮技术突破及其主导的产业红利已经衰减，而人工智能、生物技术等新出现的产业群的发展都离不开创新的驱动。因此发展动能转换到创新驱动，迫在眉睫。在创新驱动的实践中，企业家、科学家才是主体。科学家的理论积累可能带来技术的跨越式进步；而企业从利益驱动的角度，为了自己的产品能在市场上获得独有的优势，会通过"干中学"、工程师熟练工等群体对技术进行渐进改进，不断提升产品的技术含量与生产效率。

第二，从中国制造向中国市场转变。国内有很多规模首屈一指的世界大工厂，一个富士康的厂区可能有几万甚至十几万工人；国内的苹果代工厂生产了全世界90%以上的苹果手机。但是，这些产品绝大多数都是供境外消费者消费的，这也是所谓的中国出口之谜。有一些产业，境内外产品的供应质量还没有完全一致。比如，一些笔记本电脑品牌从产品供应型号到售后政策都对国内市场存在一定歧视；一些汽车品牌的国产合资版与进口原装产品相比质量仍然存在差距；买菜App里的"供港蔬菜"与供应本地产品都存在溢价现象。这些都反映出"中国市场"被定位成了低端市场。拉平内外资厂商供应国内外市场产品的质量才是实实在在地创造"中国市场"。当然，引导消费者形成更高级的消费品味，也可能是建设"中国市场"的重要一环。

第三，从出口拉动向消费推动转变。改革开放以来中国逐渐变成了"世界工厂"，让全世界用上了物美价廉的工业产品。但是，我国在长期强调出口的同时也导致内需始终疲软；虽多次启动内需，但就是启而不动。启动内需，建设强大的国内统一大市场，也是畅通"内循环"的主要内容。因为在下面章节将有更具体的论述，此处不赘。

📈 双循环新格局，内循环新动能

"双循环"是一个非常重要的新概念，代表着中国经济发展的新格局。"以国内大循环为主体，国内国际双循环相互促进"应该是中央对宏观经济形势、对国际形势、对未来经济发展的最新判断。为什么会有这么一个判断？能不能实现内外互促的良性循环？双循环格局下，尤其在以内循环为主体的格局下，中国制造下一步该怎么走？

1.国际环境变了，中美互利共赢的基本格局面临考验，而且具有长期性

2018年4月，中美经贸摩擦开启以来，国际环境、国际局势一直在变化，变化太快，可以说是一日一变。近40年来，国际环境变化最为剧烈的就是这几年，其烈度甚至超过20世纪90年代初。中美互利共赢的基本格局面临考验。

从2018年10月4日时任美国副总统彭斯在哈德逊研究所发表演讲，到2019年10月特朗普的联合国发言，到2020年白宫发布《美国对中国战略方针》，再到拜登上台后一系列针对中国的联盟式围堵，现在的中美摩擦已经不再是单纯的贸易摩擦了，加之一直存在的价值观和制度冲突，中美关系面临严峻考验。

美国将中国视为头号战略竞争对手，美国的舆论动员已经完成，而且正在快速法制化，对华遏制已经成为美国的政治战略。在美国，对华鹰派彻底占据上风，而且两党两院、民间、媒体、企业界，从来没有这么一致过。可以预测，美国对华战略不会因为总统换届而出现大的变化。

美国开始加紧去中国化，鼓吹中美脱钩，科技脱钩已有明显迹象。自1996年西方主要国家签订《瓦森纳协定》以来，西方对中国的高新技术出口，始终保持着10年左右差距的封锁，这个协定至今还在执行，而且每年都有评估。美国对中国高新科技产业精准封锁的实体名单一再增加。不仅包括企业，还有高校科研机构；尤其对华为的围猎，可以说是到了无所不用其极的程度。技术封锁的同时，美国还宣布四家新闻机构为政府代理，停招并驱赶中国留学生、美籍华人科学家，严查与中国有合作的在美科学家和研究项目，宣布关闭中国驻休斯敦总领馆。《纽约时报》曾有文章称要全面停发中国共产党员及其家属赴美旅行签证，中国军人和国企高管也将受到限制。

2020年美国国会通过所谓的"香港自治法案"，涉及此法案的个人将从美元结算系统中被剔出，否则将制裁相关金融机构。这不仅危及香港的金融中心地位，还会给整个中国金融体系的国际业务和对外贸易带来永久性伤害。

拜登上任之后，不仅利用美日印澳"四边机制"峰会在地区安全层面推进印太战略，还于2022年5月23日访问日本期间宣布启动"印太经济框架"（IPEF），并于同年9月启动首次部长级谈判。该框架的首批参加国共有14个，包括美国、日本、韩国、印度、澳大利亚、新西兰、印度尼西亚、泰国、马来西亚、菲律宾、新加坡、越南、文莱和斐济。该框架就是要削弱中国在亚太经济贸易中的影响力，重建美国在亚太地区的制造业供应链。

美媒称，拜登政府还将出台"史无前例"的对华投资限制行政令，限制美企对华关键经济领域的投资，限制范围包括半导体、人工智能、量子计算等。美方打着国家安全的幌子，将经贸、科技问题政治化、工具化、武器化，大搞"小院高墙"，强推"脱钩断链"，甚至不惜损友自肥，也对盟国进行经济胁迫。美方的真实目的是剥夺中国的发展权利，维护一己霸权，这严重破坏了国际经贸秩序，严重扰乱了全球产业链、供应链稳定。

2023年，美国国会众议院全票通过了不再把中国归类为发展中国家的法案。这部法案要求美国国务院对国际组织施加影响，把中国归类为高收入、中高收入或者发达国家，而不再视为发展中国家。法案要求美国务院劝说国际组织不要让中国得到任何给予发展中国家的特殊待遇；美国得克萨斯州的参议院通过了中国、伊朗、朝鲜和俄罗斯公民不能在本州买房的法案。

伴随着中国日益走到世界舞台的中央，中国参与全球治理的深度和广度仍将持续扩大，国际社会短期内也会表现出一些不适应和排斥情绪。贸易保护主义、孤立主义等思潮不断抬头，长期支撑我国制造业快速增长的国际环境已经发生了深刻变化。皮尤研究中心在2023年的一项民调结果显示，新冠疫情发生后，在英国、美国、德国、瑞典、韩国、加拿大等发达国家中，民众对中国的好感度降到了十多年来的最低点。中国外循环的齿轮无形中被掺进了许多无形的沙砾。

目前，一些国际性前沿技术、金融信息网络有的已经在与中国切割，从美国主导下的《美墨加协定》扩充到《美日贸易协定》的生效，美国同时也在积极推进与欧盟的零关税自由贸易协定的签署，以实现自由贸易，同时各方签署排除与中方合作的"毒丸协议"。未来，不排除美国在联合国等其他国际机构以共同价值观为名搞一些新动作。只要是中国参加的机构，美国就有可能搅局。美国的意图十分明显，就是孤立中国，要求各国在中美之间选边站。中央提出"做好较长时间应对外部环境变化的思想准备和工作准备"，"较长时间"是多长时间？有可能是5年，也有可能是更长的时间。

拜登极力联合其他西方国家形成"反华同盟"，鼓吹中西对抗。对中国的经济、科技领域实行封锁打压，短期内，已给中国参与全球经济合作造成巨大阻碍。发达国家针对我国的投资审查和贸易壁垒不断增多，美国、德国、澳大利亚等发达国家强化外资审查，阻碍我国企业收购其核心资产和技术。"印太经济框架""戴维营精神"、布林肯在乔治华盛顿大学对华政策的"脱钩"讲话，都很明显地表现出美国要再搞平衡战略，要拉出一个朋友圈围堵、限制中国的发展。

新冠疫情对全球经济造成了巨大冲击，导致许多国家经济陷入深度衰退，甚至被认为是第二次世界大战以来程度最深的经济衰退。巨大的抗疫损耗，需要一个不短的恢复期。各国为应对此次经济衰退，纷纷出台了大规模的财政和货币刺激政策，短期来看缓解了疫情的冲击，但长期来看，大规模刺激政策的"后遗症"也开始逐渐显现，全球性通货膨胀已有蔓延之势。

在大国博弈、全球化低迷、全球产业链开始内缩的背景下，中国怎么定位？内循环为主、内外循环相互促进的新发展格局乃不二之选。未来的全球化将是基于内需的全球化，这是中国参与全球化的新版本，当然，也肯定是全球化的收缩版。

2.国内经济发展的阶段和现实，也要求以内循环为主体，内外互促

内循环为主体、内外循环互促是理性选择和主动的转型跨越。即使没有中美博弈和新冠疫情，这个转变也会发生。

2001年中国入世，经历了经济高速发展的黄金十年，改变了世界经济版图；2009年，中国成为世界第一大商品出口国；2010年，中国超过美国，成为全球第一制造业大国；2011年，中国超过日本，成为世界第二大经济体。

中国加入全球化后的这段时间，既是中国经济发展的黄金阶段，也可以说是全球化的粗放式发展阶段。现在，中国原有的后发优势、比较优势，已经在递减。后发优势即模仿式创新，这省去了实验和失败成本。中国制造业的模仿能力是其他国家的企业都不具备的。模仿与被模仿的产品质量差不多，但模仿产品的价格低到无法想象。后发优势还有所谓的"市场换技术"，中国的汽车工业就是这么发展起来的。其中有没有西方所诟病的"强制技术转让"问题？其实这也是一个利益博弈问题。西方拿出来的一般都是品牌，核心技术并没有拿出来。时至今日，该模仿、该追赶的都已经模仿、追赶得差不多了，中国的后发优势已经衰减。况且，如果一个国家只满足于后发优势，失去创新动力和创新能力，后发优势就会变成后发劣势，导致永远落后于人。

任正非讲过一句话，"大家都到无人区了，谁模仿谁？只有靠自己了"。

中国主要的市场要素，比如土地、劳动力、环境、社保等，与越南、柬埔寨相比还有比较优势，但是在东南沿海，如深圳一带的土地价格，和美国都相差无几。而且，过于强调国际分工中自己的比较优势，自然就落到了微笑曲线底端，别人一"卡脖子"，我们就会呼吸困难。如果要继续从全球化中获益，必须另谋出路。

中国经济已经从高速度发展阶段进入高质量发展阶段，新发展阶段的一个特点就是从外向发展转向内向发展，结束低附加值加工出口和粗放式全球化，开拓内需，实现良性可持续的自我发展、自主发展。

中国经济对外依存度一度达到了60%甚至70%，现在也在30%左右。大的经济体，都是内循环为主，如美国的进出口只占GDP的16%。未来，中国经济的对外依存度还会不断下降。对大的经济体而言，过于依赖出口，过高的对外依存度，资源、市场"两头在外"，风险肯定不小，不可持续。突发事件一来，经济大停摆，保护主义抬头，问题就会暴露。必须把内需和出口放在同等重要的位置，把投资和创新放在同等重要的位置，提高全要素生产率，实现从投资驱动、出口拉动到创新驱动、内需拉动的动能转换。

3.实现内循环为主，内外互促，有没有可能？

外贸出口放缓，国内经济能不能支撑内循环为主呢？

回答是：可行。

第一，国内统一大市场已经基本形成，打通内循环的基础工作已经完成。国内市场原先受行政区划影响，是分隔的、碎片化的。但有了互联网，企业经营的地域范围限制被打破了。电子商务的发展使国内统一大市场的建设速度大大加快。"电商+快递"的模式，以及现代交通和都市圈的快速发展，商品要素的交流、交换更加频繁、高效，对内放开，市场容量大大增加，启动内循环，已具备条件。

第二，中国人的消费环境也发生了变化，经济、社会生活的底层基础已经有了革命性变化。城市中不仅建有各种各样的商业综合体、购物中心；甚至，一部智能手机就可以实现所有的消费行为。当然，这可能也和中国人对数据隐私的保护意识比较淡薄有关。有了移动网络、大数据和人工智能，数字化消费跃上了新台阶。

一批新经济企业的核心业务，已经成为中国消费者日常生活的一部分。淘宝、天猫、京东、拼多多的电子商务；京东数科等新金融；阿里云的大数据；钉钉的在线教育和办公；腾讯、网易的游戏；腾讯微信的社交；今日头条的信息原创和分发；抖音、快手的短视频；华为的5G通信、手机；美团的外卖；滴滴的出行；顺丰的物流；等等。一大批新技术企业把中国人生活的底层结构重塑了一遍。

第三，从发展阶段上讲，中国也到了启动内需的阶段。20年前，讲启动内需，一直是启而不动，一个根本性的原因就是没到启动内需的阶段。我们的内需和消费是被压抑的，是欠账的。

2019年，国内人均GDP已经超过1万美元。东南沿海人均GDP应该都到了1.5万～1.6万，甚至2万美元。发展经济学认为一个经济体的人平均GDP达到1万美元的时候，其内需市场就开始发力、启动。中国的中等收入群体开始壮大，大致已有四亿人，超过了美国的人口总数。随着高层次对外开放及要素市场的完善，加入到新行业高收入人群的人越来越多。中等收入群体扩大，内需市场也会有很大的拓展。

统计结果显示，2019年中国的商品零售额（含住房消费）已经超过美国，也就是说，中国已不只是潜在的第一消费大国，而是已成为事实上的第一消费大国。中国的社会结构虽然还不是橄榄型理想结构，但已经不是金字塔型或倒图钉型，中国已经发展为一个庞大、理性的消费市场。需要注意的是，疫情导致一些企业停工停产，很多职工失业，居民购买力下降，社会消费乏力。疫情后我们还要防止外部市场萎缩。总之，要防止经济下滑的长尾效应导致中等收入陷阱的出现。

第四，社会保障建设与收入分配改革取得积极效果，旧有的消费障碍逐步消除。通过转移支付及区域政策，尤其是通过老基建和新基建，中西部、东北区域差距在缩小。通过精准扶贫等政策，更多低收入人群生活得到一定保障。住房、医疗、教育、养老、农民工等民生领域的关键问题，也得到逐步缓解。间接税为主变直接税为主，已是大趋势，收入分配改革更加强调公平性。

第五，内循环不畅的最大问题是城市化滞后于工业化，但城市化欠账正在补上。对比同等工业化程度的经济体，我们的城市化欠账大约为十个百分点左右。如果一年提高一个点的话，我们还有10年左右的城市化进程要走。有统计表明，中国有六亿人口月均收入在1000元左右，其人口主要分布在农村。过去的20年，贸易增速长期显著高于GDP增速，贸易顺差持续增长，工业化快于城市化，这都是三亿农民工加四亿农村老人和留守儿童牺牲了正常家庭生活换来的。中国不能带着二元结构下的八亿农民进入2035年的基本现代化。城乡消费水平全国平均大致相差3倍左右，如果把八亿农民的消费支出提升到城市水平，由此所释放出的巨大内需，必将成为拉动中国经济后续增长的强大动力。在供给侧改革的同时，该启动需求侧改革了。

第六，各个行业多年的对外开放已经积累了体量巨大的外资、外商、外国技术和外籍管理人才，并已向社会经济各个领域渗透、扩散，成为中国经济内循环的有机组成部分。所谓"外资企业""民族企业"的概念已十分模糊。其实，只要是在中国注册的企业，就是中国的企业，就是民族企业。一些外商品牌在国外并不知名，只是中国名牌。一些跨国公司把研发基地都放在了中国，销售市场也主要在中国，这些企业绝不会轻易脱钩、轻易搬走，也很难搬走。

4. 双循环格局下的中国制造，需要怎样的准备？

2008年之后，各国都开始重视自己制造业的内循环。那么，中国制造业的内循环要怎么建立呢？其实，中国制造本身就有某种内循环的基因。中国是全品类制造，中国的制造业体系很完备，有完整的产业链，有联合国产业分类目录中所有工业门类，包括41个大类，191个中类，525个小类，可以说一应俱全；其中，有220种工业品产值居世界第一。这是从中华人民共和国成立之初就开始慢慢建立起来的国民经济的基础。

中国制造业如果还想再上一个台阶，不建立内循环为主体的现代经济系统绝对不行。现在，我们的不少核心技术、关键技术仍受制于人，一些关键零部件、关键元器件的自给率仅为33%左右；最典型的是，中国95%的高端芯片依赖进口。中兴通信就是惨痛的教训。中国的先进制造业是"两车"——汽车、高铁；高端制造业是"两机"——手机、飞机。"两车"基本上实现了国产化，但汽车的大排量发动机，高铁的核心部件还是要依赖进口；飞机我们缺的是航空发动机，与拥有该技术的发达国家大概有30年的差距，手机的两个关键部分——芯片、操作系统都受制于人。长期以来，中国制造业界虽不甘心，但也没办法。而应对"卡脖子"，只能倒逼补链，倒逼补短板，倒逼自主创新。这个补链的过程也是从价值链底端走向价值链中端和高端的过程。

中国制造业存在低端产品过剩、中高端产品不足的问题。论规模，中国企业数量在2019年《财富》杂志"世界500强"排行榜中超过美国，但品质、品牌与此并不相称。国际市场上所谓的"Made in China"和我们自己说的"中国制造"是两个概念，其内涵不一样。"Made in China"什么意思？就是低质低价，合格能用，但绝对不是优质产品，不是品牌产品，不是有"消费者剩余"的产品。要转变"Made in China"这种形象，必须从数量型发展转向质量型发展。

高新技术制造业面临西方打压，被迫断链脱钩，传统制造业面临东南亚追赶，美西方也有意识地把普通制造的供应链向东南亚和北美转移，而我们国内的制造业要素成本全面上升。这就是今天中国制造业所面临的严峻局面。中国制造走出去的难度在增加，新发展格局必须全面落实，否则差距还会拉大。能不能搞好供给侧结构性改革，能不能转向基于内需和国内超大市场的内循环为主的发展方向？中国制造业正处在转型升级的高质量发展关键阶段，这些都是中国制造业必须回答的问题。

中国工业化进程比发达国家晚了几十年。美国1955年实现了工业化，德国是1965年，日本是1972年，韩国是1995年，中国在2020年基本实现了工业化，到2035年将实现全面工业化。这就是追赶型的工业化。我们既要追赶工业化进程，又要使我们的工业完成由大变强的转变，以期实现高质量发展目标，这是更艰巨的任务。

一定要千方百计地把世界工厂留在中国，制造业第一大国的地位不能丢。当前的国际大环境、全球经济格局确实给中国世界工厂的地位带来了一些风险和挑战，尤其是产业链外迁，对中国制造业十分不利。一是外资高端制造业企业向欧美发达国家回流；二是"链主"企业、龙头企业带头迁移，配套企业被迫跟随；三是东南沿海一带企业家组织或地方政府为避免关税壁垒，出面在墨西哥、越南等国家买地建工业园，中小制造业企业组团外迁。维护国内产业链稳定已是当务之急。

但越南、墨西哥或印度要取代中国成为世界工厂还为时尚早。疫情后，尽管越南的外商投资、出口的确快速增长，但在经济体量、经济发展阶段、基础设施、工业化基础、制造业发展水平、劳动力素质、人才储备上，越南与中国尚有较大的差距。中国的基础设施——尤其是数字基建——规模大幅提升之后，中国的生产基础、消费基础都发生了革命性变化。中国制造业增加值连续12年位居世界第一，越南仅排在第三十七位，其体量不到中国的2%。中国的自主品牌虽然在世界制造业知名品牌中占比较低，但也有一定的发展。而越南制造业的自主品牌几乎没有，越南制造业产品以组装类居多。从结构上看，越南的制造业结构呈现出明显的二元分裂的特征，高的比较高、落后的比较落后——越南有少许的高端制造产业，比如三星、英特尔、富士康、戴尔等企业的部分产业链转移到了越南，这会给中国制造业带来挑战。但越南传统制造业的出口加工占比较大，这部分制造业类似于中国80、90年代的"三来一补"、代工贴牌等。从总体看，目前越南还未形成自己的工业体系，更谈不上现代化的产业体系，在这一点上甚至还比不上印度，与拥有完整的、有一定现代化程度产业体系的中国更是差距明显。虽然越南的外商投资增长很快，但外商投资能否帮助越南形成基础的产业体系？目前还看不出迹象。而且在疫情结束后，越南快速增长的外商投资是否可持续，也有待观察。此外，越南的制造业增加值率或者说制造业的含金量、制造业的劳动生产率，供应链、产业链、产业集群的配套能力，以及制造业研发投入比、大学科研机构支撑因素等指标均与中国有相当的距离。特别是产业集群的发育成长需要时间。中国东南沿海已有100个左右的世界级制造业产业集群，是三四十年间经过市场化、全球化充分洗礼成长起来的。在这方面，越南在短期内很难赶上。上述分析框架，也大致适用于中国与印度的比较。

中国企业外迁，事出有因，有利有弊。中国制造业也在尝试抓住全球产业链重构的机遇顺势走出去。2022年和2023年，东南沿海一带许多汽车零部件企业大笔投资墨西哥，如山东中立、芜湖伯利特、宁波爱柯迪、宁波拓普等；还有一批企业正在制订外迁计划，产能转移、供应链分流、产业链外迁，已经司空见惯。

在2019年12月10日签署的《美墨加贸易协定》的最新修订版中，有关汽车的条款规定：每辆汽车75%以上的零部件必须来自其北美原产地，且汽车制造商70%以上的钢铁和铝原料都必须来自美国、墨西哥和加拿大，这就把日本、中国和欧盟等国家和地区的很大一部分汽车制造商排除在外了。贸易摩擦发生以来，美国向中国产品加税25%，迫使一些中国企业在越南组装甚至贴牌再将产品出口美国。拜登上台后，对此进行了穿透监管，规定从越南出口美国的产品的增加值须在40%以上，如在墨西哥须超过30%。未来，一些商品和供应链会从中国流失，一些国际买家可能只会向中国以外的工厂订购商品。西方负责设计产品，中国负责产品零部件制造，而最终的组装则在中国以外完成，这种模式有可能成为常态。

但此事也可以反过来看，中国汽车零部件生产企业和一些原材料生产企业可以走出去，对美欧贸易协定区进行直接投资，主动转移部分产能。譬如，在苹果、富士康、立讯精密等企业往东南亚或北美转移产能之际，产业链上的中国零部件厂商也可以跟过去。这也为中国企业走出去，特别是产业链中上游原材料、关键零部件生产企业进行海外投资制造了机会，有助于中国企业以新的产业链为纽带强化和巩固在全球产业链中的上下游关系。

在一些经贸领域可以主动出击，争取主导权，利用"一带一路"扩大去美元化的国际经贸与合作。从中长期看，中国在疫情防控中展现的负责态度、取得的防控经验，以及现今在5G和医疗健康基础设施建设等方面的新技术与应用，将使"一带一路"建设形成新的投资机会、新的合作领域和新的商业模式。具体可以将在国内提出的"新基建"战略，扩展到"一带一路"国家及全球各国的疫后重建中。这种新作为将巩固和优化我国主导的全球化供应链的地位，更深入地推进经济全球化的发展。在中国与伊朗、巴西、俄罗斯等国的贸易中，使用人民币结算，已对美元霸权形成一定冲击，为人民币国际化迈出了新的一步。

📈 高水平开放与开放式创新显得更加急迫

只有实现核心技术、关键技术的自主创新，才能有效应对美国等西方势力的封锁和打压。但自主创新并不排斥借鉴和吸收国外先进技术，要进一步扩大开放，开展更广泛的国际交流合作。自主创新绝不是事事自力更生，而且一定要明白，自主创新也是有边界的。当今世界没有任何一个国家，敢轻言放弃国际分工和国际合作。譬如荷兰的阿斯麦（ASML）光刻机，有数万个零部件都是来自全球各个领域，包括曝光、照明、镜头、硅片、传输、黏合、减震等细分行业的顶尖供应商，没有一个国家可以全部囊括。阿斯麦光刻机是荷兰制造业的成果，也是荷兰国际开放与合作的成果，是荷兰外交外贸和经济盟国策略成功的结晶。

1.新发展格局是高水平的开放格局

以内循环为主体，国内国际双循环相互促进的新发展格局提出后，有些人认为国际经济大循环已经结束了。对此，习近平总书记在第三届中国国际进口博览会开幕式上的主旨演讲中强调，新发展格局"决不是封闭的国内循环，而是更加开放的国内国际双循环"。"十四五"规划纲要（草案）提出"实行高水平对外开放，开拓合作共赢新局面"，并强调要"建设更高水平开放型经济新体制"。

我们认为，尽管国际经济大循环的动能有所弱化，畅通性有所降低，但国际经济大循环仍然是客观存在，只不过现在的新格局又在"国际经济大循环"之前加上了"国内经济大循环"。20世纪80年代以来，中国一直提倡的国际经济大循环这个主张一直没变。内循环+外循环=大循环。内外循环，构成大循环整体，内外循环缺一不可。就相当于人体有一个内循环系统，也有外部循环系统，内外打通，构成人的大循环系统。未来经济发展必须启动国内超大内需市场，内需为主，外需为辅，以内促外，以外保内，出发点和落脚点是内循环。最终还是为了发展自己。

对"双循环"的解读，应当仔细把握"双"和"循环"的深刻含义。以超大内需启动国内市场，以供给侧改革疏通卡点，建立强大的内循环，然后达到内循环与外循环的相互促进和互循环。一些学者和媒体，单独把"内循环"拎出来，不免偏颇。譬如"内循环时代""从外循环走向内循环"等说法就有问题。个别地方、个别行业机械地将"内循环为主体"层层传达、层层落实，将大循环变成小循环，更是犯了教条主义的错误。

过去40多年，中国经济实力、科技实力、综合国力跃上了新台阶，这是在开放条件下取得的。下一步，我们有了更高的目标，要从高速度发展转向高质量发展，从全面小康跨入基本现代化，从第一个百年目标到第二个百年目标，需要打造国际合作和国际竞争的新优势，需要更高水平的开放，需要更加顺畅的内外大循环。即使中美处在激烈的博弈中，我们也必须看到，未来20年，中美依然会在各种被政治化的大大小小事件中摩擦与竞争、制裁与反制裁，但大环境和大前提一定是贸易合作，一定是分工与协同，一定是你中有我，我中有你。彻底断开，已无可能。彻底断开的成本，谁也承担不起，

2.中国市场将是开放的世界市场

畅通国内市场，以内循环吸引外循环，这是新发展格局的题中应有之义。以往我们有"中国制造""中国基建""中国电商"，新格局之下，我们还需要"中国市场"。在"中国制造"的基础上打造"中国市场"，使中国从"世界工厂"逐步也成为"世界市场"。

未来的世界工厂有可能是分散的，比如墨西哥、越南、印度等，但能成为世界市场的或许只有中国。

市场是当今世界最稀缺的资源，中国内需市场规模与美国相当，潜力甚至超过美国。建设世界市场，一个必要的前提是更高水平、更大程度的对外开放。亚太地区十五国签署了《区域全面经济伙伴关系协定》（RCEP），使亚太

地区有可能成为全球最大的自由贸易区，中国超大规模市场的全球带动作用正在显现。不论国际环境如何变化，不论美国谁上台，他围堵也罢、封锁也罢，中国只能反其道而行之，让开放之门越开越大。

推动我国从贸易大国走向贸易强国，从世界工厂成为世界市场，需要更高水平的开放。近些年，一批高层次开放、高水平服务的产业园区正在成长，工业体系完整的规模效应正在转换为聚集效应，这极大提升了中国制造业集群在全球产业链中的竞争力。上海自由贸易试验区、海南自由贸易港等21个自由贸易区（港），在全国铺开。一批开放高地的试点经验将在各地得到复制推广。广交会、服贸会、进博会等贸易投资平台进一步提高了利用国际、国内两个市场进行优化资源配置的功能和效率。

3. 制度性开放是产业链重构的制高点

近年来，世界经贸摩擦加剧，国家保护主义和单边主义盛行。但从长远看，人性是共通的，人类是休戚与共的命运共同体。大流行病防控、网络安全、太空安全、极端天气应对，都需要国际合作。美国与中国彻底断链脱钩，意味着美国经济将付出巨大的代价和美国民众生活水准的实质性下降，因此，"脱钩"的可能性微乎其微。经过多年的全球化进程，各国利益高度融合，互利共赢是长期趋势。经济全球化虽然有所迟滞，但仍是历史大潮流。

当然，全球化也面临着规则重建的问题。中国将在修订国际规则上下功夫，"积极参与数字领域国际规则和标准的制定""参与全球经济治理体系改革"。中国应当在坚定不移维护经济全球化的同时，倡导改善旧的贸易组织及规则，团结一切国际力量，取得最大公约数，推动建设开放型世界经济体系。全世界正处在新一轮数字经济推动的全球化前夕。由移动互联网、人工智能、大数据、区块链等新一代技术主导的全球化将是更加广泛、更加深入、更加彻底的全球化，可以称作超级全球化。

我们正面临一个不确定的世界，而不确定中唯一的确定因素就是数字化。我们要站在历史潮流正确的一边，拥抱新一轮数字全球化。全球贸易摩擦频发，原有的全球贸易组织和规则面临重塑，这些都可以看作新一轮数字全球化的主导权之争、规则之争。数字技术革命处于即将取得突破的关键时期。一切皆终端，无处不入口。天地乃数据，万物可互联。

中国的消费互联网在全球首屈一指，由消费互联网、工业互联网组成的产业互联网，有可能引发新的产业革命，出现真正意义上的产业链现代化。科技创新、商业创新、社会创新，也必然要求制度创新、规则创新。

中国在此轮全球化中已经走在前列，我们还希望与包括美国在内的世界各国共同建立数字全球化时代新的规则。新规则的建立依赖于全世界共同认可的基本价值，东方的和合智慧为我们参与数字全球化规则的修定，提供了极大的可能性和包容性。

4. 以开放的营商环境增强产业链韧性

2020年下半年以来，中国进出口和投资一度逆势增长。原因何在？除了中国经济一枝独秀，各国对中国进口猛增外，也与中国放宽外商投资领域、缩减负面清单有关。2020年1月1日《中华人民共和国外商投资法》（简称《外商投资法》）和《优化营商环境条例》的实施，为外商在华利益提供了强有力的保障。

2020年7月，世界银行发布《中国优化营商环境的成功经验——改革驱动力与未来改革机遇》专题报告指出："中国在优化营商环境方面取得了史无前例的成就。"然而，建设市场化、法治化、国际化的营商环境，还有很大的空间。曾经有一种说法，我们开始主动改革了，以开放倒逼改革已经结束了。实际上，建设国际化的营商环境对内资的促进作用更大。

有了《外商投资法》，未来要建设一个国际化、平等化的营商环境，也应该有"内商投资法"，使国内民营经济也能够得到普惠待遇。

微观市场主体在优化供给体系中处于核心地位，提高产业链水平，增强产业链韧性，最终还是要靠各类大中小企业来承载。释放市场主体活力，让市场的创造性不断迸发出来，这是提高产业链韧性的长远之策、根本之策。要依法平等保护产权，促进民营企业的创新，为企业家捕捉新需求、发展新技术、研发新产品、创造新模式提供良好环境。

只有发挥好对内对外政策组合效应，外资和内资协调、进口与出口并重，才能增强国内国际两个市场、两种资源的黏合度，才能加快实现由商品和要素流动型开放向规则国际化、平等化开放的转变，形成强劲和有韧性的具有国际竞争力的产业链、供应链。

5.在开放与合作中把握产业链安全

全球经济不时出现"黑天鹅"事件，世界各国越来越重视产业安全。产业链、供应链安全政策是产业政策体系的核心，也是我国各项产业政策、科技政策、竞争政策、贸易政策的前置性、基础性政策，应当强化产业链、供应链安全政策对各项微观经济政策制定实施的指导和协调作用。但开放并不天然等于不安全，开放的反面是封闭。一个封闭经济体则无安全可言，只有停滞的风险。提升产业链水平，必须始终坚持以全球视野推动全球开放和全球合作，在开放与合作中求安全。

风险永远都在，主要看是否可控。越是面临封锁，越不能搞自我封闭、自我隔绝，而是要推动各类创新要素在全球范围内充分流动和优化配置，形成你中有我、我中有你、优势互补、合作共赢的局面。如同拳击中的"抱摔"，要在动态中寻求安全，寓安全于合作。只有这样，才有利于我国产业链保持国际前沿水平，最大程度提升国内大循环的效率和水平，使产业链更具活力，也更安全可靠。

各国都在追求产业安全，但没有一个经济体愿意把自己封闭起来，自给自足；没有一个国家愿意把自己排除在国际科学新发现、技术新发明、产业新方向之外；更没有一个国家愿意把国内产业链与全球创新链隔离开来。加入全球创新链的产业链是最安全的产业链。从源头创新来加强国际产业安全合作，是真正的产业安全之路。在全球产业链分工当中，中国仍然处在中下游，而要往中上游走，必须开放。如果没有高水平的对外开放，甚至都不知道自己到底处在上游还是下游。

中国制造要追赶的领域还有很多，后发优势并没有完全得到释放，即使是类似于高铁的集合式创新也还有很大空间。"十四五"期间，中国制造一方面要加强自主核心技术攻关，努力实现尖端技术突破；另一方面仍要坚持积极开展国际合作，融入全球产业链，形成产业链内循环与外循环深度融合。

6.创新的关键在于高水平开放

创新的本质是开放。正像开放与交流才能带来科学的快速进步一样，如果技术不开放，即使通过追赶达到先进，最后也会因为原创内生动力的缺乏而落后。20世纪的苏联就是例证，在军工、航天领域苏联与美国旗鼓相当，但因为市场开放有限，没有新需求，缺乏新动力，电子产品、民用品领域发展停滞不前；在计算机技术领域，长期落后于西方，尤其在个人电脑市场快速扩张的年代严重落后；在汽车生产领域，因为缺乏竞争，满足于"够用就好"，到20世纪90年代仍在生产用几十年前的技术制造的民用车。

低水平、小规模的开放让市场缩小，让海内外需求单一化，让企业不敢在创新上投资。可以说，创新的最大动力在市场端、在需求端。高水平的开放带来高水平的需求，高水平的需求与交流才能激发高水平的创新。

党的二十大进一步强调了中国的"高水平开放"。如何通过"高水平开放"促进创新？一方面在于国内的消费升级，要通过高水平开放解决发展不平衡、不充分的人民物质需求增长的问题，让创新动力自发生长；另一方面在于制度创新，要通过以自由贸易区、自由贸易港和粤港澳大湾区、京津冀、长三角、成渝双城圈等为代表的示范区建设，引入更高水平的制度、技术与全球人才，让创新面向世界。

未来，中国将进一步完善符合国际规则的创新政策体系，营造具有国际竞争力的试点引领的创新生态环境，加强知识产权保护，建立各具特色的区域科技创新中心，促进国内外高端科研成果转化。尤其进入数字经济时代，全球化的深度、广度都将有飞跃性变化，规则的开放和统一将更显迫切，积极参与全球性的信息网络建设而不是被隔开或甩开，与全世界一道共谋数字经济红利、共存共赢，将是新的课题。

许多人认为中国劳动力成本低是中国出口竞争力的秘密所在。但现在，中国不仅出口量全球第一，部分高科技产品出口也是全球第一，仅用劳动力成本来解释就不妥了。日本国立政策研究院大学邢予青教授在《中国出口之谜：解码"全球价值链"》一书中指出，中国出口奇迹的出现在于中国与世界紧密融合在一起，为苹果等跨国公司提供了向中国延伸价值链和中国廉价劳动力的同时，也为中国制造和组装的产品进入国际市场提供了机会。中国企业与跨国公司的分工与合作，共同创造了全球价值链。在这条价值链中，中国是极为重要的一环。通过品牌、技术、产品、全球销售网络等方面的溢出效应，中国为世界做出了贡献，也在这个过程中提高了制造与创新的能力，提高了中国产品在国际市场上的竞争能力。全球价值链的重要性，以及中国在这条价值链上的地位与作用，共同体现了全球一体化对世界和中国的重要性。这种趋势已不可逆转，要振兴中国制造业只有走继续开放这一条路，这也是中国的繁荣之路。

7. 畅通内外循环，改革开放还须加大力度

"以国内大循环为主体，绝不是关起门来封闭运行，而是通过发挥内需潜力，使国内市场和国际市场更好联通，更好利用国际国内两个市场、两种资源，实现更加强劲可持续的发展。"（见2021年8月27日《人民日报》）习近平总书记的这段话对于正确理解"内循环为主体，内外循环互促"非常重要，值得反复咀嚼。

内循环为主，内外互促，这一点不能做太多延伸，而且前后两句话应该连在一起理解。以内循环为主过度发挥就有问题。真理往前多走半步就是谬误。"各国分工合作、互利共赢是长期趋势。我们要站在历史正确的一边，坚持深化改革、扩大开放，加强科技领域开放合作，推动建设开放型世界经济，推动构建人类命运共同体。"尽管有全球化逆流，但中央对国际经济长期趋势的判断仍然没有变。"深化改革、扩大开放"是历史的选择，是时代的潮流，没人

可以阻挡，不因任何个人意志而改变。

　　打通内循环的重点在于让市场在配置资源中发挥决定性作用。正是在疫情期间，中共中央、国务院连发了三个重要文件：《中共中央 国务院关于构建更加完善的要素市场化配置体制机制的意见》《中共中央 国务院关于新时代推进西部大开发形成新格局的指导意见》《中共中央 国务院关于新时代加快完善社会主义市场经济体制的意见》。以改革应对危机，这一办法屡试不爽；现在需要以改革开放建立内循环系统，建设国内统一大市场。

　　2017年以来，中共中央、国务院还出台了一系列改善营商环境和企业家健康成长环境的政策和文件，如《中共中央 国务院关于营造企业家健康成长环境弘扬优秀企业家精神更好发挥企业家作用的意见》《中共中央 国务院关于营造更好发展环境支持民营企业改革发展的意见》。2019年3月15日，第十三届全国人民代表大会第二次会议表决通过了《外商投资法》，并于2020年1月1日实施。随着越来越多的中国企业"走出去"，中国企业和企业家也正在逐渐适应外部法规和监管规定，按照全球市场经济规则参与全球价值链，成为世界企业。

　　当然，对全球化逆流，中国已有预案，未来中国将以新的方式参与外循环。中国应对逆全球化的第一重防线是"一带一路"愿景，目前可能更多的是地缘政治考量，未来会更多地与经济效益挂钩；第二重防线是争取与欧洲合作，虽然欧洲、美国表面是"盟友"，但彼此之间的龃龉也相当大，尤其德国等西欧国家在与中国的合作中获利巨大，即使不会深化合作，也不至于去中国化；第三重防线是在美国退出《全面与进步跨太平洋伙伴关系协定》（CPTPP）之后，中国积极申请加入，推进环太平洋经济一体化，至少坚持把中日韩这个小循环保住。中日韩产业链、价值链和创新链相互深度嵌入，应争取早日建成中日韩自由贸易区，这个虽有一定难度，但对中国来说必须争取。

第四章

工业强基进行时

中国工业化面临三重任务：

第一，要补上历史上三次工业革命的课，继续追赶，工业强基，进行基础再造；

第二，要抓住新一轮技术革命和产业变革带来的机遇，赋能工业化，布局信息化与工业化融合，实现新型工业化；

第三，要由大到强，从中低端走向中高端。

如何由大到强？德国是个不错的样板。

从"十三五"到"十四五",工业强基、产业基础再造是贯穿其中的一条红线,但这项任务并没有完成。中国既要补上三次工业化的课,重新审视工业基础,更要完成从速度型发展到质量型发展的转型。于制造业而言,就是从制造大国迈向制造强国。

〽️ 从工业化到新型工业化

工业化是现代化的核心内容,是传统农业社会向现代工业社会转变的关键标志。其突出特征有三项:第一是大规模大机器生产,第二是工业产值比重超过农业,第三是农业人口向工业人口转移。

改革开放以来,随着制造业的持续快速发展,我国完成了从农业国到工业国的转变。中国的工业增加值从1952年的120亿元增加到2018年的305160亿元,按不变价格计算,增长970.6倍,年均增长11.0%。我国已从一个制造业非常薄弱的农业国发展为世界第一大制造业国家,建成了门类齐全、独立完整的产业体系。但是，从产业结构、产业水平看，中国现阶段只是完成了基本的工业化，或者说基础的工业化。按照钱纳里等人以人均GDP衡量工业化进程的标准，中国处在工业化中后期，也就是说，中国工业化进程尚未完成。如果于2035年左右完成工业化的话，我们还需要10多年时间。

从18世纪英国发起第一次工业革命开始，二三百年间，工业文明所创造的物质财富大大超过以往各个时代的总和。20世纪40、50年代以来，人类在原子能、电子计算机、微电子技术、航天技术、分子生物学和遗传工程等领域取得重大突破，标志着第三次工业革命的到来，开辟了"信息时代"。随着工业生产智能化，以生产高度数字化、网络化、机器自组织为标志的第四次工业革命的大幕已缓缓拉开。

老牌资本主义国家从18世纪开始逐渐完成了工业化，但此工业化只是相对于当时的历史阶段而言。我们应该意识到，工业化是动态概念，工业化在不同历史时期有不同含义。比如，18世纪英国率先完成工业化，只能说明完成了第一次工业革命层面的工业化，其后随着历次工业革命的到来，英国实现了电气化、自动化，但在最新的工业革命浪潮中，英国尚未完成第四次工业革命信息化技术促进产业变革的智能化生产进程。近几十年，以中国为首的发展中国家制造业崛起，同时，美国等发达国家国内制造业就业比重不断萎缩，制造业趋于"空心化"，西方制造业出现动态退化。2008年以来，西方各国开始"回归制造""再工业化"，制造业全球化格局出现新的变化。这是西方许多国家制造业再次追赶新一轮工业革命的动态化进程。

中国用不到一百年的时间走完了西方两三百年的工业发展历程，尤其是改革开放以来，中国制造业经历了人类历史上罕见的快速发展。但我们主要是追赶模仿的工业化，与西方的历程大不一样，是压缩式的工业化。我们已经初步建立起较为健全的工业体系，但是未经历西方工业化回落起伏、动态发展的历程。我们一般理解的工业革命，是指早期工业革命。欧美日等老牌工业国家经历过工业化狂飙的历史，而新兴国家并未经历过早期工业革命的时代。以中国为代表的新兴工业国近年来提出了"新工业革命"概念，希望借助"智能制造""互联网+"等新产业、新业态这种桥梁，抓住机遇，实现"弯道超车"。

党的十六大和十七大报告都提出了新型工业化的概念，党的十八大报告中明确提出，应坚持走中国特色新型工业化、信息化、城镇化、农业现代化道路。新型工业化是为了抢抓新一轮科技革命和产业变革机遇，着力振兴实体经济的工业化，着力解决发展不平衡、不充分问题，全面推进工业化与信息化的融合互动、技术创新与商业模式创新的融合互动、制造业与服务业的融合互动，努力实现中国制造向中国创造、中国速度向中国质量、中国产品向中国品牌的转变，最终完成中国制造由大变强的战略任务。

2023年9月，习近平总书记就推进新型工业化作出重要指示，新时代新征程，以中国式现代化全面推进强国建设、民族复兴伟业，实现新型工业化是关键任务。要完整、准确、全面贯彻新发展理念，统筹发展和安全，深刻把握新时代、新征程推进新型工业化的基本规律，积极主动适应和引领新一轮科技革命和产业变革，把高质量发展的要求贯穿新型工业化全过程，把建设制造强国同发展数字经济、产业信息化等有机结合，为中国式现代化构筑强大物质技术基础。

重庆市原市长黄奇帆认为，无论如何，制造业占GDP比重在2035年前不能低于25%，在2050年前不能低于20%。制造业之外再加采矿业、电热气、水和建筑业、交通业等，实体经济占GDP比重不应低于50%。

今天，中国工业化面临三个重任务：第一要补上历史上三次工业革命的课，继续追赶，工业强基，进行基础再造；第二要抓住新一轮技术革命和产业变革带来的机遇，赋能工业化，也就是布局信息化和工业化的高层次深度结合，深度"两化融合"，实现新型工业化；第三就是由大到强，从中低端走向中高端，实现工业的现代化。

📈 工业基础的现代化

亚当·斯密在《国富论》中最早阐释了制造业促成经济发展的根本原因是分工与交易。产业分工促进了生产的熟练化，提高了生产效率；而交易促进了财富的积累。以上论断被推演为"斯密定理"，其内涵为：凡是有利于市场规模扩大的，对财富创造均有利。

制造业的发展最为典型，产业扩大促成了更细致的分工，更细致的分工促成了广泛协作和交易的深化，从而进一步促成了经济发展与财富积累。中国制造业的发展也经历了上述专业化的过程，产业分工不断细化，生产效率不断提高，成本不断降低，市场规模不断扩大。以1元钱的打火机为例，制造一个打火机涉及二十多个部件，数十种不同的工艺，在中国生产，成本能压缩到0.4元钱以下。中国的一些产品在世界市场占据绝对份额，就是因为中国的劳动力和技术深度匹配、细化、集成、优化、集聚，形成难以外移的生态优势。

所以，以制造业立国有着更深层的意义。制造业是技术创新的主阵地，也是全社会生产效率提高最快的部分，担负着对整个国民经济各部门的赋能和改造的重任。经过多年的发展，我国制造业总体实力迈上了新台阶，我国成为具有重要影响力的工业大国。但必须看到，一些关键基础材料、核心基础零部件（元器件）依赖进口，先进基础工艺研究少、推广应用程度不高，产业技术基础薄弱、服务体系不健全等问题依然突出。工业基础能力不强已成为制约我国工业转型升级、提升工业发展质量和效益的瓶颈。

制造业所带来的物资流、商品流、人才流、技术流、信息流，是其他产业难以比拟的，这也是制造业企业特殊的重要性。制造业的高质量发展，伴随着一定比例的生产性服务业发展，在制造业占GDP比重逐渐下降的过程中，制造业产品中相关的服务业占比逐渐加大到30%～60%，这意味着一个制造业的商品镶嵌在制造业的硬件中的服务价值比重会达到30%～60%。同时伴随制造业中生产性服务业的比重加大，制造业增加值也会逐渐提高50%～60%。这就是制造业作为国民经济基础的巨大溢出效应。

中国过往的制造业发展中，集成思维过重。集成思维造成了"装配虚胖，零配件太瘦"，整个制造业"没油水"。从原料到制成品，我们缺中场技术，缺中间制造。西方先行工业化国家是先分工协作制造零部件，最后再发展集成组装。我们先有集成组装，再回过头来发展细分领域的零配件制造。补上零部件制造的"基础课"，要实现工业基础的现代化。

工信部在2014年提出要加快推进"工业强基"，《中国制造2025》部署了强化工业基础能力的战略任务，并将工业强基工程列为2015—2025年要实施的五大工程之一，提出到2025年70%的核心基础零部件、关键基础材料实现自主保障，建成较为完善的产业技术基础服务体系，逐步形成整机牵引和基础支撑协调互动的产业创新发展格局。

工业强基主要有六个重要方面，即关键基础材料、核心基础设备、核心零部件、先进基础工艺、基础软件、基础共性技术。只有提升产业技术基础发展水平，开展产业基础再造，才能夯实工业发展基础，推进工业大国向工业强国转变。中国的工业基础需要重新检视，中国工业面临着工业基础现代化的任务。

产业基础概念由工业基础演变而来，是指对产业整体发展水平起基础、关键支撑作用的技术和产品，是制造业核心竞争力的根本体现，不仅包括上述六个重要方面，也包括与之相关联的人才、市场、制度、政策等软环境。工业化要走向高层次的现代工业化，必须首先把工业基础、产业基础的现代化完成，正如"十四五"规划所讲的"提升产业基础高级化、产业链现代化水平"。没有产业基础高级化、产业链现代化，构建新发展格局就缺乏基础支撑，高质量发展也将无从谈起。

📈 独特优势与新挑战

中国制造业已取得伟大的历史性成就，工业基础已今非昔比，而且在当今世界各工业大国中具有独特的优势。

第一，完整的工业体系。目前，中国制造业规模巨大、门类齐全，拥有全球唯一的全链制造。传统制造转型升级步伐加快，新兴产业不断孕育发展，智能制造、高端制造取得积极成效，有一定技术水平的现代化工业体系已基本形成。得益于开放和竞争的全球经济体系，中国制造业已深度融入全球产业链，成为世界经济发展的主要引擎之一。中国在疫情期间突显其全链制造的优势。疫情暴发后，中国体现出来的管理能力让许多外资企业更理性地评估和制定供应链多元化策略。

第二，巨大的产能。中国制造业净出口居世界第一位已有十多年时间。按照国际标准工业分类，在22个大类中，中国在7个大类中名列第一位，钢铁、服装、家电、化工、水泥、汽车等220多种工业品产量居世界第一位。中国制造业增加值在全球的份额中居于第一位也已有十多年时间，目前大致是美日德之和。

第三，强大的韧性。韧性表现在三个方面：一是抗冲击能力，在强大的冲击波下能站稳脚跟；二是应变能力，能迅速应对外部环境的变化，不自乱阵脚；三是生存发展能力，在严峻的环境下不仅能生存，还能向前发展，越战越勇。三年疫情证明中国制造不仅大而且有韧性。中国制造业企业有许多是在计划经济夹缝中生存下来的，特别是中小制造业企业，具有顽强的生命力。如政策稍向他们倾斜一些，只要给他们比较稳定的预期和较为公平的竞争环境，他们就能够野火烧不尽、春风吹又生。

第四，超大内需市场。中国在全球产业链中具有强大影响力，市场优势突出。在华外资企业对中国市场的依赖度较高，市场优势在很大程度上制约了外资企业的产业链转移。我国制造业基础扎实，实力雄厚，产业链集群优势短时间内不可替代。我国是全球重要的制造业中心和供需中心，工业体系及基础设施具有配套齐全、综合成本较低的优势，具备支撑全球产业链变革的硬件基础和市场基础。

第五，良好的产业协同能力。中国是一个单一制国家，体现在产业政策方面，就是我们常说的社会主义制度的优越性，决策执行能够"一竿子插到底"。中国也曾经是一个计划经济国家，有计划、按比例协调发展是其追求的目标。产业政策来自于凯恩斯的干预主义，曾经在美国的罗斯福时代大加应用，后来产业政策被日本引入，日本通产省成为产业政策的大本营。中国参照日本通产省的产业政策，又结合原有计划经济的方式方法制定符合中国国情的产业政策，取得了更好的效果。疫情防控期间，国家层面的联防联控机制发挥了非常高效的全国协调效应。当然，进入大国博弈阶段，在经济民族主义的旗帜下，美国也重新树起干预主义大旗，而且将其产业政策法律化。

在充分肯定我国工业制造业取得巨大成就的同时，我们在当今世界百年未有之大变局下需要再次审视我国制造业发展的风险挑战和问题。有了"问题导向"和"问题意识"，然后再去努力破解。

目前，中国制造业有几个比较突出的问题和挑战。

第一，我国制造业占GDP的比重出现了过早过快下降的趋势，工业被边缘化、被空心化的现象仍然存在。具体表现在工业和制造业占GDP比重过快下降，从2006年的42%降到2020年的30.9%，最低点在2021年有所回升，达到32.6%。2006年，制造业占GDP比重达32.5%，于2020年达到最低点26.3%，2021年有所回升，达到27.4%。与此同时，中国制造业增加值占全球制造业增加值的比重也有所下降；相反，美国近两年在这方面却呈上升趋势。这一问题我们仍需要在认识上、政策上、措施上加以纠正。一个国家在经济发展进入发达国家行列的过程中，制造业占比会逐步下降，但不宜下降得过快过早，至少应该等到整个国家人均GDP超过1.5万美元后，再逐步下降。中国的经济发展水平还没有达到这一标准就出现了制造业比重下降的现象，存在着未富先衰、未强先拐的情况，未来几年要着力延缓下降的趋势。

第二，工业基础还比较薄弱，对全球市场的依赖性过大。中国在先进制造、高端制造领域与制造业强国还有一段距离，在工业软件、航空发动机、芯片、农业机械等方面与先进国家差距明显。一些基础的零部件、元器件及关键材料、重要设备等还要依赖进口，核心技术和关键元器件受制于人，如芯片、飞机发动机单晶叶片、高铁轴承都依赖进口，高端制造存在不少"卡脖子"的问题，重点产业链的安全存在风险。中国成为世界第一出口大国，来之不易，但中国毕竟是一个大国，不能成为出口导向型的经济体。我国的GDP当中进出口占的比例比较高，约占30%；出口多，进口少；进出口当中中间产品占比较高，约占40%；出口方面普通商品比较多，而进口方面高端产品、关键零部件、核心技术产品比较多。在外需下降、外循环不畅、国际贸易规则出现变化，尤其是全球市场突然断裂的情况下，对外部市场的强依赖对国内制造业必然造成较大冲击。关键领域对美国及其盟友的高进口依赖度对中国产业链安全造成极大影响。一方面，相关产品进口高度集中于美国及其盟友国家和地区，使得西方国家在产品出口中有定价权，可索取远超成本的售价，损害中国进口企业利益，抬升下游企业生产成本。另一方面，在高新科技行业对美国及其盟友国家和地区的高依赖度，使得美国可以有恃无恐地频繁使用进出口管制、投资限制、签证禁令、技术交易规则、执法行动等措施，对我国芯片、通信、超级计算机、先进计算等行业进行遏制。

第三，产业结构不合理，自主创新能力不够强，原创产品少。我国资源密集型、劳动密集型产业比重大，技术密集型和为用户提供服务的服务型制造业比重低；工业2.0、4.0并存，大中小企业融通发展不够，地区行业企业的发展差异比较大，区域产业同质化、低水平重复建设现象仍然比较突出。其实，中国制造大而不强的问题，也是一个结构问题。传统制造规模大，而现代制造不够强。普通制造产能过剩严重，数字化、智能化转型滞后。钢铁、电解铝、水泥、化工、炼油、平板玻璃、造船、纸张纸板产能严重过剩，但高端制造存在短板。这种情况在三年疫情期间表现尤为突出，口罩、防护服生产没有问题，但是高端的呼吸机生产，尤其核心零部件制造存在瓶颈，基础配套能力不强。疫苗和特效药的研制，也与发达国家有一定差距。中国虽然是全世界产业链门类最全的国家，但是结构还不够优化，产业多处于全球价值链的中低端。结构问题主要原因还是自主创新乏力，制造技术对外依存度超50%。原创产品少、高端产品少，从1到N的产品多，但从0到1的产品少。从根本上讲，还是科技创新能力不够强，在制造业上游的基础层面缺乏支撑。

第四，产品质量问题突出，产品品质还有待提高。中国制造业能力强大，但依靠的是低成本、低价格优势，质量、寿命、安全性比较弱。中国制造的基础产品可靠性、稳定性和使用寿命还有待提升。质量安全性、质量稳定性、质量一致性方面与欧美日存在较大差距。装备的可靠性问题、材料的稳定性问题、食品的安全性问题比较突出。通用零部件产品寿命一般为国外同类产品的30%～60%。模具产品使用寿命较国外低30%～50%。大量整机企业宁愿花3倍的价格从国外进口，也不愿意使用国产零部件。这就是所谓零部件采购的"三分之一现象"。我国缺乏世界知名品牌，企业在品牌设计、品牌建设和品牌维护等方面投入严重不足，品牌化发展滞后。全球制造业十大品牌中国无一入选。制造业的品种、品质、品牌对提振消费、提高国产化率形成一定制约，迫切需要一场全社会的品质革命。由于产品质量整体水平不高，难以跟上居民消费需求升级的步伐，导致高端消费品领域出现海外抢购、代购的现象。代购范围由皮具、腕表、珠宝等奢侈品扩展至化妆品、马桶盖，甚至奶粉、药品、牙膏等日常生活用品。

第五，标准没有掌握在自己手里，产品在国际上的通行度和认可度比较低。比如，许多药品的认证都是在美国，大型客机的适航标准也主要在美国。制造业规模上去了，可核心的东西却缺失了。"制造"两个字，我们的"制"往往是引进的，我们做的只有"造"，可"制"是核心，我们缺少自己的"制"。有一个说法，美国制造的产品在实验室，德国、日本制造的产品在工厂，中国制造的产品在超市、在淘宝。这也意味着，"制"都掌在做仪器仪表和机器设备的厂商手里，我们仅仅在下游"造"，干的是粗活、累活，却没有话语权。

第六，部分能源资源短缺。我国原油对外依存度73.5%，天然气44.3%，铁矿石按含铁量计算的话，85%是进口。另外铜、钴、镍也有90%左右进口，铝70%进口。作为一个工业大国，中国进口规模最大、来源最集中的是铍、锆、钴、镍和铜等金属以及天然气和原油等能源大宗商品，这一现实值得我们重视。中国需要从三个方面提高产品来源的"多元化"：首先，在大宗商品领域加强内循环；其次，加大科技投入，解决"卡脖子"问题；最后，加强与发展中国家的经济互动，丰富产品来源。同时，加快解决能源资源利用效率偏低问题。中国的能耗是世界平均水平的1.8倍。与此相联系的另外一个问题是，绿色低碳转型比较迟缓，比如单位GDP能耗，虽然每年都在降低，但仍然是发达国家的2.1倍。按照国际能源署的相关报告，2022年中国的二氧化碳排放量占全球的27.71%。严重污染情况虽然有所扭转，但还没有根本性改变，碳达峰、碳中和的任务相当繁重。

第七，人口出生率下降和老龄化将带来制造业成本上升和竞争力递减。中国成为世界工厂，很大程度上受惠于庞大的"剩余劳动力"群体。正如一篇网文《世界上最勤奋的人已经老了》所说：

他们是下乡知青、高考学子、出国留学生、下海闯荡的和进城务工的，短短20多年创造了世界奇迹，把一个相对落后的中国变成经济总量世界第二……

几十年来，这群中国人"晴天抢干，雨天巧干，白天大干，晚上加班干"，当欧洲人每天工作五个小时，他们每天工作十五个小时；当印度人躺在恒河边等下辈子时，他们心中只有"只争朝夕"；当美国人充当"世界警察"时，他们默念"发展才是硬道理"。

迅速连通全中国的高速公路，迅速铺满全中国的高速铁路，不断扩大的飞机场，不断增加的飞行航线，现代化的飞机场和火车站，成千上万拔地而起的现代化大中小城市，看不完、玩不够的自然和文化旅游景点，数不清的现代感十足的购物城、购物中心，还有全世界最多的现代化工厂。

但随着受赡养老人比例上升、中位年龄提高、青壮年劳动力人数减少，"剩余劳动力"或"廉价劳动力"成为行将消失的词语。尽管人工智能和机器人可以替代一部分劳动力，但全社会的创新势头却依赖于年轻人，而且机器人基本不消费，这使经济增长的驱动力有所放缓。

📈 何谓"制造强国"

早在2015年，时任工信部部长苗圩就提出过一个基本判断，全球制造业已基本形成四级梯队发展格局：第一梯队是以美国为主导的全球科技创新中心；第二梯队是高端制造领域，包括欧盟、日本；第三梯队是中低端制造领域，主要是一些新兴国家；第四梯队主要是资源输出国，包括石油输出国组织（OPEC）、非洲、南美洲等组织及地区。苗圩表示，中国处于第三梯队，既面临重大机遇也面临重大挑战。

2015年《中国制造2025》发布之后，国务院成立了国家制造强国建设领导小组。战略咨询委员会每年向领导小组提交一份《中国制造强国发展指数报告》，对制造强国建设进程进行评估。根据公开发布的报告，制造强国建设可以概括为四点：其一，中国是世界第一制造大国；其二，中国制造业具有强大韧性和抗冲击能力；其三，中国制造业还存在大而不强的问题；其四，中国制造强国建设进程基本符合制造强国战略目标三步走的路径设计。这也可以说是对目前"中国制造"的一个准确画像。

中国制造为什么大而不强？或者说衡量各国在世界制造强国中所处位阶的标准是什么？课题组设计了一个包括规模发展、质量效益、结构优化、持续发展四大指标在内的制造强国评价指标体系。

表2 制造强国评价指标体系

一级指标			二级指标		
指标	权重	权重排名	具体指标	权重	权重排名
规模发展	0.1951	4	制造业增加值	0.1287	1
			制造业出口占全球制造业出口总额比重	0.0664	9
质量效益	0.2931	1	质量指数	0.0431	11
			一国制造业拥有世界知名品牌数	0.0993	2
			制造业增加值率	0.0356	13
			制造业全员劳动生产率	0.0899	3
			销售利润率	0.0252	14
结构优化	0.2805	2	高技术产品贸易竞争优势指数	0.0689	7
			基础产业增加值占全球基础产业增加值比重	0.0835	4
			全球500强企业中一国制造业企业营业收入占比	0.0686	8
			装备制造业增加值占制造业增加值比重	0.0510	10
			标志性产业的产业集中度	0.0085	18
持续发展	0.2313	3	单位制造业增加值的全球发明专利授权量	0.0821	5
			制造业研发投入强度	0.0397	12
			制造业研发人员占从业人员比重	0.0132	15
			单位制造业增加值能耗	0.0748	6
			工业固体废物综合利用率	0.0116	16
			信息化发展指数（IDI指数）	0.0099	17

从近几年评价结果看，我国虽然"规模发展"处在第一，但我国制造业规模发展主要得益于完整工业体系优势、广阔市场优势等多重红利叠加，而"质

量效益""结构优化""持续发展"对制造强国进程的支撑力依然较小。

也就是说，制约我国制造业的，主要是"质量效益""结构优化""持续发展"三项指标。特别是"质量效益"分项数值对制造强国发展指数贡献率占比始终低于15%，五年内贡献率仅提升2%，远低于美国30%和日本27%左右的较高水平，我国制造业发展不平衡、不协调、不充分的问题依然突出。

2020年，我国"质量效益""结构优化""持续发展"三项一级指标下各二级指标贡献率排名前五的分别为"全球500强企业中一国制造业企业营业收入占比""单位制造业增加值的全球发明专利授权量""一国制造业拥有世界知名品牌数""装备制造业增加值占制造业增加值比重""基础产业增加值占全球基础产业增加值比重"；与全球制造强国第二阵列的德国、日本相比，我国竞争优势主要体现在龙头企业的规模占比，即"全球500强企业中一国制造业企业营业收入占比"指标；主要差距则集中于基础产业、高技术产品、单位能耗的制造业产出、单位制造业创新产出以及制造业全员劳动生产率等方面。此外，2015—2020年我国"质量效益""结构优化""持续发展"三项一级指标下二级指标指数值提升最快的前三名分别为"全球500强企业中一国制造业企业营业收入占比""一国制造业拥有世界知名品牌数""单位制造业增加值的全球发明专利授权量"；下降最快的则是"基础产业增加值占全球基础产业增加值比重"指标。

实现由大变强，应主要提升基础产业、创新能力相关指标及单位制造业增加值能耗等相对落后指标，持续巩固龙头企业国际竞争力等指数贡献率较大且具有一定领先优势指标，重点提升世界知名品牌数等增长较快指标。不断夯实产业基础，提高创新能力，坚持节能降耗，培育世界优秀企业及知名品牌，保持制造业占比基本稳定，加速推进制造业高质量发展，确保我国2025年制造强国战略目标平稳顺利实现。

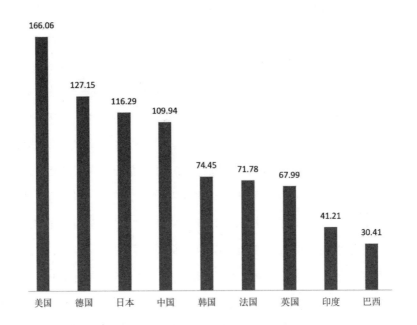

数据来源：《2019中国制造强国发展指数报告》

图1   制造强国发展指数位阶柱状图

按照《中国制造2025》的路径设计，中国力争通过"三步走"，用大约30年左右的时间实现制造强国战略目标。

第一步：力争用10年时间，迈入制造强国行列。到2020年，基本实现工业化，制造业大国地位进一步巩固，制造业信息化水平大幅提升。掌握一批重点领域关键核心技术，优势领域竞争力进一步增强，产品质量有较大提高。制造业数字化、网络化、智能化取得明显进展。重点行业单位工业增加值能耗、物耗及污染物排放明显下降。

到2025年，制造业整体素质大幅提升，创新能力显著增强，全员劳动生产率明显提高，工业化和信息化融合迈上新台阶。重点行业单位工业增加值能耗、物耗及污染物排放达到世界先进水平。形成一批具有较强国际竞争力的跨国公司和产业集群，在全球产业分工和价值链中的地位明显提升，进入制造强国的阵营。

第二步：到2035年，我国制造业整体达到世界制造强国阵营中等水平。创新能力大幅提升，重点领域发展取得重大突破，整体竞争力明显增强，优势行业形成全球创新引领能力，全面实现工业化。

第三步：新中国成立一百周年时，制造业大国地位更加巩固，综合实力进入世界制造强国前列。制造业主要领域具有创新引领能力和明显竞争优势，建成全球领先的技术体系和产业体系。到2049年建国一百周年时实现社会主义现代化强国目标，必须首先成为一个世界第一阵营的制造强国。

↗ 向德国学习

德国处在制造强国第二阵营，德国经济和中国经济有很强的互补性。德国和中国的合作非常紧密，尤其在制造业，如电器、电机、机械、机床等领域，都是中德合作广泛的领域，这几项也是中国制造业国际化程度比较高的领域。疫情暴发以后，国内市场的普通产品是中国的口罩、防护服，呼吸机，如德国德尔格等高端医疗器械在中国市场份额很大。中德制造业合作的典范就是"双车"，一个是汽车，一个是火车（主要是指高铁）。德国的汽车业，大众、宝马、奔驰、奥迪，都是在中国完成了华丽转身。高铁的主要技术都来自于德国，包括牵引系统、转向系统、制动系统，其中最主要的软件来自西门子。

德国的工业化程度、工业化阶段和中国不一样。德国是先进者，中国是后进者，后进者就要学习先进者。德国是我们最现实的追赶和学习的对象。德国特别值得中国学习的，有8个方面：

第一，一贯重视实体经济。英美一度都只想掌握高端的设计、品牌、研发，把微笑曲线的底部转移出去，但是都吃了很大的亏。英美都存在产业空心化问题，要扭转局面，费劲不小，效果不理想。德国一直没有放弃制造业，对虚拟经济保持警惕，强调实体立国，甚至有相关的法律规定。所以我们可以看到一个独特现象，经合组织国家中，德国经济增长一直比较平稳，甚至 2008 年金融危机对德国经济的影响都不太大。《中国制造 2025》开头有一句话：制造业是国民经济的主体，是立国之本、兴国之器、强国之基。这是清醒的认识。

第二，培育中小企业"隐形冠军""小巨人"。德国企业咨询专家赫尔曼·西蒙（Hermann Simon）的《隐形冠军》一书畅销全球，让人们对"隐形冠军"企业有了全新的认识。所谓"隐形冠军"企业，就是企业规模不大，但是寿命长，它们大多是百年老店、家族企业，它们往往只做一种产品，却做到世界老大。全世界的"隐形冠军"有 2600 多家，德国就占了 1300 多家。这是德国制造业发展非常重要的一条经验，也可以说是德国制造业竞争力的秘密武器。中国的制造业企业要踏踏实实把企业做到细化行业"隐形冠军"，须向德国学习。

根据《中国电子报》2020 年 3 月 20 日的报道，德国拥有 370 多万家中小企业，占企业总数的 99.7%，贡献了 54% 的工业增加值，提供了 70.2% 的就业，创造了德国企业营业收入的 70%，是德国经济发展的主要支柱。德国中小企业的研发创新被称为德国最重要的"创新发动机"。根据数据统计，在医药和信息通信技术领域，德国中小企业研发的参与度达到 59%；在测量及自动控制技术领域，中小企业的研发比重高达 79%。德国中小企业领导者的人均专利拥有量是德国大型企业的 5 倍，而成本却只有大型企业的 20%，且在高端技术领域创新研发突出。

第三，德国的产业政策也非常有特色。德国政府一直是强势的经济主体之一。普鲁士在铁血宰相俾斯麦靠铁血手段统一了大部分德语地区后，成为欧洲大陆第一强国。以铁路贯通的国内大市场，为德国的工业化和德国的崛起奠定了基础。德国的产业政策部门的话语权，大于竞争政策部门的话语权，或者说竞争政策被置于广义的产业政策框架下。但德国的产业政策不能违背市场原则。德国工业 4.0 影响广泛，其精髓就是不断用政府规划推广、引导，做顶层设计，推进工业革命、技术革命。德国工业 4.0 立足德国实际，吸收东西方之长，效果比较明显。2018 年德国政府颁布《高技术战略 2025》，将大中小企业区域协同创新集群和集群网络作为国家创新体系的主要内容加以扶持；2019年德国政府出台的《国家工业战略2030》是干预力度较大的扶持本国产业的又一政策实践。以德国为代表的欧洲国家在社会市场经济理论的指导下，强调产业链闭环、科技创新主导的同时，正在政府、社会与市场之间寻求新的平衡点，从崇尚市场自由化转向加强政府干预，从全面扶持转向扶持重点产业。该战略反映了德国对全球经济格局巨变的焦虑，也是德国从自由主义走向干预主义的标志。

第四，在品质制造、高端制造方面，德国是样板。中国因为要素成本曾经比较低、市场缺口大，起步比较容易，往往流于粗放式发展。德国制造是走高端路线，利用技术含量、品质、品牌含量，把产品做到极致，这与中国过去这些年的低成本制造形成鲜明的对比。其实，"德国制造"过去在很长一段时间里也是粗制滥造的代名词，老牌工业国英国曾经还立法限制德国产品进口，战后的德国甚至被称为"欧洲病夫"。但德国人励精图治，后来居上，完成了品质革命，使"德国制造"成为品质的象征。未来，中国的低成本制造、合格制造要向德国优质制造、极端制造学习，给消费者创造更大的消费者剩余，使产品有更高的附加值。

第五，工匠精神+企业家精神。德国的中小企业为什么多？因为德国民间有良好的创业精神、企业家精神，这种精神使得德国的中小制造业企业非常发达，而且成就了许多"隐形冠军"。更难得的是，德国企业内部工匠精神代代传承，追求专业、专注、极致、匠心。改革开放以来，中国人为追求富裕，企业家精神发挥得不错，追求快速度，追求低成本，但是工匠精神没有得到很好的倡导。在德国，喝啤酒，有《啤酒纯酿法》；开商店，有《商店关门法》。他们做事较真，讲规矩，讲标准。衣服没有线头，扣子10年不掉，拉链万次不坏，塑料没有异味。这一点特别需要中国的制造业企业学习。

螺母、螺栓等紧固件被喻为"工业之米""工业万能胶"，是机械连接最主要的基础零部件，我国常规紧固件产量大、价格低、质量好，但由于设备、材料、工艺等方面原因，高精尖的紧固件与德日等国家还有不小差距。中国商用航空发动机有限责任公司的总经理曾经讲过一个拧螺丝的故事。他曾经考察中国商发旗下一家工厂，这家工厂曾从德国进口一台大型锻机，运行3年没有发生任何问题，随后又进口了第二台锻机，但运行不到6个月即问题百出。后来调查发现，原来是安装出了问题。德国供应商在说明书中明确要求，拧螺丝时要拧三圈半后再倒退半圈，但中国工程师和工人说"德国人太傻了，那不就是三圈吗？"前面几个还比较小心地拧了三圈，后面拧了几圈也不知道了，反正扳手上的力差不算数，也没有记录。螺丝为什么要拧三圈半再回半圈？主要是为了防止螺丝出现松动，且回半圈是为了恢复其弹性变形，消除预紧应力。螺丝通过连续加压或弹性变形后，塑性应力和失效的概率大大降低，使螺丝保持较高的连续张力，而直接转三圈达不到这样的效果。另外，在拧螺丝的过程中，必须施加额外的预紧力，而拧三圈半再回半圈后预紧力就会消除，否则螺丝会发生弹性变形，特别是在高温高负荷的情况下，长期这样，材料会产生蠕变。螺丝产生塑性变形后，其强度会大幅下降甚至失效。

中国制造业技能型人才和工匠型人才尚须大力发现和培养。产业基础的高级化和产业链的现代化离不开人才链的支撑，人才链不仅包括创新型高级人才，也包括基础型专业化的技能人才。在德国，高技能人才占50%左右，中国只有30%左右。在德国，不管是工程师还是普通的技工，几乎每人都有一手绝活，甚至是祖上传承下来的技术，而技术工人更多来自遍布全德国的职业学校、技工学校，还有应用技术大学。值得一提的是，德国行业协会的技术培训和企业内部的实地训练也十分普遍。

按照西方管理学的逻辑，几乎所有人都认为商家是逐利的，终极目标是利润的最大化，但这不是德国制造企业管理的精髓所在，因为德国管理只追求两个目标：一是生产过程的和谐及安全；二是高科技产品的实用性和高品质。正是如此苛刻的准则和专业主义精神，才让德国的"隐形冠军"在全球市场上长期立于不败之地。德国人往往不会从商人的角度去考虑产品是否畅销，他们考虑的是产品怎样才能经久耐用，而非怎么赚钱。

中国人有强大的学习能力和开放心理，并保持一定灵活性，做事效率很高。

正因为抱着后进生虚心学习的态度，所以，这些年中国制造业发展很快。一旦中国企业适应市场的强大能力与德国企业的严谨精神结合起来，必将双双得益。

第六，制造业与科学、技术、教育的结合，即产学研合作机制。德国最典型的弗劳恩霍夫协会、西门子研究院等，直接为企业服务，与企业生产和市场结合起来。反观我国，科技、教育和工业、制造业缺乏有效融合，教授考核、发表论文，与生产、制造的结合非常有限，产学研在机制、体制上没有打通。中国特别需要这种介于技术与市场之间的"四不像"机构，需要协同创新，把创新要素连接起来，形成一个新的合作机制。

第七，"双元制"教育体制。在德国，"双元制"教育体系独具特色。德国制造业工人素质之所以是全球典范就与此有关。每届初中生毕业时都可以参加"双选"活动。活动中，学生寻找合适的企业和岗位，企业寻找心仪的准员工。经过"双选"后，学生便进入职业学校和企业的联合培养中。他们每周有一两天在学校上课，其余时间到企业实习并领取报酬。三年到三年半后，大多数合格毕业生正式进入实习企业工作。这种企业、学校联合开展职业教育的方式被称为"双元制"。

在这一培养体系中，学校承担30%的培养任务，授课以理论知识课、公共课、道德情操课、体育课等为主。企业则承担70%的培养任务，主要培养学生的动手操作能力和基本技能。"双元制"教育将学生所学与企业所需紧密联系在一起，使学生和企业有了更多的交流，彼此认同感很深，同时学生也能够接触生产第一线、学习实用技能，从而大大提高其就业适应能力。"双元制"培育的技工享有较高的收入，不同学历的技术人员之间，综合收入差距并不太大。不在少数的德国人宁愿选择做技工，而不是去拼大学文凭。中国大多年轻人的选择恰恰相反，现在国内相当多的年轻人不愿意投身制造业。因为从事制造业工作的要求很高，工作相对比较死板，老得守在设备旁边，付出比较多，但收入较低。很多制造专业的大学生毕业后并不从事本专业的工作，赚钱反而更多。

理论和实际紧密结合、教学与实践无缝对接，是德国"双元制"教育的核心理念。"双元制"让学生在学校就开始拥有较强的实干能力，帮助其成长为企业的应用型人才。纵观历史，以"双元制"为代表的德国职业教育是成就德国先进制造业水平和世界强国地位最为重要的手段之一。从泥瓦匠到售货员，从制造业工程师到互联网程序员，几乎每一个职业都被列入德国联邦政府的职业教学大纲，可以找到相应的培训体系。

同时，"双元制"教育也已实现了与高等教育的贯通，进入具有"双元制"教育属性的高等院校（即应用技术大学），学业合格者同样可以获得硕士等高等教育学历，这免除了很多学生在职业选择时"没有回头路"的后顾之忧。

中国也出现了一批职业技术学校，开始重视专业技能培训。但德国制造业从业人员有一个很大的特点，就是本土化、社区化，而且是长期在一个企业里面工作，有的一干就是一辈子，甚至是父子两代人。中国的产业工人不是本土化的，而是跨区域的，从西部到中部，再从中部到东南沿海，是具有流动性的。尤其是生产线上的工人，还是以农民工为主，缺少稳定性。我们应该通过城镇化和城市化发展，让这些产业工人能够留下来，使他们不光能够乐业，同时也能够安居；让他们不再像候鸟一样，每年春节坐高铁回家，年龄大了后又回老家盖房子。这是未来必须要解决的问题。

德国制造业工人是全球的制造业工人中收入最高的。德国小时工资最高，但单位成本又最低。这说明，德国的工人收入高，效率也高。德国工人享受很长的假期。在中国，第三产业、服务业的人员工资福利高于制造业，德国则恰恰相反。在中国"劳心者治人，劳力者治于人""君子动口不动手"是传统理念，很多高素质的人才不愿意去做工人。在某些地方，工人即使做到了八级、十级工，也觉得低人一等。

第八，金融政策支持实体经济效果显著。德国对于中小制造业企业的政策性金融支持是全球公认比较成功的。

德国对中小企业的支持是由政府自上而下推动的，主要通过德国复兴信贷银行（缩写为KFW）实施。KFW对本国中小企业的金融支持比较灵活。

一是门槛较低，但限制用于不动产。符合欧盟中小企业标准的中小企业，即雇员少于250人，年营业额不超过5000万欧元（或者其资产负债表上的资产总额不超过4300万欧元）的企业（《欧盟委员会第C（2003）1422号建议》），都可申请针对性优惠贷款（较大的中小企业营业额为5亿欧元以下的，也有相关优惠贷款条款）。不仅是中小企业可以申请，自然人以及除经营不动产之外的其他产业从业者也可以申请。

二是在金融上鼓励制造企业经营专业化，发展国际化。KFW给企业贷款优惠的同时，对资金使用、投资内容都有比较专业、详细的规定，对骗贷等行为防范严格。但同时对资金投入的回报要求相对宽松，一般要求3年内获利。另外，德国在金融上鼓励本国企业在中小规模阶段就立足于全球化、在地域布局上多元化。KFW对在境外投资的本国中小企业的贷款也是有优惠的。德国中小企业及个体创业者在外国开设分公司或者与外国企业合资等（合资对股权有一定的限制规定）都有相应的贷款优惠政策。

三是面向中小企业的贷款额度较高，可提供无担保贷款，还款提供合理延期。KFW如果认定企业有发展前景，可以对该企业进行全额投资，或者对认定的投资方案给予最高额度达2500万欧元的优惠贷款。在无担保贷款方面，KFW支持力度也很大，例如对购置生产机械设备等的无担保贷款可达到50%（具体标准以KFW每年的规定为准）。同时，对于贷款偿还，根据不同企业的情况可延期1～3年偿还。

四是低利息，有较好的风险分担机制。KFW以政府信用从资本市场筹资，在某些情况下政府还给予适当利息补贴。由于KFW信用等级很高，其本身筹资成本就很低，加之政府给予适当的利息补贴，保证了KFW能够以非常低的利率向转贷银行或中小企业提供资金。另外，德国在支持中小企业方面，有着较为健全的风控机制。商业银行与担保银行对担保贷款，一般是按20%和80%的比例来分担放贷风险的。但实际上，如果发生损失，德国联邦政府和州政府将分别分担其中的39%、26%，担保银行只承担35%。而在原东德地区的6个州，联邦政府和州政府承担的比例之和更是高达80%。

第五章

从补短板到锻长板

短板不少，补短板很重要。

关键领域、关键环节的确需要安全、自主。但短板是补不完的。

应对全球产业链重构，其实重点不在于补短板。

而且，补短板并非举国体制不可。

补短板只是短期策略，锻长板才是长远战略。

2016年5月30日，习近平总书记在全国科技创新大会、中国科学院第十八次院士大会和中国工程院第十三次院士大会、中国科学技术协会第九次全国代表大会上指出："综合判断，我国已经成为具有重要影响力的科技大国，科技创新对经济社会发展的支撑和引领作用日益增强。同时，必须认识到，同建设世界科技强国的目标相比，我国发展还面临重大科技瓶颈，关键领域核心技术受制于人的格局没有从根本上改变，科技基础仍然薄弱，科技创新能力特别是原创能力还有很大差距。"在全球保护主义抬头，以美国为首的西方国家加大对我国高技术出口限制的新形势下，一些涉及国家安全的战略产业关键技术、核心部件"卡脖子"风险突显。

📈 关键领域需要安全自主

随着中美博弈日趋复杂，加之疫情影响，逆全球化、"慢球化"、"半球化"不断抬头，使我国在近年来遭遇了芯片断供之类的诸多"卡脖子"问题。在充分全球化时期，我们与发达国家垂直分工，以优势互补为主并相互加持。但现在，我们与发达国家更多的是水平分工，相互间产品档次接近，竞争成为主旋律。

"卡脖子"是一个拟人化的说法，指我们依赖西方发达国家的关键核心技术和设备。引申开来讲，我们在软件系统领域被"卡脑子"，在动力系统领域被"卡心脏"，在传感系统领域被"卡眼睛"等。我们需要系统梳理自己在制造业各领域弱在哪里、如何迎头赶上。

关键领域核心技术和核心产品，可以从中国进口海关数据尤其是逆差最大的产品中进行自下而上的分析得出。根据欧亚系统科学研究会的一项研究，截至2020年，中国对外最依赖产品有556种、敏感依赖产品169种、战略依赖产品163种，包括大宗商品和高新科技产品，主要来自澳美日韩。在美国一系列科技"脱钩"和产业链"去中国化"行为作用下，高新科技产品和关键零部件进口可能面临制约，企业正常生产经营面临较大不确定性，自主可控难度增

图2　"自下而上"的分析方法——"战略依赖产品"的确定

加，未来只能逐步采取进口替代或进口多元化措施。

以新能源汽车为例。中国新能源汽车发展迅猛，汽车总成系统、底盘和车身系统、外饰和内饰系统中，全球市场占有率较高的企业出现了很多中国企业的身影，如宁德时代、比亚迪、福耀玻璃等多家全球化企业。新能源汽车因其涉及的关键技术更多，对智能化、技术化要求更高，提升了产业链整体的科技水平。因此，从关键零部件、芯片、操作系统等某些关键技术来看，中国汽车企业还没有完全掌握，依然处于相对中低端地位。在作为新能源汽车核心部件的动力总成系统中，还是博世、德尔福、李斯特（AVL）等国际品牌市场占有率最高，且在其中关键生产环节上本土新能源汽车多数还是采购国外产品。在电驱动系统方面，虽然本土企业具备了自主研发能力，但最高端的企业依然是国外较大的零部件集团。在技术要求更高的汽车中控系统中，中控屏、仪表板、自动驾驶系统、抬头显示系统（HUD）等关键零部件领域，均是产业链上中国本土企业的弱项领域。其中，抬头显示系统全球排名靠前的依然是国际企业，日本精机、大陆、电装等头部企业占据了90%以上的市场份额。自动驾驶系统领域，摄像头企业前5名也是松下、法雷奥等外资企业，前10家占据了96%的市场份额。毫米波雷达供应也被博世、大陆、电装等外企垄断。

在全球化深度发展的当下，产业链上下游分属于不同国家的企业分工协同格局已经形成，也是正常的。中国虽然也有完整的产业体系，但若想在更高端产业链中具有竞争力，避免永久性处在全球产业链价值链底部，中国企业还须努力。

短板在哪里

《科技日报》2018年曾推出系列文章，报道制约我国工业发展的35项"卡脖子"技术，引起了广泛关注与讨论。如今已经过去了5年，这35个领域的补短板已经取得可喜进展。具体如下：

表3　制约我国工业发展的35项"卡脖子"技术及攻关进展

名称/领域	短板描述	攻关进展
光刻机	制造芯片的光刻机，其精度决定了芯片性能的上限。在"十二五"科技创新成就展览上，中国生产的最好的光刻机，加工精度是90纳米，而国外已经做到了十几纳米	上海微电子的首台28纳米光刻机完全版于2023年底交付
芯片	低速的光芯片和电芯片已实现国产，但高速的仍全部依赖进口。国外最先进芯片量产精度为10纳米，我国只有28纳米，差距两代。据报道，在计算机系统、通用电子系统、通信设备、内存设备和显示及视频系统的多个领域中，我国国产芯片占有率均为0	中国芯片制造商工信芯片已经开始12纳米工艺的量产。目前台积电的5纳米工艺已经开始量产
操作系统	普通人看到中国IT业繁荣，认为与国外技术差距不大，实则不然。3家美国公司垄断手机和个人电脑的操作系统。数据显示，2017年安卓系统市场占有率达85.9%，苹果IOS为14%，其他系统仅有0.1%。华为近几年自主开发了鸿蒙系统，但是市场占有率相比安卓和IOS系统差距还很大	知名分析机构Counterpoint Research发布了一份关于手机操作系统的数据报告，数据显示，2022年四季度，华为鸿蒙OS全球市场占有率为2%，中国市场占有率为8%
航空发动机短舱	飞机上安放发动机的舱室，是航空推进系统重要的核心部件之一，其成本约占全部发动机的1/4左右。我国在这一重要领域尚属空白	2023年3月份，天津港入境了首台LEAP-1A发动机短舱，这款发动机在我国境内进行组装，尚属首次

触觉传感器	触觉传感器是工业机器人核心部件。精确、稳定的严苛要求，拦住了我国大部分企业向触觉传感器迈进的步伐，目前国内传感器企业大多从事气体、温度等类型传感器的生产。在一个有着100多家企业的行业中，几乎没有传感器制造商进行触觉传感器的生产	2021年12月，浙江大学在其官网主页上发表了一篇名为《触觉传感器破局！浙大宁波校区助推"国产触觉"走向世界》的文章，介绍了夏庆华团队与北京软体机器人科技有限公司合作，研制出触觉传感器的过程。 2022年，厦门大学航空航天学院周伟教授团队在柔性触觉传感器研究领域取得重要进展，提出可以实现超灵敏高频动态力检测的柔性触觉传感器新工作模式，突破传统传感器灵敏度的理论极限值
真空蒸镀机	真空蒸镀机是OLED面板制程的"心脏"。日本Canon Tokki独占高端市场，掌握着该产业的咽喉。业界对它的年产量预测通常在几台到十几台之间。有钱也买不到，说的就是它。Canon Tokki能把有机发光材料蒸镀到基板上的误差控制在5微米内（1微米相当于头发直径的1%），没有其他公司的蒸镀机能达到这个精准度。目前我国还没有生产蒸镀机的企业，在这个领域我们没什么发言权	合肥欣奕华、中山凯旋、莱德设备突破OLED蒸镀机技术，真空蒸镀机已经接近日本Canon Tokki蒸镀机的水平，成功填补了中企在这一领域的空白，打破了外企在真空蒸镀机方面的垄断
手机射频器件	射频芯片将数字信号转化成电磁波，4G手机要支持十几个频段，信息带宽几十兆。2018年，射频芯片市场150亿美元；高端市场基本被美国思佳讯（Skyworks）、Qorvo和博通3家垄断	2022年3月，我国著名的半导体公司富满微宣布，先前已经实现量产的5G射频芯片已经开始批量供货。此外，华为也开始出售5G内置射频芯片的手机壳。这标志着我国彻底突破了手机射频器件核心技术。 国内领先的射频模组解决方案商升新科技近日推出新一代高集成射频前端模组（Phase8 L-PAMiD）产品FCX62985，这是国内首个Phase8 L-PAMiD，公司将借此实现射频前端产品线国产化

续表

iCLIP技术	iCLIP是一种新兴的实验技术，是研发创新药的关键技术之一。它的发明，让人们抛弃精密的观测仪器，也能确定核糖核酸（RNA）和蛋白质在哪个位置"交汇"，甚至可以读出位点"密码"。iCLIP技术难，犹如在万千人海中找一个人，要从几十亿个碱基对中找到一个或几个确定的结合点，精确度可想而知。国外研究团队已在此领域展开"技术竞赛"，研究论文以几个月为周期轮番上演。国内实验室却极少有成熟经验	国内在这一技术领域目前没有新的进展
重型燃气轮机	燃气轮机广泛应用于舰船、火车和大型电站。我国具备轻型燃机自主化能力；但重燃仍基本依赖引进。国际上较大的重燃厂家，主要是美国通用、日本三菱、德国西门子、意大利安萨尔多4家。与中国合作都附带苛刻条件：设计技术不转让，核心的热端部件制造技术也不转让，仅以许可证方式许可中国本土制造非核心部件	2020年11月，东方电气集团自主研制的国内首台F级50兆瓦重型燃气轮机G50顺利实现满负荷稳定运行，标志着我国突破了重型燃气轮机技术，具备自主生产和替代进口的能力
激光雷达	激光雷达是个传感器，自带光源，可主动发出激光，感知周围环境，像蝙蝠通过超声波定位一样。它是自动驾驶汽车的必备组件，决定着自动驾驶行业的进化水平。但在该领域，国货几乎没有话语权。目前能上路的自动驾驶汽车中，凡涉及激光雷达者，使用的几乎都是美国威立登（Velodyne）的产品，其激光雷达产品是行业标配，占八成以上市场份额	2022年1月，山东富锐光学科技有限公司研制出激光雷达，打破国外技术垄断

续表

适航标准	一款航空发动机要想获取一张放飞证，必须经过一套非常严格的"适航"标准体系验证，涵盖设计、制造、验证和管理。但目前在国际上，以FAA和欧洲航空安全局（EASA）的适航审定影响力最大，认可度最高。尽管在规章要求层面，中国与FAA基本一致，但由于国产航空发动机型号匮乏，缺乏实际工程实践经验，我国适航规章缺少相应的技术支撑	2017年10月，中国民航适航审定中心正式成立，伴随着长江1000系列和涡轴16等国产发动机的研制，将给CCAR33适航规章提供迫在眉睫的支撑性技术文件
高端电容电阻	电容和电阻是电子工业的黄金配角。中国是最大的基础电子元件市场，一年消耗的电阻和电容，数以万亿计。但最好的消费级电容和电阻，来自日本。电容市场一年200多亿美元，电阻也有百亿美元量级。所谓高端的电容电阻，最重要的是同一个批次产品应该尽量一致。日本这方面做得最好，国内企业差距大。国内企业的产品多属于中低端，在工艺、材料、质量管控上，相对薄弱	目前国内企业在这一行业仍集中在中低端区域
核心工业软件	中国的核心工业软件领域，基本还是"无人区"。工业软件缺位，为智能制造带来了麻烦。工业系统复杂到一定程度，就需要以计算机辅助的工业软件来替代人脑计算。譬如，芯片设计生产"必备神器"EDA工业软件，国产EDA与美国主流EDA工具相较，设计原理上并无差异，但软件性能却存在不小差距，主要表现在对先进技术和工艺支持不足，和国外先进EDA工具之间存在"代差"。国外EDA三大巨头公司楷登电子（Cadence）、新思科技（Synopsys）及西门子EDA（Siemens EDA），占据了该行业全球每年总收入的70%。发展自主工业操作系统＋自主工业软件体系，刻不容缓	国内市场上，中国工业软件中只有ERP/CAD/CAE/CAPP的渗透率超过了50%，如业务管理类软件的用友网络和金蝶软件，在产业链中初步获得了话语权。其他工业软件的渗透率大多低于30%，外资企业产品占主导状况的形势仍比较严峻

续表

ITO靶材	ITO靶材不仅用于制作液晶显示器、平板显示器、等离子显示器、触摸屏、电子纸、有机发光二极管，还用于太阳能电池和抗静电镀膜、EMI屏蔽的透明传导镀膜等，在全球拥有广泛的市场。每年我国ITO靶材消耗量超过1000吨，一半左右靠进口，用于生产高端产品	2021年11月，郑州大学的何季麟院士团队成功取得了"平板显示用高性能ITO靶材的关键技术及工程化"项目的成果，实现了中国在高端ITO靶材的制造生产领域从无到有的突破据央视报道，何季麟院士研发的ITO靶材不仅重要技术指标达到国际水准，实现了进口替代，而且令日本靶材价格骤降83.75%。原来卖给我国的靶材价格每千克8000元，打破垄断之后，直接跌到每千克1300元
核心算法	中国已经连续5年成为世界第一大机器人应用市场，但高端机器人仍然依赖进口。由于没有掌握核心算法，国产工业机器人稳定性、故障率、易用性等关键指标远不如工业机器人"四大家族"发那科（日本）、ABB（瑞士）、安川（日本）、库卡（德国）的产品。核心算法差距过大，导致国产机器人稳定性不佳，故障率居高不下	在工业机器人领域，硬件方面我国仍然有许多技术急需突破，但是在软件方面，核心算法有了明显的进步，不再受其他国家的禁锢
航空钢材	无论起飞还是降落，起落架都是支撑飞机的唯一部件，尤其是在飞机降落阶段，其承载的载荷不仅来自机身重量，还有飞机垂直方向的巨大冲力。因此，起落架的材料强度必须十分优异。我国在高纯度熔炼技术方面与美国还有较大差距，存在很大提升空间	宝钢特钢有限公司成功研制生产的300M超高强度钢，标志着在C919后续机型上，起落架将能在确保安全的前提下实现国产替代
铣刀	随着近年来我国高铁的迅猛建设，钢轨养护问题也愈加让业内专家忧心。若养护不到位，不仅折损使用寿命，还存在高风险隐患。我国自主创新研发的双动力电驱铣磨维护机器人装备——被称为钢轨"急救车"的铣磨车可为钢轨"保驾护航"。但铣磨车最核心部件铣刀仍须从国外进口	随着国内铣刀企业持续不断地研发投入和生产经验的逐步积累，国产中高端铣刀品质持续提升，在性能方面与欧美、日韩的差距不断缩小，国产铣刀企业将逐步在中高端铣刀领域实现进口替代

续表

高端轴承钢	作为机械设备中不可或缺的核心零部件，轴承支撑机械旋转体、降低其摩擦系数，并保证其回转精度。无论飞机、汽车、高铁，还是高精密机床、仪器仪表，都需要轴承。这就对其精度、性能、寿命和可靠性提出了高要求。而我国的制轴工艺已经接近世界顶尖水平，但材质——也就是高端轴承用钢几乎全部依赖进口。高端轴承用钢的研发、制造与销售基本上被世界轴承巨头美国铁姆肯、瑞典SKF所垄断	我国科研人员先后攻克了含氧量的难题，成功让轴承钢的钢中含氧量低于5ppm，同时破解了西方国家轴承巨头视为核心机密的技术——在钢中加入"稀土" 如今兴澄特钢研制出的高端轴承钢反向出口发达国家，世界著名轴承供应商椿中岛直接买来贴上自己的标签出口欧洲
高压柱塞泵	液压系统是装备制造业的关键部件之一，一切工程领域，凡是有机械设备的场合，都离不开液压系统。高压柱塞泵是高端液压装备的核心元件，被称作液压系统的"心脏"。中国液压工业的规模在2017年已经成为世界第二，但产业大而不强，尤其是额定压力35MPa以上高压柱塞泵，90%以上依赖进口。国内生产的液压柱塞泵与外国品牌相比，在技术先进性、工作可靠性、使用寿命、变量机构控制功能和动静态性能指标上都有较大差距，基本相当于国外20世纪90年代初的水平	2018年10月，《山西经济日报》发布名为《骄傲！太重液压泵产品打破国际垄断！为中国制造添彩》的文章，报道了我国太重集团榆次液压工业有限公司研制出高性能柱塞泵打破外国公司的垄断
航空设计软件	自20世纪80年代后，世界航空业就迈入数字化设计的新阶段，现在已经达到离开软件就无法设计的高度依赖程度。设计一架飞机至少需要十几种专业软件，全是欧美国家产品。国内设计单位不仅要投入巨资购买软件，而且"头戴钢圈"，一旦被念"紧箍咒"，整个航空产业将陷入瘫痪	我国并不缺少航空设计软件相应的人才和理论基础，比如用来设计结构强度的有限元软件，基本原理就来自我国冯康院士提出的"有限元"理论。有关部门也组织科研单位集中力量开发相应软件，但时至今日，市场上仍未看到哪个国产软件在流通使用

续表

光刻胶	我国虽然已成为世界半导体生产大国，但面板产业整体产业链仍较为落后。目前，LCD用光刻胶几乎全部依赖进口，核心技术至今被TOK、JSR、住友化学、信越化学等日本企业垄断。光刻胶主要成分有高分子树脂、色浆、单体、感光引发剂、溶剂以及添加剂，开发所涉及的技术难题众多，要自主研发生产，技术难度非常高	当前国内光刻胶企业多分布在技术难度较低的PCB光刻胶领域，占比超九成，而技术难度最大的半导体光刻胶市场，国内仅有彤程新材（北京科华）、华懋科技（徐州博康）、南大光电、晶瑞电材和上海新阳等少数几家，且产品主要为相对低端的G/I线光刻胶。目前，国内北京科华、徐州博康等企业已经实现KrF光刻胶量产高端ArF光刻胶领域，国产企业基本都还在研发、验证阶段。至于EUV光刻胶，则是无从谈起
高压共轨系统	电控柴油高压共轨系统相当于柴油发动机的"心脏"和"大脑"，其品质的好坏，直接影响发动机的使用。柴油机产业是推动一个国家经济增长、社会运行的重要装备基础产业。中国是全球柴油发动机的主要市场和生产国家，而在国内的电控柴油机高压共轨系统市场，德国、美国和日本等企业占据了绝大份额。和国外先进公司的产品相比，国产高压共轨系统在性能、功能、质量及一致性上还存在一定的差距，成本上的优势也不明显	2020年1月，大连理工大学在其官网发表名为《大工技述：高压共轨燃油喷射系统打破国外垄断》的文章，介绍了成都威特电喷有限公司研制出高压共轨燃油喷射系统，打破外国技术垄断
透射式电镜	冷冻电镜可以拍摄微观结构高清3d"彩照"，是生命科学研究的利器，透射式电镜的生产能力是冷冻电镜制造能力的基础之一。目前世界上生产透射电镜的厂商只有3家，分别是日本电子、日立、FEI，国内没有一家企业生产透射式电镜	目前中国在这一领域仍没有生产企业，大力发展透射电镜实现国产化替代，已成为中国当下迫在眉睫的任务

续表

掘进机主轴承	主轴承，有全断面隧道掘进机的"心脏"之称，承担着掘进机运转过程的主要载荷，是刀盘驱动系统的关键部件。与直径仅有几百毫米的传统滚动轴承相比，掘进机主轴承直径一般为几米，是结构最复杂的一种轴承，制造需要上百道工序。就掘进机整机制造能力而言，国产掘进机已接近世界最先进水平，但最关键的主轴承全部依赖进口。德国的罗特艾德、IMO、FAG和瑞典的SKF占据较大市场	2022年4月，我国首台全国产3米级主轴承盾构机"中铁872号"破土而出，标志着我国首台全国产3米级主轴承盾构机顺利完成地下掘进任务
微球	微球，直径是头发粗细的三十分之一。手机屏幕里，每平方毫米要用一百个微球，撑起两块玻璃面板，相当于骨架，在两块玻璃面板的缝隙里，再灌进液晶。仅微电子领域，中国每年就要进口价值几百亿元人民币的微球。2017年中国大陆的液晶面板出货量达到全球的33%，产业规模约千亿美元，位居全球第一。但这面板中的关键材料——间隔物微球，以及导电金球，全世界只有日本一两家公司可以提供	2021年10月，《每日经济新闻》的文章《纳微科技：目前在LCD边框应用领域实现国产替代》报道了苏州纳微科技股份有限公司实现液晶面板微球国产化的消息
水下连接器	除了船舶、遥感卫星，海底观测网已成为第三种海洋观测平台。通过它，人类可以深入到水下观测和认识海洋。如果将各类缆系观测平台比作胳膊、腿，水下连接器就好比关节，对海底观测网系统的建设、运行和维护有着不可替代的作用。目前我国水下连接器市场基本被外国垄断。一旦该连接器成为禁运品，整个海底观测网的建设和运行将被迫中断	2022年5月，《澎湃新闻》的文章《国内首台！哈工程成功研制深海水平式卡箍连接器》报道了哈尔滨工程大学与中海油海洋石油工程有限公司合作研制出水平式卡箍连接器的消息，证实我国已经突破了水下连接器的技术

续表

燃料电池关键材料	国外的燃料电池车已实现量产，但我国车用燃料电池还处在技术验证阶段。我国车用燃料电池的现状是——几乎无部件生产商，无车用电堆生产公司，只有极少量商业运行燃料电池车。多项关键材料，决定着燃料电池的寿命和性能。这些材料我国并非完全没有，有些实验室成果甚至已达到国际水平。但是，没有批量生产线，燃料电池产业链依然梗阻。关键材料长期依赖国外进口，一旦遭遇禁售，我国的燃料电池产业便没有了基础支撑	2020年，苏州科润的质子交换膜NEPTM-3015系列配套的燃料电池发电机通过国家机动车质量监督检验中心强检。2021年，苏州擎动、喜玛拉雅等企业均已研制出燃料电池催化剂。2021年，上海河森电气有限公司、上海济平新能源科技有限公司均已具备小批量生产碳纸的能力
高端焊接电源	我国是海洋大国，拥有300多万平方公里海域，正在大力发展高端海洋资源开发和海洋维权装备。海里的设备一旦出现开裂等故障，需要用有工业制造"缝纫机"之称的焊接装备修补。深海焊接的实现靠水下机器人。虽然我国是全球最大焊接电源制造基地，年产能已超1000万台套，但高端焊接电源生产技术基本上仍被国外垄断。我国水下机器人焊接技术一直难以提升，原因是高端焊接电源技术受制于人	业内人士认为，外资企业在电源市场高端领域占据较大份额的时代已经过去。现在国内的电源在电源行业也占有一席之地，在逐渐取代进口电源产品的同时，也会走向国外。茂硕电源等供电企业正计划进入海外市场
锂电池隔膜	新能源车用电池四大核心材料中，正负极材料、电解液都已实现了国产化，唯独隔膜仍是短板。高端隔膜技术具有相当高的门槛，不仅要投入巨额的资金，还需要有强大的研发和生产团队、纯熟的工艺技术和高水平的生产线。高端隔膜目前依然大量依赖进口	锂电池六大核心材料中，隔膜是国产化最晚的一环。2013年，锂电隔膜市场80%的份额被美日等隔膜厂商占据，而如今，中国锂电隔膜企业出货量在全球市场占比已超80%

续表

医学影像设备元器件	目前国产医学影像设备的大部分元器件依赖进口，至少要花10年到20年才能达到别人的现有水平。在传统医学成像（CT、磁共振等）上，中国最早的专利比美国平均晚20年。在专利数量上，美国是我国的10倍。这意味着整个产业已经完全掌握在国外企业的手里了，所有的知识产权、所有的原创成果、所有的科研积累都在国外，中国只占很少的一部分	近十年来虽然国产核心元器件有单点突破，但在商业化和市场份额上尚未形成气候，如今国产影像上游开始迎来国产替代加速期。在整个医学影像版图中，只有DR的国产替代率较高，目前国内DR设备国产化率达到70%
超精密抛光工艺	超精密抛光工艺在现代制造业中有多重要，其应用的领域能够直接说明问题：集成电路制造、医疗器械、汽车配件、数码配件、精密模具、航空航天。美日牢牢把握了全球市场的主动权，其材料构成和制作工艺独特，国内尚未出现替代方案	2022年4月，西安市科技局在其官网发布了一篇名为《秦创原企业解决"超精密抛光工艺"卡脖子问题》的文章，证实我国已经突破了超精密抛光工艺的关键技术
环氧树脂	碳纤维重量比金属铝轻，强度却高于钢铁，还具有耐高温、耐腐蚀、耐疲劳、抗蠕变等特性，其中一种关键的复合辅材就是环氧树脂。但目前国内生产的高端碳纤维所使用的环氧树脂全部都是进口的。目前，我国已能生产T800等较高端的碳纤维，而日本东丽掌握这一技术的时间是20世纪90年代。相比于碳纤维，我国高端环氧树脂产业落后于国际的情况更为严重	中国环氧树脂生产厂家众多，但万吨级规模以上的企业为数不多，大部分环氧树脂企业生产技术与国外先进工艺相比尚有一定差距

续表

高强度不锈钢	用于火箭发动机的钢材须具备多种特性，其中高强度是必须满足的重要指标。然而，不锈钢的强度和防锈性能，却是鱼和熊掌般难以兼得的矛盾体。火箭发动机材料如果严重生锈，将带来很大影响。完全依靠材料自身实现高强度和防锈性能兼备，仍是世界性难题	我国自主研发了第三代超高强度不锈钢F863钢和USSl22钢，这两种钢分别采用金属间化合物和碳化物强化的合金设计理念，强度都可达到1900MPa，断裂韧性达到了100MPa·m1/2。这也标志着我国高强度钢领域自主创新能力的大幅提高
数据库管理系统	目前全世界最流行的两个数据库管理系统是Oracle和MySQL，都是美国甲骨文公司旗下的产品。竞争者还有IBM公司以及微软公司的产品等。甲骨文、IBM、微软和天睿（Teradata）几家美国公司，占了大部分市场份额。数据库管理系统国货也有市场份额，但只是个零头，其稳定性、性能都无法让市场信服，银行、电信、电力等要求极端稳妥的企业，基本不会考虑国货	对我国来说，数据库管理系统早已遍地开花，已经完全摆脱限制。国内企业阿里巴巴、华为、中兴、浪潮、人大金仓、武汉达梦、南大通用、神州通用等企业均有数据库管理系统
扫描电子显微镜	扫描电子显微镜，一种高端的电子光学仪器，被广泛地应用于材料、生物、医学、冶金、化学和半导体等各个研究领域和工业部门，被称为"微观相机"。目前我国科研与工业部门所用的扫描电镜严重依赖进口，每年我国花费超过1亿美元采购的几百台扫描电镜，主要产自美、日、德和捷克等国。国产扫描电镜只占约5%～10%	2019年3月，《安徽青年报》一篇名为《张小龙：打破国际垄断让"中国造"走向世界》的文章，报道了安徽泽攸科技有限公司研制出台式扫描电镜，打破国际垄断

（资料来源：《科技日报》、公众号"是说芯语"及《招商证券研报》）

客观看待"卡脖子"

中国作为全球第一贸易大国，深度融入全球经贸体系，是全球价值链和中间品贸易的重要枢纽。"三大冲击"之下，产业链安全正遭受严峻挑战。全球产业链和供应链的某一环节一旦发生中断，将通过中间品贸易和上下游投入产出效应对中国产业链安全和经济发展产生重要影响。部分领域对欧美等发达经济体依赖度较高，事实上已成为产业链安全的短板，使中国容易受制于人。

工业革命给世界带来了巨大变革，新质生产力不断涌现。首先是人类从利用自然能源转换为利用化石能源，进而实现动力电气化，这是根本性、基础性的变化；随着大量利用化石能源的新机器的发明和使用，推动了机械化生产的崛起；再后来，人类发明、发现了很多新材料，无机的、有机的、金属的、非金属的大量新材料涌现；最后是大机器大工业生产大幅度降低了商品成本，让所有人都可以成为消费者，享受到便宜的物品和服务。技术和发明本来就是从无到有，从初级到高级。后发国家面对无技术、无发明者的问题时，不能将先发国家有技术、有发明者的优势视为"卡脖子"。技术是商品，其中凝结着复杂的劳动，技术市场应符合供需关系和价格体系的规律，秉持买卖自愿、平等交换的原则。门槛式的技术革新成果，可以自动扩散，或以较低价格获得。在工业革命的历史上，反倒是那些颠覆性技术往往遭到落后势力、保守势力的阻碍，新技术的发明者成为被声讨的对象。

先进技术问世后，出现扩散和转移是必然的，也是有先后的，扩散一般有三种方式。第一是落后国家主动去学习和模仿先进技术。传统技术体系比较简单，自古以来后发地区自发学习和模仿先进地区的例子比比皆是。落后国家的学习往往是一个艰苦、曲折的过程，先进国家保护、垄断先进技术和最新发明也是一般规律。现代的"两弹一星"技术基本也是采用这个模式传播。第二是技术先进的地方主动进行技术和产业外移。近几十年的全球化，就是技术先进地区主动进行产业转移的大规模行动。例如纺织业从宋代传到中东，再传播到西欧，工业革命让英国成为纺织高地后，再转移到后发工业大国美国，直到改革开放再传回中国。这是落后国家被动受惠的一个过程，也是全球市场得到拓展的一个良性全球化的过程。第三种方式是技术后发区首先引进产业体系的核心部分，进行微创新，比如提供一些新服务、发明新商务模式，或者改善产品和服务使之有更好的性价比。这个过程既有互卡，也有互补。很多时候各国之间是在认可各自技术优势的基础上，在同一个产业链上相互补短板。没有一个国家能够做到"大而全"，既没有必要，也没有可能。

的确，国家竞争有别于市场竞争。当高新技术与国家安全和国防力量挂钩时，高新技术就成为制裁或防卫的手段，由此就出现了国家之间的"卡脖子"。新中国成立以后一直面临西方的"卡脖子"问题。1949年11月在美国的提议下秘密成立的巴黎统筹委员会（简称"巴统"），有17个成员国：美国、英国、法国、德国、意大利、丹麦、挪威、荷兰、比利时、卢森堡、葡萄牙、西班牙、加拿大、希腊、土耳其、日本和澳大利亚，主要针对苏联和中国，成为"冷战"工具，并设有专门针对中国进行禁运的中国委员会。委员会限制成员国向社会主义国家出口战略物资和高新技术。列入禁运清单的有军事武器装备、尖端技术产品和稀有物资等三大类上万种产品。苏联解体后，"巴统"大幅度放宽之前对苏联和东欧国家的高新技术产品出口限制。1994年4月1日，"巴统"正式宣告解散。

冷战结束后，在美国的操纵下，1996年7月，以西方国家为主的33个国家在奥地利维也纳签署了《瓦森纳协定》（简称"瓦协"），与"巴统"一样，"瓦协"同样包含两份控制清单：一份是军民两用商品和技术清单，涵盖了先进材料、材料处理、电子器件、计算机、电信与信息安全、传感与激光、导航与航空电子仪器、船舶与海事设备、推进系统等9大类；另一份是军品清单，涵盖了各类武器弹药、设备及作战平台等共22类。"瓦协"主要针对中国、伊朗、朝鲜等国家，而俄罗斯也是"瓦协"成员之一："瓦协"至今还在执行，而且每年都有评估。

全球生产体系降低了生产成本和交易成本，对世界经济发展是有利的。对于各个国家来说，参与全球生产体系可以带来两大好处，一是进入世界市场，参与经济全球化进程；二是实现经济水平升级。对于大多数发展中国家来说，这也是参与全球生产体系面临的两大主要任务。因为参与全球生产体系的企业，需要进行两方面联系：一是产品的营销，二是产品的研发、设计。而在这两方面，尤其在技术和信息方面，美国等发达国家都居于主导地位。中国是工业化的后发国家，也仍然是发展中国家。

本轮技术革命的策源地在美国，20世纪40年代末，从贝尔实验室到得州电子、IBM、英特尔、微软，从晶体管、电子管到芯片，再到电脑、互联网、智能手机，美国在技术领域一直居于上游。以半导体为例，中国半导体产业虽然发展迅速，因为缺乏上游核心技术，所以利润率较低而且高度依赖进口。20世纪90年代中后期，中国投入巨资发展大型集成电路的908和909工程，受到美国、日本等国在设备、技术出口管制方面的限制；华晶、华虹等到国际市场采购设备都先后遭遇了"瓦协"的限制，使得中国半导体设备制造业同国际先进水平还有不小的差距。

中美经贸摩擦以来，美国对中国高科技精准封锁的实体名单一再增加，这对仍然处在追赶阶段的中国经济无疑造成了巨大的麻烦，但中美迟早会在山巅相遇，中国绝不可能因为怕赶超美国就放弃发展先进制造业。

目前，中国有五大产业在世界领先：通信设备、轨道交通装备、输变电装备、纺织服装、家用电器。有六大产业下处于世界先进水平：航天装备、发电装备、新能源汽车、钢铁、石油化工、建筑材料。在上述领域，中国有自己独有的技术优势或核心技术，中国也不会轻易示人，也会严加保护。但仍有一些领域差距较大，其中主要有四个产业：第一是集成电路及其专用设备；第二是操作系统和工业软件；第三是航空发动机；第四是关键材料。这四个产业和国际先进水平差距巨大，是被"卡脖子"的重点领域，当各国竞争加剧的时候，技术竞争被武器化，也就成为常态。

↗ 如何补短板

如何补短板？这里有两个关键问题：一是如何发挥新型举国体制优势，或者说，如何处理好举国体制与市场体制的关系；二是如何处理好大企业与中小企业的关系，尤其是如何发挥好民营企业的作用。

1.审慎看待举国体制优势

"健全新型举国体制，强化国家战略科技力量，优化配置创新资源，优化国家科研机构、高水平研究型大学、科技领军企业定位和布局。"这是二十大报告作出的战略判断和选择。如何健全社会主义市场经济条件下新型举国体制，发挥好企业的创新主体作用，打好关键核心技术攻坚战，是当前的一项迫切任务。

举国体制是一段时间内为实现特定目标、任务所做的制度安排，更宽泛地讲，以特殊机构领导完成重大战略任务的方式就是一种举国体制。美国、苏联、中国、日本的发展中都曾有过类似的制度安排。新型举国体制是在社会主义市场经济体制大背景下，以市场配置资源为基础的、以完成特殊目标任务为目的的制度安排。大国博弈日益激烈，无论从任务的特点，还是从完成任务的方式来讲，中国需要完成的重大任务都比以往更加复杂。"取得重大突破，实现重大发展"就要求在中央层面建立完成重大任务的专门机制。

美国历史上有两大工程也曾依靠举国体制。美国陆军部于1942年6月开始实施利用核裂变反应来研制原子弹的计划，亦称曼哈顿计划(Manhattan Project)。该计划集中了当时西方国家最优秀的核科学家，动员了10万多人参加，历时3年，耗资20亿美元，于1945年7月16日成功地进行了世界上第一次核爆炸，并按计划制造出了两颗实用的原子弹。整个工程取得圆满成功。另一项工程是美国在1961年到1972年组织实施的一系列载人登月飞行任务。迫于1957年苏联卫星"伴侣号"(Sputnik)上天带来的压力和挑战，美国也要实现载人登月飞行和对月球的实地考察。阿波罗计划始于1961年5月，至1972年12月第6次登月成功结束，历时约11年，耗资255亿美元。约占当年美国GDP的0.57%，约占当年美国全部科技研究开发经费的20%。在计划的高峰时期，有2万家企业、200多所大学和80多个科研机构参加，总人数超过30万人。

日本的半导体追赶也一度采取举国体制。20世纪60年代到80年代，日本为了在半导体领域追赶美国，采取了企业、大学、研究机构合作的模式。日本在1976—1980年组织了"超大规模集成电路工程研究协会"，由通产省牵头，组织富士通、日立、三菱、日本电气、东芝五大公司和日本工业技术研究院电子综合研究所、计算机综合研究所等进行产学研合作，旨在研究最先进的半导体设备及其设备制造技术。1985年日本半导体产业一度超过美国，1986年全球十大半导体企业中日本占据了六席。

在中国，最具代表性的举国体制项目是"两弹一星一艇"研制工程。1956年12月在周恩来、陈毅、李富春、聂荣臻的主持下，科学规划委员会制订了《1956—1967年科学技术发展远景规划》，全国、全军一盘棋，人财物力统一调度，集中力量办大事，实现全国大协作。1960年，中国就成功地发射了第一枚导弹；1964年，中国研制的第一颗原子弹爆炸成功；1967年，中国又爆炸成功第一颗氢弹；1970年，中国用长征号运载火箭成功地发射中国的第一颗人造卫星——"东方红一号"；1970年，中国首艘核动力攻击潜艇"长征一号"下水。邓小平曾经指出："如果六十年代以来中国没有原子弹、氢弹，没有发射卫星，中国就不能叫有重要影响的大国，就没有现在这样的国际地位。这些东西反映一个民族的能力，也是一个民族、一个国家兴旺发达的标志。"热爱祖国、无私奉献、自力更生、艰苦奋斗、大力协同、勇于登攀的"两弹一星精神"，是中国今后推进中国制造强国建设和实现中国式现代化的宝贵精神资源。

近年来，无论是新训练出一个人工智能算法大模型、研发一种创新药，还是让核聚变产生的能量烧开一壶水，所投入的资金越来越多，动辄几十亿甚至上百亿美元；所投入的人员也越来越多，动辄数万人；所耗费的时间越来长，从几年、十年至数十年。此种情形之下，从国家层面上协调攻关，是我们能想到的最直接的办法。然而，市场经济条件下的举国体制也面临一系列难题，中国"大基金"就是一例。2014年10月，中国成立了集成电路产业"大基金"，一期募集资金1000亿；2019年二期再增2000亿，希望用国家投资引导产业升级方向，弥补中国和西方差距最大的高科技弱点。然而到了2022年底，国家集成电路"大基金"的高级管理人员连续被带走调查，其中包括一期和二期基金的总经理丁文武、董事路军。同时，"大基金"重点投资的紫光集团高管也连续被查，比如工信部电子信息司原司长、紫光前总裁刁石京，紫光原董事长赵伟国。事情没有办成，经济损失不小，人也锒铛入狱。这里面的体制机制问题值得深究。

举国体制绝不是重新回到计划经济体制。举国体制是有严格边界的，也是有时间段的。"特事特办""不惜一切代价"，不可持续，也不应该是常态。苏联将国防研发体制用在民用部门，事实证明效率也很低。中国过往也有深刻教训。事实证明，如果民间力量不行的话，政府发挥再大的力量也难如愿。政府需要做的是，坚持市场导向，尊重民营企业，把市场的潜力最大化，帮助产业企业走出遇到的困境。好的制度安排是把握政府和市场之间的平衡。民间很有力，政府也很有力，这样的条件在世界上虽然罕见，但值得追求。

在市场经济条件下，"两弹一星一艇"的经验难以全部复制。"两弹一星一艇"可以不计成本，而高新技术产品，科学和技术创新都是需要不断发展的，是可以也必须通过市场的接受而滚动发展的；同时，因为创新成功率很低，风险很大，只能靠广大民众思想的自由、信息的自由以及竞争的自由去实现，而不能靠规划、统一行动等这样的体制搞出来。所以，保罗·克鲁格曼讲出了美国成功的秘诀是采用分散决策这样的基本国策：美国公司利益就是美国国家利益，美国产业竞争力就是美国竞争力，而不是相反。

国家科技创新体系应以政府为主导、充分发挥市场配置资源的基础性作用。就科技创新而言，当前，政府要做的工作主要是为大学、科研院所、企业等科技创新主体提供条件、提供环境、提供指导，并形成政府、企业、科研院所及学校、技术创新支撑服务体系四角相倚的创新体系，加强科技创新，促进科技成果转化为现实生产力。

中国是一个14亿多人口的大国，蕴藏着不少类似爱迪生、马斯克的天才人物，只要赋予他们自由创新的环境即可。举国体制的重要任务是发现人才，包括管理"管理高手"的人才。在已经具备各种产业政策的情况下，再成立各种专门委员会，自上而下地进行规划发展、确立项目、遴选项目负责人。事实证明，科技部近年来实行揭榜挂帅的科技攻关项目，都取得了不错的效果。

市场化、法治化也非常重要。日本所谓的举国体制、美国政府介入产业政策等，公权与私权皆有清晰的法律边界。举国体制如果造成"权力排斥市场"，否定了市场在资源配置中的决定作用，那肯定与新型举国体制之义差之万里了。

2.发挥好企业创新主体的作用

要"补短板"，需要以三种方式从三个方面着力：其一，对国民经济、国防建设影响很大的高端产业（如集成电路及其专用制造设备、操作系统和工业软件，以及航空发动机等）需要新型举国体制来帮助；其二，对各行业关键零部件、材料、软件，中央、地方、企业联动合作，协同创新，集中突破；其三，大量的基础零部件、基础软件、基础材料采用市场机制，依靠企业和市场来"自主补链"，填补产业链空当。

第三种方式应当是主流的方式，因为短板问题其实是产业基础问题，是制造业的科技创新问题。制造业的整体提升不是靠大企业和科研机构可以解决的，也难以都靠规模化或举国体制来解决，更多的创新需要在量大面广的中小制造业企业中涌现。补链、强链需要有强大的链头企业，即跨国公司，但其链条上也要有一批中小企业来把守、卡位。建设内循环为主的现代化产业体系，链头、链核、链环和链身同等重要。

企业是创新活动的主体，民营企业更是我国创新发展的主力军。数据显示，我国70%以上的技术创新成果源自民营企业，80%的高新技术企业是民营企业。比亚迪新能源汽车摘下全球销冠，大疆创新占领全球消费级无人机70%的市场份额。民营企业是技术创新活力最强、创新效率最高的企业。从2012年到2021年，民营企业申请专利的数量占比从29.4%上升到51.4%。在民营企业中，华为、海尔、腾讯、百度、阿里等公司的研发投入最高，研发费用占营收比重均超过10%。ChatGPT的出现表明，人工智能不仅需要大型平台在算力和数据上的支持，还需要小而精的创业型技术企业。政府要发展高精尖技术，离不开海量民企高密度的技术分工与协作，还需要出色的风投、会计、设计、法律等民间组织的参与。

民营企业的存在、发展以及竞争效应，使中国的国有企业再次焕发了活力。国企央企居于产业链上游，居于资源能源的垄断或特许经营等强势地位，而民营企业是国企央企最大的买方，就如同税收一样滋养了国有企业。中国民营企业正从跟跑、并跑逐渐转向领跑。近年来，对民营企业和民营企业家的歪曲之声不绝于耳。一些势力借"反垄断""反倾销""国家安全"等名义，对民营企业内外打压，给民营企业吃"闹心丸"。

有人调侃民营企业习惯了"庶出地位"，养成了一身敏感体质。如今，民营企业最大的难题是如何在"安全与发展"复杂形势下稳定预期。老板越没有安全感，员工就越没有安全感。在这种形势下，尽管中央一再强调"基本经济制度""两个毫不动摇""两个健康""三个没有变""自己人"，那些已经"跑路""躺平"的民营企业仍需要一个过程来适应和规划新预期，也需要中央层面更大的政策调整力度。

要想真正出现创新型的企业家，需要对现有的经济体制、政治体制进行一些必要的变革。正如《大停滞？》作者泰勒·考恩教授讲的："法制，唯有在法治的情况下，政府的权力受到严格的抑制，每个人才能够在未来有一个预期，企业家才会投入持续的创新。"

当前民营企业面临的法治环境，一是民营企业产权缺乏平等的法律保护，二是民营企业的经济利益在法律调节中受到歧视。对民营企业权益保护的弱化，往往源于对同处于市场竞争中的国有企业权益的特殊强化。党的十八届三中全会提出，让市场在资源配置当中起到决定性作用，同时更好地发挥政府作用。这实际上就是在资源配置上打破公和非公的界限，国有企业、民营企业平等地配置资源，平等地展开竞争，这也是新型举国体制的前置条件。要防止在新型举国体制之下，造成新一轮国进民退和不公平竞争。

3. 补上基础研究的短板

中国制造能取得今天的成就，与科学研究层面的进步是分不开的。根据国家统计局公布的数据，2016年中国研发经费约达到1.57万亿元人民币，仅次于美国跃居世界第二；2018年，中国研发经费增长至1.96万亿元人民币，依旧稳居全球第二；2020年5月，科技部公布最新数据：2019年我国全社会研发支出达到2.17万亿元人民币，占GDP比重达2.19%。

据有关部门统计，中国在基础科学研究上有四项世界第一：第一个是研发投入，中国2020年在研发上的投入较2019年增长了10.2%，约达到2.44万亿元人民币，这一数字让中国在研发投入上首次超越美国，成为世界第一；第二是专利数量，中国在2019年和2020年连续两年保持世界第一；第三是人工智能领域论文发表数量，这个领域是未来产业发展的重要方向，可能带来生产效率的爆炸式提高，值得我们关注；第四是自然科学论文数量全球第一，说明中国在基础科学研究上也在逐渐建立起优势。

但科技创新对经济增长的支撑依然不足，科技创新的社会组织效率和投入产出效率都不高。究其原因，核心因素是我国创新生态体系建设对社会基础研究支撑不足，这一点，最明显地体现在制造业上。我们过去一直在追赶先发工业化国家，靠模仿替代，摘到了"低垂的果实"，但并没有完全掌握一些关键核心技术，有技术含量的原创产品不多，我们缺少创新型企业和创新型企业家，创新土壤和创新生态也有所不足。

中国的追赶式发展取得了辉煌成就，但也存在对引进技术消化吸收不足、再创新不足的问题。改革开放以来，我国每花1元钱引进技术，只用0.07元进行消化吸收和技术创新。相比较而言，工业化成长时期的日本、韩国，每花1

元钱引进技术，则投入5到8元进行消化吸收和技术创新。

最大的制约是自主创新滞后，关键技术自给率低。我国关键技术对外依存度在50%以上，而发达国家在30%以下，美国和日本在5%左右。现阶段我国49.9%的战略性相关产业企业使用的专利技术来源于美国。同时，我国高科技含量的关键装备主要依赖进口，每年形成固定资产的上万亿设备投资中，60%以上需要引进。所以，进行重大科技创新是破解"卡脖子"的迫切需要。国家创新系统是参与和影响创新资源配置及其利用效率的行为主体、关系网络和运行机制的综合体系。实施多年的"国家科技重大专项"是为了实现国家目标，通过核心技术突破和资源集成，在一定时限内完成重大战略产品、关键共性技术和重大工程。重大专项以"核高基"（核心电子器件、高端通用芯片、基础软件）为主。重大科技专项解决了一些技术难题，但仍然存在链条系统技术少、一些重大瓶颈无法有效突破的问题。

具体来说就是两大问题：如何从科学原理出发走向产业创造新技术、新产品、甚至新产业？如何建立颠覆性的重大技术创新体系、创建新的产业赛道？

从科学走向产业，首先是进行基础科学的探索，第二是源头技术的发明，第三是进行高科技产品概念的验证，第四是进行产品的开发和完善，最后一个步骤就是产业化。其中风险最大的是高科技产品概念验证这个环节。科技成果无法有效产业化，导致科技成果与产业化发展之间出现断层，称作科技成果转化的"死亡之谷"（valley of death）现象（也被称为"达尔文死海"现象）。这种现象普遍存在于各国创新活动中，中国尤其明显。有数据显示，我国科技成果转化率仅为10%左右，远低于发达国家40%的水平。跨越这一"死亡之谷"，是科技创新的重中之重。

在科学探索这个阶段，科学家是主角，基本都由国家资助；在源头技术开发即基于科学原理和现象进行重大核心技术发明的阶段，科学家起到关键作用，有时工程师也会起作用，这期间产生的费用部分由国家赞助，部分由大企业投入；在产品概念验证阶段，主角变成创业者而不是科学家，科学家在这个时候是辅助角色；在产品开发和完善及产业化的阶段，主角是创业者和工程师。越到后期，市场化资本参与越多。

当前，在新一轮技术革命和产业变革中，颠覆性创新领域，中国正面临难得的机遇。正在进行的从化石能源向可持续新能源的转化将提供很多颠覆性创新的机会。现在人类基本上已形成了向可持续能源转换的共识，这是一个极大的机会，将带来新产品和新产业需求，也会让很多现有产业发生天翻地覆的变化。上一次能源转换时，我们经历了一场波澜壮阔的工业革命，这一次的能源转换同样会造成一场新的工业革命，宁德时代、隆基绿能、通威股份、万化化学等企业居于全球头部地位，中国有机会成为这一场工业革命的领导者。

习近平总书记在2020年科学家座谈会上指出："我国面临的很多'卡脖子'技术问题，根子是基础理论研究跟不上，源头和底层的东西没有搞清楚。"其实，这才是需要新型举国体制重点发力的地方。从科技成就的影响力看，基础研究发挥奠基作用，是为科技发展培养潜力。基础研究尽管走得慢，但会走得很远。应用研究虽来得快，效用明显，会很快带来政绩，但是缺乏后劲和张力。现代科技发展之所以加速，正是得益于过去的基础研究。只有那些有战略眼光的政治家、企业家、投资者，才愿意将基础研究作为一种"长线投资"和"战略投资"，这需要智慧，更需要勇气。因为基础研究更难预料风险，不少研究和投资是以牺牲当前利益和局部利益作代价的。

1945年"二战"即将结束时，时任美国总统科学顾问、战时的研发负责人范内瓦·布什（Vannevar Bush）提交了《科学：无尽的前沿》的报告，对美国调动国家力量支持基础研发起到了关键作用。2021年4月21日，美国参议院推出《无尽前沿法案》的新版本，将发展关键产业科技上升到国家战略高度。

国家统计局发布的《2019年全国科技经费投入统计公报》显示，虽然全国共投入研究与试验发展经费多达2.21万亿元，但全国基础研究经费仅为1335.6亿元，占比低至6%。发达国家一般是15%～20%。我国研发经费投入占国内生产总值的比重为2.19%，而美国是2.79%，北欧国家是3%，日本是3.4%。同时，我国科技成果转化率较低，只有发达国家的一半。

　　我国要发展成为全球领先的创新型国家，就必须在高等教育、基础研究和应用研究领域以及相应的人才培养与使用方面，进行根本意义上的改革。要充分借鉴国内外的成功实践，对现行的应试与狭窄的分科教育模式进行改革，培养出数量领先的一流科技人才和创新人才；对高校的考核评估机制进行改革，包括教育和科研机构的去行政化和学风建设，从而取得足够数量的一流基础研究成果和全球领先的基础研究投入产出效率。同时，加快新一代智能化技术在教育体系、科研体系中的推广应用，实现教育强国和科研强国建设的换道超车。

　　硅谷成功的一个重要依托就是斯坦福大学、加州大学伯克利分校等一流大学。硅谷的奠基人之一、斯坦福大学电机系教授弗雷德里克·特曼曾说："大学不仅仅是求知场所，它们要对国家工业的发展和布局、人口密度、地区声望和经济发展产生重大影响。"科技、教育的发展主要是体制问题，是创新文化氛围问题。推动观念与社会文化变革和新一轮思想解放，清除不同领域各种束缚、妨碍创新的观念、规则和做法，使自由的创新成为教育、科研、文化和经济活动的核心逻辑，是一项润物细无声的长期工程。

　　当前，美国的科技教育交流正在去中国化，我们该如何应对呢？我们要以更大的开放力度和胸怀去破解去中国化。中美在教育科技领域的交流是非对称的，是上下游的关系，一旦脱钩，将会对中国现代化建设长远大计带来难以估量的损失。

📈 补短板是策略，锻长板是战略

　　为防止突发的产业链风险，建立产业备份基地是维护产业链安全和供应链安全的重要举措。西南、西北等地区已经在逐步建设关键零部件、关键材料、关键设备等产业备份基地。尤其互联网时代，网络安全、数据安全必须要有备份，国家有关部委和技术主管机构应该有所准备。当然，这是在极端情况下的被动应对之策。

建备份、补短板，是为了保障产业链、供应链的安全，但是应该认识到，产业链只有相对安全，而没有绝对的安全，除非自外于全球市场。举一个光刻机的例子。我们知道，市场上提供量产商用光刻机的厂商有三家：ASML、尼康和佳能，而ASML占据了整体市场60%的份额和高端市场80%的份额。尽管市场份额如此巨大，光刻机也不是由荷兰一个国家生产的，其40多万个零部件供应要来自30多个国家。

短板永远是补不完的。国际贸易不可能停止，旧的短板补完，新的短板还会出现。中国说过，对外开放的大门永远敞开，而且只会越开越大；另外，即使作为一个超大经济体，也没有必要一应俱全。我们应该客观、动态地看待"大中小门类齐全""全链生产"等提法。

在外循环畅通的情况下，可以放弃部分技术的攻关，避免造成资源分散和浪费。如果不是十分关乎国家安全的技术，也不必急于全面国产化，不然会在国际贸易当中产生巨大逆差，尤其对于那些遭遇部分关键核心技术"卡脖子"的，补短板时也要冷静和谨慎，不宜轻言举全国之力、不惜一切代价去补短板，要警惕对方换赛道。

当前，我国经济总量越来越高，产业门类越来越多，而且经济增长和产业升级速度大大超过自有技术补短板速度，自有技术储备相对于产业快速升级需求的短板越来越多。按照比较分工原理和国际经验，在全球化体系和资源有限的约束下，过于强调全面补短板就是对国际贸易和外循环的漠视。

补短板反映的是防御型的心态，本质上是追赶和模仿、重复，不能实现领先超越。不恰当的过度追求自给自足，虽然从国家安全角度看似增加了一些筹码，但效果上在外界看来是中国主动与国际经济技术脱钩，这不仅会让已经岌岌可危的全球化雪上加霜，也会让中国在国际上失去朋友，陷入更加艰难的处境。

2020年7月30日，在中共中央政治局会议上，习近平总书记提出"要提高产业链供应链稳定性和竞争力，更加注重补短板和锻长板"。这是中央层面的政策文本表述中首次出现"锻长板"的提法，引发国内外高度关注。国内不少经济人士指出，中央这个提法的背后是要强调产业链不仅要从"扬长避短"转为"扬长补短"，更要锻长板与补短板齐头并进。"扬长"与"补短"并进，才能确保更加安全地发展。锻长板的思维，不仅适用于产业链，也同样适用于科技创新，而且在科技创新领域，锻长板思维尤为重要。锻长板的重要性不亚于补短板，一定程度上，锻长板的优先级别还要高于补短板。

当前我国的科技创新和制造业发展战略，很有必要按照"锻长板优先"的思维进行重新布局调整，从追随思维转向领先思维。集中优势资源加大投入，或在全新领域另辟蹊径，或在原有领域加快赶超，在短期内快速打造一批在全球范围内都具有强长板优势的创新技术。所谓长板技术或长板产品，必须是不可替代或替代成本极高的技术或产品。个别国家之所以能对中国进行技术讹诈，不是因为他们没有短板，而是因为其或其主导联盟的芯片等某些不可或缺技术十分强大，并做到了无可替代。只有让国际经济循环，包括发达国家的内部经济循环在一些不可或缺技术领域对中国产生高度依赖，中国才能在激烈的国际政治经济环境中从容应对，拥有更多应对摩擦纠纷的筹码，这也是中国应对一小部分国家技术讹诈最有效的反制手段。有没有这种可能呢？中国的一批企业在5G、单晶硅、多晶硅、动力电池等细分领域已经拥有长板技术和长板产品。也只有让其他国家的经济与技术循环无法与中国脱钩，你中有我，我中有你，高度相互依存，才能使中国在全球价值链分工体系中立于不败之地，进而凭借国内市场容量巨大、国内国际双循环相互驱动的强大、独有优势从容应对全球经济与政治的风云变化，转危为机。一个明显的例证就是2023年4月正在美国呼吁制造业回归之际，特斯拉又在上海投巨资新建储能超级工厂。

补短板只是策略，锻长板才是战略。补短板是一时之需，是应急，而锻长板则是长远之计。所谓被"卡脖子"，其实就是自己依赖别人。要想不被"卡脖子"，正确的做法是让别人也依赖你，如此，你才有讨价还价的资本，别人才不敢随便"卡"你；而不是关起门来，闭门造车，无休止地补短板。竞争获胜更多靠长板而非无短板。具体来说就是要有一批"隐形冠军"，这是中国制造业由大变强的关键，"隐形冠军"的培育就是要锻造出更多长板。只有打造更多的制造业"独门绝技""撒手锏"，培育更多的世界级"隐形冠军"企业，才能逐步形成基于内需的国内价值链，将国内产业链逐步融入全球创新链，创造更多机会；才能在未来的全球产业链竞争和重构中掌握主动权，提升产业主导性，具备产业链竞争和重构的博弈筹码；也才能强链、铸链，促进中国制造走向全球价值链的中高端，提升中国制造在全球价值链的位置。

中国制造业的产业基础再造、产业基础的高级化、产业链的现代化，具体方向就是锻长板。在专业领域掌握了技术、产品或服务具备不可替代性的企业，有源源不断的可观利润。我国制造业在过去的几十年里取得了巨大的成就，特别是在装配制造、集成制造方面优势明显，但处在价值链的中下端，利润率低，缺乏过硬的中间产品，只长骨头不长肉，容易受制于人。民营中小企业走专业化之路，尤其是能成长为全球产业链关键环节卡位的中等企业，这类企业的群体不断扩大、相互连接、相互依存，未来将共同组成中国稳定可靠的产业基础和全球制造业的产业生态系统的重要部分。

《华尔街日报》的一篇报道说，在与美国争夺技术供应链主导权的竞争加剧之际，中国找到了对策，那就是培育成千上万家被称为"小巨人"的企业，从而在全球产业链中占据难以被替代的关键地位，尤其是那些与国防军工有关的细分行业。《华尔街日报》的这篇报道认为，中国的这一对策正确有力，正在取得明显效果。

第六章

由大到强的关键跃升

所谓"大而不强"主要是指：

规模大而质量、结构、可持续能力不够强；传统制造大而现代制造不够强。

实现制造大国向制造强国的跃升，最关键的五步：

传统制造的高质量发展；迈向现代制造；从中低端到中高端；与服务融合，向服务延伸；

还有一个更为迫切的：抓住低碳制造新机遇。

中国制造业正处在由大到强的关键跃升阶段。如何由大到强？应当从五个方面全面推进：传统制造的高质量发展；走向现代制造；往高端方向发展；与服务业结合，向服务延伸；走绿色化之路。

📈 传统制造业的高质量发展

传统制造业的高质量发展对我国而言仍然十分重要。一些中低端产业不能轻易转移出去。当前，传统制造业仍是我国工业经济的主体，钢铁、纺织、家电、化工、建材、食品等仍是具有竞争力的板块，关乎综合国力，也关系到国计民生，既是实现稳增长的重要领域，也是培育新动能、产业升级的主要来源和基础。比如，新能源汽车、新材料等战略新兴产业，都来自传统制造业的转型升级。

从建设现代化经济体系的角度看，制造业可以分为传统制造业和现代制造业，但这种划分并不必然对应落后产业和先进产业，更不意味着代替和断裂。传统制造业和现代制造业都是经济社会发展的重要物质基础，两者之间的关系是相对的，是相辅相成、互为表里的。

在传统制造领域，比如钢铁、服装、化工、建材、食品、家电等领域，我们在很多子领域拥有优势，不仅有"量"的优势，而且随着产业升级、绿色制造的不断深化也拥有了"质"的优势，当然，"质"的方面也还有很大的提升空间。

2021年，中国粗钢产量为103524.3万吨，占全球的比重为53%；钢铁企业间的兼并重组加速推进，钢铁行业集中度进一步提高。2021年，鞍钢、本钢整合重组，成为全球第三大钢铁企业；中国宝武重组山东钢铁集团，建龙、普阳、冀南等企业持续推进并购进程，促进了钢铁产业集中度的提升。钢铁行业通过应用世界先进的工艺、装备、技术和流程，加强节能环保管理，实施超低排放改造，在节能环保方面进入世界先进行列。

服装产业方面，2021年中国服装产量为168.02亿件，受东南亚订单回流等因素影响，2021年上半年，中国服装外贸出口订单量大增。据国家统计局数据，2021年全国限额以上服装鞋帽、针纺织品类零售总额达13842亿元，同比增长12.7%。近年来，国家及相关部门出台了一系列政策鼓励传统服装行业转型升级，绿色发展、智能发展。随着工业4.0时代的到来，以及互联网、大数据、AI、物联网等技术的应用和发展，服装行业在产品生产、销售渠道、产品研发等方面均取得了显著进步。

在家电领域，中国制造业不但做到了世界规模最大，还逐渐打出了品牌。数据显示，2021年，中国的家用电器行业实现营业收入1.74万亿元，出口突破了1000亿美元，中国的家电产品畅销全球160多个国家和地区，全世界有20多亿家庭在使用中国的产品。冰箱、空调、洗衣机、电视机，以及广大年轻人非常喜爱的小家电，包括手机，产品产量在全世界的占有率都在50%以上。一些国内的品牌家电名扬海内外，成为中国制造业的"金字招牌"。工信部与有关部门一起，挖掘消费热点，增强供给对需求的适配性：在升级和创新消费品方面，已经发布了8批431项优秀产品；在绿色家电方面，大力推行绿色制造，加快家电制冷剂、发泡剂的环保替代，绿色家电快速发展。在营造多元场景、促进生产和消费的高效衔接方面，推动数字化，助力消费品工业的新品、名品、精品"三品"行动，并推进智能家电标准体系建设进展迅速。

中国石油和化学工业联合会在京发布《2021年中国石油和化学工业经济运行报告》。报告显示，2021年，行业营业收入和利润创历史新高。行业增加值增速回升。油气开采业、炼油业、化工行业三大主要板块增加值均有不同程度增长；效益创历史新高。2021年，全行业规模以上企业利润总额首次突破万亿元，外贸进出口保持强劲增长，全行业进出口总额创历史新高。

新材料新能源领域正在进行一些关键技术的攻关，将为中国装备技术行业的自立自强奠定基础。如，在光伏产业，中国光伏发电设备的领军企业隆基绿能摒弃了国内外普遍采用的多晶硅技术路线，另辟新路选择了光电转换效率高的单晶硅片技术新路线。隆基绿能通过10多年对单晶硅片生产方法的研究和攻关，于2020年将硅片价格从2006年的每片200元降到每片3元，光伏发电成本也降至每千瓦时0.1元，低于煤电成本。在储氢材料技术领域，隆基绿能突破了氢能储运装备的关键核心技术。确保装备安全与经济性运行是夯实氢能产业发展技术的迫切需求。

建材业素有"百业基石"之称，自古以来就是推动社会经济发展的基础产业，特别是改革开放40多年来，建材业的迅猛发展为国家经济的高速发展和中国基建走向世界做出了不可磨灭的贡献。建材行业科技创新引领产业升级，大企业引领中小企业创新转型，推动先进产能走向"一带一路"。以人为本、绿色低碳、无毒无害、安全舒适的新型绿色建材制造正在崛起。"中国建材"追赶国际先进标准，确立了"中国标准"的话语权。在建材前沿领域，初步实现了从"中国制造"到"中国创造"的转变。

中国的食品产业是国民经济的重要支柱产业，也是保障民生的基础产业，为满足人民群众美好生活需要和解决农村剩余劳动力就业问题做出了巨大贡献，具有举足轻重的战略地位和作用。我国已经成为世界的食品生产和消费大国，粮食、水果、蔬菜、畜禽产品等多种农产品总量保持连续增长的趋势，居世界第一位。同时，中国食品产业正面临着从规模扩张转向高质量发展转变的中长期挑战。首先，中国食品产业抗风险能力仍要提升。部分大宗原料和种子进口依存度过高。大豆等多种食品工业原料的全球供应链风险高、替代性差。某些关键食品添加剂国产化程度低，部分关键原辅材料受制于全球供应链。其次，食品产业链融合延伸不充分。与农业的产业连接方面，食品工业与农业、农民的利益连接机制仍有待创新和巩固。与第三产业及商品流通环节的战略性融合仍然薄弱。食品工业在横向产业融合方面仍有巨大空间。最后，食品产业升级滞后。伴随国民经济和消费水平的持续提升，中国居民食品消费已从基本消费转向多样化消费。但中国食品工业产品没有标准，或标准混乱，食品安全事故频发，知名品牌少，高品质食品有效供给滞后于市场需求。我国是典型的食品大国，但不是食品强国，要走出去参与国际竞争还面临一系列困难。应该说，在传统制造业中，食品工业仍然处于相对落后的地位，是典型的"大而不强"。

📈 迈向现代制造

　　传统制造业是前三次工业革命后，经过机械化、电气化、自动化改造的产业，而现代制造业是"二战"后经过信息化改造和赋能的产业。中国制造业"大而不强"的表现，从现代制造业的角度看，是传统制造业"大"，而现代制造业不够强。

　　制造业的布局以产业链、创新链和价值链的形态存在，在每一个链条上，都有上中下游的相对位置。制造业越是高端，其稳定性、可控性、竞争力越强。当前，我国制造业高端化的主要任务是：围绕产业链部署创新链，加快推进制造业迈向全球价值链中高端。疫情暴发的后一段时期，我国的中低端产业出现了向东南亚一带转移的现象。但新发展起来的生物制药、电子元器件产业也客观上推进了中国制造业的高端化进程。

《中国制造2025》提出，以信息化与工业化深度融合为主线，重点发展新一代信息技术产业、高档数控机床和机器人、航空航天装备、海洋工程装备及高技术船舶、先进轨道交通装备、节能与新能源汽车、电力装备、农机装备、新材料、生物医药及高性能医疗器械十大领域。强化工业基础能力，提高工艺水平和产品质量，推进智能制造、绿色制造，要大力推动这十大重点领域突破发展。比起钢铁、服装、家电、化工、建材、食品这六大领域的传统制造，上述十大重点领域可以看作是现代制造。

中国工程院、国家制造强国建设战略咨询委员会自2015年开始，两年滚动发布一次"制造业重点领域技术路线图"。《中国制造业重点领域技术创新绿皮书——技术路线图（2019）》重点对两年多来十大重点领域所取得的主要进展及未来几年的重点发展方向进行分析和解读。

根据《中国制造业重点领域技术创新绿皮书——技术路线图（2019）》，十大重点领域发展情况及未来目标规划如下：

表4　十大重点领域发展情况及未来目标

领域名称	发展重点	发展现状/需求	发展目标
新一代信息技术产业	集成电路及专用装备	2019年占到全球市场份额的50%，本地产值在2019年达到425亿美元，能够满足国内29%的市场需求；2020年预计达到488亿美元，满足国内30%的市场需求	到2030年，集成电路产业链主要环节达到国际先进水平；部分集成电路产品达到国际领先水平；一批领军企业进入国际第一梯队。掌握部分基础关键技术，在某些集成电路产业环节建立一定优势，实现我国集成电路产业链的部分自主可控，摆脱对国外集成电路材料、装备、技术的全面依赖
	通信设备	信息通信网络和业务走向全面感知、泛在连接、开放智能、融合创新的新阶段。作为信息通信网络的核心环节——通信设备，其需求呈现持续增长的趋势	到2030年，通信设备产业体系更加完整，创新能力和整体实力大为增强，产业综合实力位列世界强国前列。我国移动通信系统设备、移动终端、移动终端芯片产业实现国际领先，核心、关键技术领域实现较大程度上的产业链安全，成为未来移动通信国际标准组织和产业的主导者之一。本土国产光通信设备国际市场份额进一步提升，海洋光通信领域打破国际垄断，本土国产路由器与交换机产业进入国际第一阵营
	操作系统与工业软件	为提高我国操作系统和工业软件核心技术水平，依托我国作为"制造大国"的战略必争和优势产业，利用中国互联网生态与应用的全球领先者地位，紧紧抓住新科技革命与产业变革提供的历史机遇，实现操作系统安全可靠，结合新一代信息技术推动工业软件的重构与跨越发展	打造出具有良好市场化应用效果的工业操作系统及软件生态。嵌入式操作系统、CAD、CAE等研发设计类核心工业软件在高端装备制造等行业基本可用。形成1~2个国际领先的工业互联网，工业App数量超过百万个

续表

	智能制造核心信息设备	2019—2024年，新一代电子信息技术与制造业的融合更加深入，我国的智能生产设施、数字化车间/工厂的升级改造速度将进一步加快，制造业对智能制造核心信息设备的需求也将大幅度增长。预计在2025年之前，我国智能制造核心信息设备市场规模将以35%左右的速度持续增长	到2025年，建成自主可控、安全可靠、性能先进的智能制造核心信息设备产业生态体系和技术创新体系，国产智能制造核心信息设备在国内市场占据主导地位，具有满足国内市场60%以上的供给能力，培育10家以上年收入超过50亿元的相关企业，总体技术水平达到国际先进水平
高档数控机床和机器人	高档数控机床与基础制造装备	作为世界第一大数控机床与基础制造装备生产国、消费国和进口国，我国总体情况可用"两个第一、三个三分之一"概括：产量世界第一、消费总额世界第一；产值约占全球三分之一、消费总额约占全球三分之一、进口机床约占国内市场总规模的三分之一。2018年，我国机床工具行业规模以上企业主营业务收入7151亿元，基础制造（含增材制造）装备等主营业务收入约3000亿元，行业总体规模约10000亿元，支撑了超过26万亿元的制造业GDP，在国民经济发展中起到"四两拨千斤"的重要作用	到2030年，基本解决关键高档数控系统与核心功能部件、先进制造工艺的精度保持性和可靠性问题，高档数控机床与基础制造装备整体技术达到世界先进水平，增材制造、近净成形等前瞻及原创性装备开始迈入世界领先水平

续表

	机器人	近年来，我国机器人市场快速发展。2018年，中国工业机器人销量达到15.6万台。伴随劳动力成本上升、工业转型升级、老龄化加剧及科技的快速发展，未来我国无论对工业机器人还是服务机器人都有巨大需求。用于公共安全、公共服务、救灾救援、教育娱乐、家政服务、助老助残、医疗康复的服务机器人市场需求增速将逐步加快	到2030年，我国成为全球最大的机器人制造和应用国。拥有自主知识产权的国产工业机器人部分技术指标达到国际领先水平，国产服务机器人达到国际先进水平，初步迈入机器人强国行列
航空航天装备	飞机	航空运输和通用航空服务需求的不断增长为飞机制造业发展创造了广阔的市场空间。随着我国空域管理改革和低空空域开放的推进，国内通用飞机、直升机和无人机市场巨大	到2030年，民用飞机产业年营业收入超过3000亿元；280座级双通道干线飞机实现批量交付，350座级双通道干线飞机、超音速民用支线飞机研制取得重要突破
	航空机载设备与系统	航空机载设备与系统及配套包括航空电子、飞行控制和航空机电系统及元器件等配套产业。国内外各类在研、在产、在役的飞机、直升机型号对航空机载设备与系统及配套需求迫切，未来大型宽体客机对机载系统自主供应能力需求强烈	到2025年，在关键航空机载设备与系统领域培养若干个系统级供应商；建立长期、稳固、高质量和可信赖的元器件配套体系及完整的产业链 到2030年，建立具有竞争力的航空机械设备与系统供应商体系

续表

			到2025年，实现运载火箭部分重复使用，提升火箭智能化水平，可靠性与适应性大幅提升，建成高效、安全、适应性强的航天运输体系。空间信息应用自主保障率达到80%，商业化发展模式基本形成，产业化发展达到国际先进水平
	航天装备	我国国家空间基础设施及空间信息服务体系建设正在进入快车道，空间信息与新一代信息技术紧密融合、综合应用，推动众多产业转型升级和价值提升，空间信息消费市场快速发展，商业航天蒸蒸日上。2018年我国卫星导航与位置服务产业总产值达3016亿元，预计2025年卫星应用产业规模将近1万亿元，2030年将达到1.4万亿元	到2030年，重型运载火箭完成研制，运载能力大幅提升，完成无毒无污染的新一代运载火箭更新换代，进入空间能力跻身国际前列；深空探测工程技术与科学研究体系进一步完善，具备探测太阳系主要天体与空间的技术能力，取得原创性空间科学成果。核心技术、关键原材料与核心元器件基本实现自主可控，空间技术应用与经济建设、社会生活深度融合
海洋工程装备及高技术船舶	海洋工程装备及高技术船舶	2010年以来，我国造船业三大指标连续五年保持世界第一；2014年，我国海洋油气工程装备新接订单数量及总额列居世界第一；海洋可再生资源开发装备，以及海水淡化和综合利用、海洋观测、海洋生物开发等方面的装备均取得了一定发展	到2030年，具有引领世界海洋工程装备及高技术船舶发展的能力：通过若干技术系统性、集成性突破，海洋工程装备及高技术船舶研制水平大幅提升，能够完全满足国民经济社会发展的需求，能够为我国海洋资源开发、海洋货物运输、海洋科学研究、海洋权益维护等活动提供具有世界先进水平的装备；成为行业主要技术的引领者和重要标准的制定者；关键系统和配套设备自主创新能力极大增强，优势产品技术水平世界领先，弱势产品赶超国际先进水平；产业发展模式转为科技创新驱动型，智能制造模式行业普遍应用，海洋工程装备及高技术船舶由生产制造变为服务型制造

续表

先进轨道交通装备	先进轨道交通装备	我国是全球最大的轨道交通装备市场。截至2018年末，我国有53个城市在建轨道交通建设，在建线路6374千米，城市线路规模稳步增长，未来十年，城轨车辆平均年需求将超过5000辆。我国政府提出了"一带一路"倡议，沿线国家及辐射区域的互联互通工程建设将为我国轨道交通装备制造业带来可观的市场需求	到2025年，我国轨道交通装备制造业形成完善且具有持续创新能力的创新体系，在主要领域推行智能制造模式，主要产品达到国际领先水平，境外业务占比达到40%，服务业务占比超过20%，实现主导国际标准修订，建成全球领先的现代化轨道交通装备产业体系，占据全球轨道交通产业链的高端位置的目标 到2030年，我国轨道交通技术、设施、系统和装备的谱系化、多样化，以及融合化研发、试验和验证能力达到国际先进水平
节能与新能源汽车	节能汽车	目前，车用汽柴油消费占全国汽柴油消费的比例已经达到55%左右，每年新增石油消费量的70%以上被新增汽车所消耗。伴随节能环保法规的不断严格，无论是国家层面、企业层面，还是用户层面，都对节能汽车提出强烈需求。近年来，汽车平均油耗持续下降，节能汽车的市场规模呈现快速提升态势	到2025年，相比2019年，载重货车油耗水平降低8%~10%，客车油耗水平降低10%~15%；乘用车新车平均油耗优于5.2升/100千米（全球轻型车辆排放测试程序WLTC工况）；国产乘用车在2015年的基础上实现整车轻量化系数降低20%

续表

| 新能源汽车 | 2018年新能源汽车在我国汽车市场整体下行的形势下逆势增长，生产127.0万辆，销售125.6万辆，产销双双超百万辆，比2017年同期分别增长59.9%和61.7%。其中，纯电动汽车产销分别完成98.6万辆和98.4万辆，比上年同期分别增长47.9%和50.8%；插电式混合动力汽车产销分别完成28.3万辆和27.1万辆，比2017年同期分别增长121.9%和116.8%；燃料电池汽车产销均完成1527辆，规模进一步扩大。中国已连续数年保持全球第一大新能源汽车市场地位 | 到2025年，形成自主、可控、完整的产业链，与国际先进水平同步的新能源汽车年销量占总销量的15%～25%；拥有2家在全球销量进入前10名的一流整车企业，海外销售占总销量的10%；其中，燃料电池汽车运行车辆5万～10万辆。继续推动充电基础设施建设，完成纯电动汽车和插电式混合动力汽车、融合风光发电的智能电网的整体联网的区域试点，无线充电技术水平进一步提升

到2030年，自主产业链发展完善，新能源汽车年销量占总销量的40%～50%；主流自主企业新能源汽车技术国际领先，自主产品美誉度与国际品牌接轨，成功培育具有国际领先水平的新能源汽车零部件企业，新能源汽车性能和产品竞争力得到大幅提升；其中，燃料电池汽车保有量80万～100万辆。建成慢充桩端口7000万端以上（含自有桩及公共桩），公共快充端口（含专用车领域）达128万端，推广车辆与电网双向互动技术，充储放一站式电能交易得到应用，无线充电产品实现小型化、实用化 |

续表

	智能网联汽车	中国汽车工业伴随工业4.0转型发展，对工业化与信息化融合的需求加剧，这是智能网联汽车产业发展的基础条件；同时伴随信息化与智能化发展，加速实施智慧城市和智能交通建设的需求已经显现，智能网联汽车和智慧城市将是"互联网+"的一个重要实践。近年来，无论是车载信息服务还是智能辅助驾驶装置的新车装备率都呈上升趋势，消费者对智能化与信息化产品需求的持续增长也是智能网联汽车发展的主要推动力	到2030年，全面建成中国智能网联汽车的政策法规、技术标准、产品监管和信息安全体系框架，技术创新能力显著增强，相关产业深度融合，新型产业生态基本建成，中国标准体系成为国际标准的重要组成部分。形成完善的智能网联汽车自主研发体系、生产配套体系、创新产业链体系，中国品牌智能网联汽车及核心零部件企业具备较强国际竞争力，实现产品成规模出口；建立完善的智能交通体系，形成覆盖城市主要道路的车用无线通信网络和智能化基础设施，"人－车－路－云"系统可实现高度协同，智能网联汽车与智能交通形成高效的协作发展模式
电力装备	发电装备	全生命周期的绿色清洁高效智能发电设备将成为我国发电领域主流技术。预计到2025年，发电设备的市场需求将在6000亿元左右，新能源的占比将逐年提高。预计到2030年，发电设备的市场需求将在7000亿元左右，新能源及可再生能源装机的占比将达到50%	煤电发展以清洁高效、近零排放、二次再热、低热值，高纳、高水分煤的燃烧为重点；水电以百万千瓦混流式水电机组和30万千瓦及以上可变速抽水蓄能机组为重点；燃气轮机以30万千瓦及以上重型燃气轮机和分布式燃气轮机为重点；核电以华龙一号和AP1000技术为重点；可再生能源以5兆瓦～8兆瓦等级陆上风电、10兆瓦～15兆瓦海上风电、太阳能光伏发电和储能装备为重点。 到2025年，形成具有国际竞争力的企业集团；具备持续创新能力，大型火电、水电、核电等成套装备达到国际领先水平，新能源装备及储能装备达到国际先进水平。到2030年，国际竞争力持续增强，发电装备全面处于国际领先水平

续表

	输变电装备	2018年我国全社会用电量6.8449万亿千瓦/小时,同比增长8.5%,分产业看,第一产业用电量728亿千瓦/小时,同比增长9.8%;第二产业用电量47235亿千瓦/小时,同比增长7.2%;第三产业用电量10801亿千瓦/小时,同比增长12.7%;城乡居民生活用电量9685亿千瓦/小时,同比增长10.4%。输变电装备发展将呈现出智能化、集成化、绿色化的特点,并为实施"一带一路"发展战略提供输变电装备支撑	2025年输变电行业形成以我国为主导的国际特高压交直流输电成套装备标准体系;装备关键零部件自主化率达到90%以上;输变电成套装置出口比重超过20%;提高电能在终端能源消费中的比重,用户端设备总将从"跟跑"转为"并跑",产品安全性、可靠性及技术指标达到国际先进水平 2030年输变电行业装备关键零部件自主化率达到95%以上;输变电成套装置出口比重超过25%;行业总体达到国际先进水平,部分领域达到国际领先水平;较大幅度提升了中国标准在国际上的话语权及中国装备品牌的国际影响力
农机装备	农业装备	我国已是世界农业装备生产和使用大国,产业发展已进入转型升级新阶段,主要矛盾由总量不足转变为结构性矛盾,90%以上的国产农业装备仍为中低端产品,约80%的农业装备仍为田间生产作业装备,不能全面满足高质、高效的现代农业发展需求	2030年,产业规模稳居世界首位,迈入农业装备制造强国行列,农作物耕种收综合机械化率超过80%;产品质量可靠性达到世界先进水平;形成以智能装备为主导的产品格局,产品品种达到5000种,满足全程全面机械化、智能化需求,1—2家企业进入世界前列;构建以自主创新为核心的技术创新体系,形成新一代智能农业装备技术、产品、服务体系,创新能力基本达到先进国家水平

续表

新材料	先进基础材料	我国百余种基础材料产量已达世界第一，但存在总体产能过剩、产品结构不合理、高端应用领域尚不能完全实现自给等突出问题，并面临资源、能源与环境的挑战，迫切需要实施精品制造、智能制造、绿色制造战略。发达国家重振制造业，我国也制定多项国家规划来提升制造业的发展水平，对基础材料的高性能、差别化、功能化，以及材料制造过程的绿色化、智能化提出了更为迫切的需求	到2025年，基础材料中中高端产品占比达到30%，智能化制造与服务的理念和技术初步融入基础材料的设计、生产、服务全过程，二氧化碳等温室气体排放减少10%，自主保障能力超过90% 到2030年，基础材料中中高端产品占比达到40%，智能化制造与服务的理念和技术基本融入基础材料的设计、生产、服务全过程，二氧化碳等温室气体排放减少15%
	关键战略材料	关键战略材料是支撑和保障航空、航天、舰船、能源、车辆、海洋工程等高端装备领域发展的物质基础，也是实施智能制造、新能源、电动汽车、智能电网、环境治理、医疗卫生、新一代信息技术和国防尖端技术等重大战略的重要保障，更是调整产业结构、形成新的经济增长点、提升国家实力的战略支撑	到2025年，初步建成关键战略材料产业体系，国家重大工程、重点国防装备、战略性新兴产业重点领域关键战略材料受制于人的问题得到有效缓解，部分关键战略材料品种填补国内空白，部分产品初步进入国际供应体系 到2030年，建立关键战略材料自主发展体系，国家重大工程、重点国防装备、战略性新兴产业重点领域关键战略材料受制于人的问题得到基本解决，部分关键战略材料的性能、质量、成本、产量达到国际同期先进水平

续表

	前沿新材料	前沿新材料是基础学科的重大突破和多学科交叉、多技术融合的产物，也是原始创新能力和颠覆性创新能力的集中体现，代表材料未来的发展方向，是新材料领域的战略制高点，也是我国材料科技实现跨越发展的着力点和抢占新一代信息技术、新能源、智能制造、生命健康等战略新兴领域的物质基础	到2025年，实现部分前沿新材料技术、标准、专利有效布局；3D打印等部分前沿新材料实现规模化应用，部分领域达到世界领先水平。到2030年，在超导材料、智能仿生与超材料、石墨烯材料、3D打印材料等方面达到国际一流水平
生物医药及高性能医疗器械	生物医药	中国是全球第二大药品消费市场，2018年，中国医药工业销售额为23986亿元，但医药工业的高速增长仍不能高质量地满足日益增长的人口和健康需求。心脑血管疾病、肿瘤、代谢性疾病、神经退行性疾病、新发突发传染病等严重威胁我国人民的卫生健康，慢性疾病引起的死亡人数占88%，亟需发展创新药物。目前，我国自主研发产品少，以仿制为主，一些制药关键技术与发达国家相比有较大差距	到2030年，一批全球领先的原始创新药物进入国际市场，实现大型医药企业进入世界500强，生物医药产业达到世界先进水平。发展针对重大疾病及重要罕见病的化学药物、中药／植物药和生物技术药物新产品，实现30～35个创新药物产业化；20～30个自主产权新药通过FDA或EMA认证，进入国际市场；进一步加强国家药物创新体系的国际竞争力，推动我国医药国际化进程。在创新能力、制药规模和国际竞争力等方面达到世界先进水平，部分领域达到世界领先水平

续表

高性能医疗器械	2018年和2019年，我国医疗器械市场规模分别达到4500亿元、5000多亿元人民币，年增长率继续保持在10%左右，同期的世界市场分别为4500亿美元、4800亿美元，增长率约为6%，中国在世界市场上的占有率逐年增加，表明需求持续旺盛	到2025年，构建面向未来的产业体系，形成6个产值超100亿元的产业聚集区，提升高性能医疗器械全产业链国产化水平，"产学研医"创新体系富有效率，形成10家以上产值超100亿元的企业，10个成规模的科技成果工程化平台；产业发展不再有强制约项，当前依赖进口的技术或零部件可实现国产替代；产业基础应用研究实力增强，战略研究、产业信息等可为创新、生产和投资提供翔实的参考，关键技术、重大工艺、核心部件、特种材料的研究能力显著提升，全面满足产业发展需要；形成10个国际知名品牌，在"一带一路"国家建设若干集约化的采购、展销、临床培训、技术支持中心或共建园区，覆盖率达50%；建设5个针对"医工结合"的协同创新中心；针对5G技术的发展研究未来临床及个人健康的数字生态，构建相应的规范标准，在分子诊断、分子影像、超声诊断等多个方面达到国际先进水平

（资料来源：《中国制造业重点领域技术创新绿皮书——技术路线图（2019）》）

⚹ 高端化：从芯片起步

推进制造业高端化要实事求是，稳扎稳打。高端与中低端也是相对的、可转化的，前者有可能是从后者发展而来。

从传统制造走向现代制造，从产业链中低端走向中高端，是中国从制造业大国迈向制造业强国的必由之路，也是中国摆脱中等收入陷阱的不二法门。现代制造中最为典型和重要的就是芯片，制造业在供应链、产业链、价值链、创新链几个方面从中低端向中高端攀升的过程离不开芯片。智能制造的全过程从设计、生产、供销、服务、产品，都需要依赖芯片。离开芯片，智能制造就无从谈起。可以说，芯片的应用程度是定义高端制造的标准和标志。而中国的芯片是最依赖别人的，也是最容易受制于人的。

1.中国芯片，"后发"路漫漫

现代芯片的起源在美国。1947年，美国人发明了晶体管，9年之后，美国工程师杰克·基尔比和另一位美国物理学家共同发明了集成电路，把众多缩小的晶体管集中布置到一个半导体硅片上。硅的导电性介于导体和绝缘体之间，所以叫半导体，硅经过提纯成为高性能半导体材料，是芯片的母体。美国硅谷就是因研究生产以硅为半导体母体的芯片而得名的。所以芯片产业被称为半导体产业，也被称为大型集成电路产业。发明芯片的基尔比于2000年获得诺贝尔物理学奖。作为运算处理中枢，芯片奠定了现代工业文明的基础，也揭开了20世纪信息革命的序幕。可能当时的人们并没有意识到这些，因为那时的芯片还比较初级。那时，谁能想到，现在的芯片越做越小，性能越来越强大。芯片二字的中文翻译真是神来之笔，寓意心脏、引擎。未来，即使进入云时代、量子时代，还是少不了芯片。

继芯片之后，美国又有进一步的相关发明，如电脑、因特网、移动电话、智能手机等等，这些发明共同推动了信息技术革命。所以，在这一轮信息技术革命中，美国是先驱者、领导者，如今美国处处主动，处处在上游，就因为美国是技术源发地。

1958年，芯片出现。之后的第五年，也就是1963年，日本人从美国引进了集成电路。那时日本处于"二战"后的恢复时期，美国对日本采取扶持政策，给了技术援助。结果，在精微芯片领域，日本的工匠精神发挥到了极致，青出于蓝而胜于蓝。由此，日本半导体产业后来居上，而且大规模推向了民用消费领域。所以60、70年代，日本是全球半导体产业的领头羊。

1965年，日韩实现了邦交正常化，日本开始在韩国设厂，此后，韩国全盘掌握了日本从美国引进的技术，某些方面还优于日本。美日韩三国在60、70年代，像浪潮一样，你追我赶，形成了国际性的芯片产业链。

1965年，中国就意识到发展大型集成电路是一件非常重要的事。在"冷战"时期，尽管中国以研究"两弹一星"的体制搞芯片，但直到20世纪80年代初，在高新技术方面，中国与发达国家相比仍有很大差距，芯片产业没有大的进展。

改革开放以后，国务院于1982年成立了电子计算机和大型集成电路领导小组办公室。应该说，近40年来，我们对芯片不可谓不重视。但国产芯片仍然在全球处在相对落后的状态，尤其是高性能芯片，缺口巨大，全世界四分之三的芯片市场在中国，但中国80%左右的芯片还得依赖进口。芯片进口额花费外汇超过了石油的一倍多。石油进口1400亿美元，芯片进口3000多亿美元。我们也有一些低端芯片供出口，大概1000多亿美元，但是逆差还有2000多亿美元。

在全球芯片产业链上，我们处在中下游。上游的高端技术、核心技术，关键零部件，关键专利都不在我们手里。全球芯片产业链条上的龙头企业里，目前还没有一家中国企业。芯片里面最典型的内存芯片，目前美国占全球市场一半，韩国占24%左右，日本占10%，欧洲占8%，中国占3%，我国企业的市场地位非常边缘化。

回头看中国芯片多年来的发展，我们错过了两次机遇。第一次是在芯片发明和发展的黄金阶段，美日韩欧基本同步，形成全球产业链，而我们那时候没有及时跟上；第二次是20世纪90年代后，市场换技术的路线遇到了1996年《瓦森纳协定》阻碍，耽误了我们追赶的步伐。

最近十年，中国芯片产业增长迅速，已有超过200家芯片厂商，可以量产14纳米的芯片，产业链逐步从中下游向中上游移动，国家对芯片产业的政策支持更加密集，力度也在加大。

目前，中国的芯片技术迭代和第一阵营美日韩相比，相差两到三代，目标是2025年与第一阵营的差距缩小到两代或者一代半。什么意思呢？从现在的量产14纳米，到2025年可以量产7纳米、5纳米。曾经有报道称，台积电在2022年底开始量产3纳米。当然，芯片不会无限小下去，按科学家推算，芯片的极限是2纳米，这是由硅的分子直径决定的。

2.芯片制造为什么这么难

芯片产业有其独特的内部结构和产业特性。芯片产业链分为五个子链，或者说芯片产业分为五大行业。

第一，设计。数以亿计的线路如何集成在一起，首先需要设计。全球最大的芯片设计公司是英国ARM，而在设计软件领域，美国EDA居于垄断地位。最近芯片产业最大的新闻是美国英伟达要从英国收购ARM，届时美国在芯片产业上将更加强势。华为旗下的海思公司设计能力可以达到7纳米。我曾经问华为的副总，中国为什么不收购ARM？他的回答是：欧美此类公司，中国永远都不会有收购机会。

第二，制造，包括成品制作和半成品制作。芯片的上游半成品是晶圆，高纯度晶圆制造基本由日本企业垄断。在硅的冶炼方面，日本企业可以将冶炼纯度提高到99.99%，确保做成的晶圆是最好的。在晶圆的基础上制造芯片，这个行业最大的企业是台积电，大陆的中芯国际目前是全球第五——当然只是产量全球第五，其生产的芯片等级较低，利润率也不高，因为许多专利技术不在自己手里，还受到美国严厉监管。

第三，封装测试。将芯片压缩到一个板子上，进行合格测试。因为芯片的线路和触点太多，即使某处万分之零点几的差错，最终也会造成巨大的差错，所以必须逐个测试。封装测试基本属于劳动密集型产业，在这一行业中国与国际差距不大，甚至处于领先地位。

第四，设备。生产芯片的设备大家都知道，其中最精密的EUV光刻机制造商是荷兰ASML，生产晶圆的设备制造商在日本，主要是三菱、索尼等企业。7纳米工艺光刻机目前只有荷兰ASML能够提供，售价1亿美元以上，而且有钱还不一定能买到。上海微电子已经能够生产制作28纳米芯片的设备。

第五，辅助材料。包括光刻胶、掩膜版、靶材、封装基板等等，这些材料目前国内仍无突破。

芯片制造是如此之难，却又如此重要。它在整个国民经济中占有基础性、战略性地位，不管是民生，还是国防、工业、装备、航天，等等，芯片出问题，就等于人的心脏出问题。芯片又是一个全球充分竞争的行业，但进入的门槛高，周期长，资金密集、技术密集、人才密集；投资动辄数百亿美元，所需的研发人员成千上万，目前芯片行业基本是全球有限寡头间的竞争，是跨越国界的国际市场竞争。

由于芯片重要的战略价值，这场竞争不仅是市场的竞争，还是国家间的竞争，芯片产业甚至成为贸易战的有力武器，成为竞争对手之间限制和制裁的重点产业。

3. 中美竞争背景下的芯片

"铁幕"消失，"硅幕"开启。中美经贸摩擦以来，"芯片"成为热词，成为焦点。2020年9月15日，迫于美国技术垄断压力，台积电正式停止为华为麒麟芯片代工。华为花了600万人民币从台湾包机拉回了最后一批芯片，据说这600万人民币是全体华为高管们集资的钱。台积电把能给的货都给了华为。但华为储存的芯片也只够支撑2021年半年的手机出货量。

曾有消息称，美国商务部要将中芯国际列入实施制裁实体名单。中芯国际在中国刚刚上市，募资200多亿元。如果中芯国际在上游的设备和技术上出问题，高性能芯片生产将再生变数，前景不妙。2023年，美国又对华为芯片全面断供。

2022年5月，美国总统拜登签署总额高达2800亿美元的《芯片与科学法案》，促进半导体企业回归和提高在美产量，以帮助美国在生产先进芯片方面领先世界。2022年10月7日，美国商务部经济安全局再次发起对华芯片限制，包括设备、零部件、技术、人才等多个方面，下手狠、范围广，在四个重点领域：超算、人工智能、汽车、手机，几乎一刀切。2023年1月28日，美国、荷兰和日本就限制向中国出口先进芯片制造设备达成协议，涉及ASML、尼康、东京电子等企业的设备产品。

在芯片领域，中国基本上没法反制美方制裁，供求和技术水平极端不对称，对于英特尔、高通、苹果、微软等外国企业，我们都是强依赖，而其对中国则是弱依赖。正如美国要遏制抖音、微信，我们也没法反制，因为谷歌早已离开中国，脸书压根儿就没到过中国。

美国国家安全战略和美国对华战略都将中国作为头号竞争对手，全面遏制中国已是既定政策。把芯片作为非对称精准打击的施力点，对美国而言是机会成本最低的做法，并且它对中国的伤害是最大的。以关税为标的的经贸摩擦，转化为以芯片为武器的科技摩擦、产业摩擦。华为就是其牺牲品，接班人一度被羁押、芯片断供、操作程序到期，美国商务部对华出口管制实体清单上有1000多家企业，华为及其相关企业占了100余家。当然，美国对华为感到恐惧也是有原因的。历史上的信息技术革命，主要是由美国的通信企业发起。华为是有通信产业基因的公司，不光有移动终端产品，还掌握着领先世界的5G技术。在即将到来的数字时代、智能时代，如何能争夺到主导权？芯片成为关键产业的关键环节。

美国鹰派政客鼓动与中国全面脱钩虽是痴人说梦，但科技脱钩已经开始实施。怎么办？第一个想到的办法就是抢人，以提高数倍的工资挖人。

任正非曾到东南沿海地区的高校去招募人才，因为华为需要增加3万名工程师来充实研发队伍。因为当下企业最缺的就是人才，芯片之战已经成为人才之战。高端制造业的一个特性就是与科学和教育水平密切相关，其竞争也是国家间教育和科学力量的角逐。目前，中国教育系统还没有独立培养出理工学科领域的诺奖得主，这意味着我们缺乏从0到1的颠覆式创新能力。华为的5G是哪儿来的？其技术原理最初是一位土耳其科学家提出的假设，最后被华为发现并变成了产品。先进技术先由科学家提出假设、实验室发明，最后由企业家和科学家共同将其产业化。中国工业化快速追赶西方，中间很多环节还有所欠缺。由于基础研究差，导致了底层的硬件、软件都要依赖别人，这是根本差距。

制造业占GDP比重达峰并开始逐渐下降时，为保持工业发展的势头，必须加大研发投入，使创新能力成为工业制造业的第一动力。就一个国家和地区来说，保持研发投入超过制造业产值的3%～4%、保持从0到1的基础研究创新投入占总研发投入的20%以上、保持制造业创新领先的独角兽企业占资本市场市值的30%以上，是制造强国的标志。

应该说，我们还在追赶当中。提出发展新格局，并不意味着问题已经解决，而是为了应对复杂严峻的国际环境，做出必要的思想准备和工作准备。

有经济专家一直强调发挥比较优势，但现在我们的比较优势越来越弱了。如果继续坚持比较优势，我国将永远处于产业链的中下游，高端的东西永远掌握在别人手里。芯片等高端制造业在国内有巨大市场，自己不发展却受制于人，不是长久之计。

新冠疫情导致全球产业链重构，原来的产业链是跟着成本走，哪里成本低往哪里布置，现在则变为哪里安全往哪里布置。当然，效率和利润原则仍然在起作用。虽然美国政府提出脱钩，在企业巨大的经济利益面前，也可能妥协。所谓的"实体清单"就是要美国企业报批，经过审批之后仍然可以做生意。此后，美国大批企业已经开始向美国商务部申请。但反复博弈、逐步脱钩将是大趋势。中国科技界、企业界对此应做出最坏打算。

4.中国芯片自强之路

中国在1982年即成立电子计算机和大规模集成电路领导小组办公室，简称"大办"。在国家层面设立一个产业的领导组织，政策力度之大可想而知。在推进芯片产业发展方面，1990年有908工程，1999年又有909工程，2000年国务院专门发布了关于芯片发展的18号文件。

从国家高技术研究发展计划（863计划）开始，许多政策和资源向芯片领域重点倾斜。十大专项基金设立之后，01号、02号项目都给了芯片产业。2014年，国开金融、中国烟草等企业成立了专门扶持半导体产业的"大基金"，即国家集成电路产业投资基金。据媒体报道，该基金第一期募集了1300亿元。2023年开始第二期募集，资金规模达2100亿元，并采取股份制管理，拥有包括财政部、中国烟草总公司在内的二十几个股东。此外，许多地方政府也把芯片列为重点发展产业。

产业政策很重要，但政策不是万能的，问题有三。其一，政策自上而下，全面撒网，没有专注于细分领域突破。而细分领域由谁来突破？只能是离市场最近的企业。所谓细分领域，实际上是由企业来定义的——企业做大了，一个细分领域就成立了，但做规划的人并不知道哪一个细分领域可以做大。其二，基金到了企业，尤其是大型国企、央企，很可能被用于基建。因为企业领导人任期只有一届到两届，如果搞基础研发，搞人才投入，任期内很难看到效果，他们宁愿买技术赚快钱。其三，所有相关政策和项目的制定者以及评审专家，大多是从央企、大学抽调，委员专家不可能完全中立，既是裁判员，又是运动员，无人为项目负最终责任。

1982年，"大办"计划确定了"两基一点"的芯片产业选址布局。"两基"指的是江浙沪、京津沈，而"一点"则是指西安。然而，当时的人们很难想象深圳和成都会异军突起。虽然全国统一的体制具备一定的优势，但技术创新的主体永远是企业。举国体制和市场主体之间存在着一对难以协调的矛盾。

事实上，中国政府在芯片产业上的投资金额是全世界最多的，超过了美日韩和欧洲国家，然而，其效果却一言难尽。各地纷纷引进投资，芯片项目成为抢手货，根据相关统计数据，截至2020年8月，中国有近万家企业转向芯片行业。

在资本市场上，风险投资和私募股权投资公司都在寻找芯片项目，芯片投资咨询机构也如雨后春笋般涌现。专家、企业家、投资者和中介相互鼓舞，也相互误导。这些投资公司投入资金、讲故事、套现、退出，令中小投资者见芯片犹如韭菜之见镰刀，被割得狼狈不堪。

然而，市场上募资的公司都是新公司，它们只有漂亮的演示文稿，却没有真正的产品。有些公司甚至只是搞了个样品就宣称开始量产。大多数企业缺乏上下游产业链，销售额低，没有利润，甚至没有真正从事芯片研究的团队。

几年前，某大学微电子学院的院长从美国购买了芯片，然后让临时工将商标去掉，换上汉芯的标志，以此骗取了11亿元研发资金，更糟糕的是，这一行为耽误了许多国家项目的开展，破坏了产业生态。2020年，投资153亿元的武汉弘芯项目停工，随即宣布破产，其所拥有的国内唯一的7纳米光刻机被银行抵押。地方政府和企业急于追求成就，无视芯片企业的研究基础和团队实力，导致了惨痛的失败，令人唏嘘不已。

5. 打通内循环的卡点

中国必须发展自己的芯片产业，这一点毋庸置疑。未来全球可能存在两条芯片供应链，一个是中国的独立链条，另一个则是美国等西方国家的链条。至于中国芯片产业能不能成功，在多大程度上成功，现在还言之过早。

早在2010年，中国就成为世界第一制造大国，但10年后，小小芯片仍是第一制造大国不可承受之重。如果将世界制造业比作巨人，美国是头脑，日本、德国是心脏，中国则是四肢，扮演着承担基础工作和劳动密集型工作的角色。

中美经贸摩擦和新冠疫情使我们意识到，我们在全球价值链中处于中低端的位置。中国制造业有品种优势，但缺乏品质优势；有成本优势，但缺乏技术优势；有速度优势，但缺乏质量优势；有产品优势，但缺乏品牌优势。"十四五"开局之前，全国开始排查各行业的技术瓶颈，制造业是技术瓶颈最多的领域。

中国芯片制造业中操作系统、新材料系统、精密设备系统，三大系统均受制于人。类似关键技术和核心零部件受制于人的情形，还存在于其他领域，如航空发动机、传感器、离子隔膜、高压柱塞泵、环氧树脂等。

所以，如果真的要断开外循环，中国的内循环可能也将是一句空话。内循环为主体，外循环仍然必不可少。而且，即使内循环为主体，也要防止因外循环不畅，而再次形成新的差距。特别是一旦在美国主导下形成全球联盟，中国高新技术制造、先进制造、高端制造面临的挑战和限制将会越来越多。

还须提防，如果经济长时段下行、财政越来越困难，举国体制的政策效应会逐步递减，也会受到国际市场质疑。尤其要提防类似芯片竞争这样的竞争陷阱。什么是竞争陷阱？当我们利用举国之力不惜代价将产业水平追赶上西方的时候，西方突然放开市场，那么所有不惜代价的投资等于打了水漂。芯片是这样，上文列举的所有被"卡脖子"的行业亦是如此，假如各个行业都遭遇竞争陷阱，这对整个中国的国力将是巨大的消耗。竞争陷阱，不可不防。

芯片产业千万不能脱离全球创新链。外循环仍然至关重要。习近平总书记2020年9月11日在科学家座谈会上讲了六条加快科技创新的意见，其中一条就是"加强国际科技合作"。当前，需要的仍然是"加强"，而不是"减弱"。加入，而不是脱离全球分工协作系统，仍然非常重要。

6.离不开基础研究的支撑

半导体是当前中美科技战的"主战场"。全球年产值6000亿美元的半导体产品涵盖了上千款芯片和近10万种分立器件，支撑了下游年产值几万亿美元的各类电子产品，以及年产值几十万亿美元的数字经济。据估算，每1美元的半导体产品可拉动全球100美元的GDP。

2022年8月11日，美国宣布对中国禁运下一代GAA晶体管的EDA软件，而全球半导体物理和微电子领域的基础研究成果都被整合在EDA工具的工艺设计套件（PDK）中。由于以往中国各芯片企业通过购买EDA公司的PDK包共享全球半导体基础研究成果，中国决策者、政府人员，甚至产业界都认为，没有半导体基础研究也可以发展半导体产业。如今，用李树深院士的说法，美国已经拧熄了半导体物理学术交流的"灯塔"，我们进入了"黑暗森林"。

芯片的上游是半导体物理学，半导体物理学是一切半导体技术的源头。第一次量子革命诞生了激光器和晶体管等器件，产生了包括集成电路、光电子器件、传感器、分立器件在内的半导体信息技术，半导体领域的11项成果获得了9个诺贝尔物理学奖。当前晶体管已接近物理极限，"摩尔定律"即将失效，亟需突破新材料、新结构、新理论、新器件和新电路的瓶颈。相当大一部分核心专利来自半导体物理基础研究成果，而且这些成果不依赖EUV光刻机等最先进的半导体制造设备。通过大力加强半导体基础研究，围绕下一代晶体管的材料、器件、工艺等在欧洲和美国布局大量专利，就可以在芯片制造这个全球半导体产业链的"咽喉"部位设置"关卡"，形成反制手段，有望解决半导体关键核心技术"卡脖子"难题。

半导体产业链长且广。半导体产业链上游的任何一种材料、一种设备，甚至一个配件都可能成为制约竞争者的部位。即使半导体的发源地美国也不可能独立建构整个半导体产业链。为此，美国急于拉拢日本、韩国和中国台湾地区组建半导体四方联盟（Chip4），提升其半导体供应链安全性，同时遏制中国其他地区发展高端芯片产业。在中美科技战和产业链"脱钩"的背景下，我们即使设计或制造出先进芯片也难以打入国际供应链。通过大量投资进行国产化替代，只能实现内循环或拉近与美国的差距，仍然无法改变我中有你，你中无我的"卡脖子"困境。

长期以来，美国每年的半导体研发投入超过全球其他国家总和的2倍。2018年，美国联邦政府投入半导体的研发经费是60亿美元，而半导体企业投入则高达400亿美元，这接近中国中央财政3738亿元人民币的科技研发总支出。在"美国的未来取决于半导体"的口号下，美国在2022年通过了投资额达到2800亿美元的《芯片与科学法案》，其中包括在2022年—2026年向芯片产业提供约527亿美元的资金支持，为企业提供价值240亿美元的投资税抵免，鼓励企业在美国研发和制造芯片，并在2023年—2027年提供约2000亿美元的科研经费支持等。

中国科技投入的绝对量很大，2021年是2.78万亿元人民币，排名世界第二，占GDP的比重是2.44%，很有潜力。但其中的基础研发只占总投入的6.2%，这一比例到2025年要力争达到8%。发达国家是15%~20%。而且，在各种不同的统计口径下，中国成果转化率最高是30%，不及发达国家的一半。

📈 与服务融合，向服务延伸

产业的发展是动态的，而产业演进观念也存在变化，其中一个重要方向是制造和服务的融合。制造提供产品功能，而服务提供产品体验；制造是可分离的，但产品后端的服务作为商品却不能分割。当前，科学的发展、技术的进步也为制造业提供了新手段，制造和服务可以融通，在网络、智能、数字等技术的加持下，生产性活动与服务性活动的组合能力大大提高，有条件地推进产业融合已成大趋势。

经济存在下行压力，传统的粗放型增长方式已不能支持经济的高质量发展，社会的服务需求持续增强，制造商开始意识到在产品中加入服务是形成竞争优势的重要途径。要在制造领域找到新的突破口，从创新与服务入手的可行性较高。从国内看，制造业产品市场同质化竞争激烈，传统生产模式和发展理念已经满足不了消费者日益增长的个性化需求，为保持或者扩大市场占有量，制造业企业要么开发新产品，要么增加新服务，而前者投资风险高、资本回报率低，相比之下，向服务化转型成为制造企业提高产品价值增值的有效通道。

制造业服务化是英美等发达国家曾经实践过的创造新价值、实现利润翻倍的成功之路。制造业在扩大生产规模的同时向上下游扩张，譬如能源的再生化、制造化领域，一些大型的第三产业项目实际上依赖第二产业的支撑；另外，工业化与信息化的全面结合，使服务业与制造业已经难解难分。"高科技研发＋金融等服务业＋营销全世界"成为大型企业的新发展模式。美国通用公司在20世纪80年代，传统的制造业产值占85%，服务型产值只有12%。而目前，美国通用公司"技术＋管理＋服务"模式所创造的产值已占到70%，美国通用、IBM纷纷提出"以生产为中心"转向"以服务为中心"。在强调"工业化"与"服务化"同步推进的关键发展阶段，制造企业应向服务型制造转型，向为客户提供集成解决方案的方向转变。

制造业服务化的重要途径就是将制造业与大数据、云计算、人工智能、工业互联网等多种数字技术的集群式创新突破进行深度融合，对制造业的设计研发、生产制造、仓储物流和销售服务等进行全流程、全链条、全要素的改造，充分发挥数据要素的价值创造作用。海尔是电子信息制造业，但同时又孵化了一个工业互联网的平台——卡奥斯，实际上这个工业互联网的平台对海尔来说能够做大发展的增量，让海尔向价值链高端延伸。类似这样的还有三一重工、树根互联、航天科工、航天云网、宝武钢铁、宝信软件等公司。

2015年，国务院印发的《中国制造2025》提出"促进生产性制造向制造业服务化转变"。2016年，工信部、发改委、中国工程院联合印发《发展服务型制造专项行动指南》提出，"推动制造业服务化向专业化、协同化、智能化方向发展"。2020年，工信部等部门联合发布《关于进一步促进服务型制造发展的指导意见》，已经出现一个成功的案例。已有研究表明，中国现有的制造企业中，已有80%已开始向客户提供服务业务。

这里举两家企业的例子。

海尔是青岛冰箱厂在引进德国利勃海尔生产技术的基础上创立的，经过三十多年的发展，海尔的产品由单一的电冰箱扩展至彩电、空调、数字产品及个人产品等白色家电。目前，海尔集团下设海尔家居集成、海尔宽条器、海尔电子商务、海尔热水器等多家子公司。其主营业务是家居装饰、整体厨房、成套家电三个模块的一体化集成，打造家居集成产业链，实现为客户提供定制设计、成套设备及售后的集成服务。海尔经过从名牌战略、多元化战略、国际化战略、全球化品牌战略、网络化战略的多次转变，迄今已转型成为家居集成解决方案商。

2009年，张瑞敏提出海尔要从传统的家电制造商转型，做"美好居住生活服务商"的产业链定位。提出"管理倒三角"，确立柔性生产线、个性化定制的发展方向，在产品生产、物流配送、协同制造、开放共享四大关键环节，积极探索先进制造业与现代服务业融合发展新路径，实现全链式融合变革，推动企业向服务型制造转型升级。青岛海尔服务化转型的主要经验有四条。

第一，打造智慧家庭定制平台，提供柔性化生产服务。围绕冰箱、空调、洗衣机、热水器等四大智能家电领域，打造个性化定制生产线平台，加快建设智能工厂。在生产制造各环节，融入人工智能、大数据等新一代信息技术，有效提升企业生产效率、降低企业管理成本。在先进制造基础上，提供智慧家庭柔性化定制服务，实现按需灵活生产，推动企业从订单式发展模式向开放式服务平台转型。

第二，升级现代物流体系，增强智慧物流综合服务能力。打造智慧物流云平台，助推产业发展和用户服务。整合现有战略资源，建设集成系统平台，依托智能算法、智能装备和智能系统，重构物流运作流程，升级改造现代化物流体系，实现对供应链、实体物流的数字化、标准化综合管理，支持产业智能化发展。同时，立足用户需求，搭建智能服务平台，基于数字化管理模式，优化管理流程，高效配置资源，提供物流一体化解决方案。

第三，建设工业互联网平台，深化智慧生产协同程度。实施基于5G的工业互联网协同平台提升工程，打造5G+工业互联网体系样板。试点部署5G基站，建设基于5G的工业互联网协同平台，促进工业全要素、全产业链、全价值链有效连接，实现制造资源弹性供给、高效配置。将5G+工业互联网平台与海尔COSMOPlat平台互联互通，开发部署工业应用场景，并为行业共性问题提供整体解决方案。

第四，打造双创共享载体，构建智慧物联产业生态。建立智慧物联双创服务体系，建设开放产业生态圈。通过开放海尔内部产业链、供应链等资源，对中小微创业企业进行加速支持。建设创业创新线上平台，为企业提供资源对接和创业服务。开放产品服务平台，提供创业创新产品设计测试和专业服务。建立物联网领域实验室，为创业项目提供生产设计、产品验证、区块链技术支持等服务。

由传统制造企业向服务型制造转型仍会面临问题。由于产品形态不同，运作流程相应也会不同，在不同的组织结构里企业文化也不一样，收益下降等问题或许会存在较长时间，可能会带来转型过程中的阵痛。中小企业目前大多以高科技型为主，高端人才比例较高，经营模式更加灵活，而在数字经济下，智能化的柔性制造也可能在新的产品线上进行，在数字化与服务型制造的推进中或将占有先机。

国家级专精特新"小巨人"联泰科技是进行服务化转型的另一个成功案例。联泰科技专注3D打印，截至2021年营业收入已突破4.35亿元。联泰科技UnionTech成立于2000年，是中国较早参与3D打印技术应用实践的企业之一，拥有国内光固化技术领域较大份额的用户群体，其技术被广泛应用于航空航天、电子电器、口腔医疗、文化创意、教育、鞋、建筑等行业，在工业端3D打印的应用领域具有较大的品牌知名度及行业影响力。

联泰科技售后服务部门为客户提供了细致的全周期服务，服务内容贯穿售前咨询、售中设备安装、售后设备维护等产品周期的全流程。企业技术支持团队细分行业，在重点城市驻点，线下支持的时效性较高。为了更好地服务客户，联泰科技还会定期开展增材制造培训课程，让客户更加了解设备，为客户创造更多价值。

2014年，联泰科技成立子公司优联三维。优联三维源于互联网，着力赋予原有3D打印工厂数字化、智能化特性，将一台台独立的设备变成在线的智能化设备，以此为基础建立统一的数据以及制造中台。优联三维将"制造即服务"作为自己的核心理念，通过控制系统的集约化管理来降低边际成本，为客户提供个性化定制、随处可得、按需付费的制造服务。2020年，优联三维发布了企业级3D打印工业互联网平台产品——优联智造云。该平台帮助3D打印工厂完成智能升级，企业也从单纯销售设备的商业模式转向提供互联网平台服务的商业模式。同时，产业平台的模式扩大了3D打印的外延，进而能够实现从制造环节向上游设计、下游应用服务的延伸，利用自身技术实力全方位为客户赋能，使原始的交易关系转变为商业伙伴关系。联泰科技的制造业服务化举措不但使客户黏性大大增加，而且通过全流程的客户服务，增加了产业盈利的深度，拓展了增材打印的市场边界。通过联泰科技，我们可以看到，制造业服务化能够留住客户、培育客户、改造客户，让企业赚到单纯依靠产品赚不到的钱。

　　未来，随着产业的深度发展，第二产业与第三产业将深度融合，有时甚至难分彼此。譬如软件（现代服务业）与芯片（高端制造业）已经是你中有我、我中有你，英伟达、台积电究竟算制造业，还是服务业，很难区分；华为、小米这些企业，工人只占十分之一左右，大量的是管理、研发、营销、服务人员，而小米甚至一度没有自己的工厂，这样的企业在统计口径上算服务业还是制造业？所以制造业比重是升是降也是一个需要仔细分析的问题。

　　制造业向服务业延伸导致其占比收缩，可能只是一个统计现象而已。许多原本属于制造行业内部的服务活动（如研发设计、品牌营销网络、物流融资等）被分离出来形成一个独立发展的、为制造业服务的新行业，这些可以称为生产性服务业。生产性服务业的增长，其实是原本属于制造业内部服务活动的外化，但在统计上可能导致制造业比重的降低。

　　制造业企业尤其是中小制造业企业的数字化改造是提高制造业核心竞争力、促进制造业高质量发展的重要途经。城市试点、"链"式转型、复制推广、融通发展，是浙江等地的成功经验。其中，数字化服务商的遴选十分关键，数字化服务是典型的生产性服务业。

　　发展现代生产性服务业，与强调发展制造业和制造业高质量发展是并行不悖的，甚至生产性服务业占比可以检验一个国家制造业发展的水平和高度。研究估计，这些年我国生产性服务业占GDP的比重在20%左右，而美德日等工业强国在40%～50%之间，虽然我国这一比重还在不断提升，但是仍有很大差距。

第一、二、三产业的划分越来越模糊化。在现代工业高度发达的今天，第一、二、三产业的转化也是经常发生的。生产性服务业就是第二产业向第三产业转化。不仅是第二产业向第三产业的服务化转化变得明显，甚至有第一产业到第二产业的农业生产越来越集约化、工厂化的趋势。比如引起社会关注的人造肉、植物肉，就运用了实验室的方法，从"组织培养"直接造肉，不用再养家畜了。人造肉的口感逐渐改善，价格逐渐下探，未来有替代"真肉"的潜力，人类摄入动物蛋白的成本将大大下降。工业的基础是化石能源，而新一轮技术革命的重点就是可再生能源。原来进行工业生产，要挖煤、要开采石油，现在能源也是可以制造的。第一产业变成了第二产业。未来，制造业的概念将有可能不断扩展，不断刷新我们的认知。

📈 低碳制造新机遇

2035年基本实现社会主义现代化，其前提之一就是要完成工业化。中国的工业化尚在路上。但中国完成工业化再不能走先行工业化国家的老路。中国的工业化应该是新型工业化。新型工业化不仅包括信息化、服务化，还包括绿色化。走绿色工业化之路，不仅是我国完成工业化进程的不二选择，也是实现中国式现代化的前提条件。

1.要重视制造业，但必须是绿色制造

实际上，"十四五"期间，我们在重视制造业、发展工业的同时，还面临另外一个重大任务：减排降碳，绿色发展。这是一个很大的挑战。一方面，工业化不能停步，制造业的比重不能降低；另一方面制造业要减碳，要服从国家2023年实现碳达峰、2060年实现碳中和的大目标。

　　什么是工业化？就是大机器生产、大规模生产。如果放弃大机器生产、大规模生产，工业化就完成不了。目前看，从蒸汽机、电动机诞生到现在，还没有一条道路是可以既不排碳同时又能完成工业化的，在所有完成工业化的国家中，还没有这样的先例。出路何在？就是要重塑中国的绿色生产力系统。一些学者将这条绿色工业化之路称为"刀锋之路"。

　　从20世纪90年代开始，中国就开始注意到经济增长模式的转换问题，提出从外延式增长转向内涵式增长，从粗放型增长转向集约型增长。尤其制造业，高投入、高污染，低价格、低品牌的"Made in China"一度成为粗放制造、低质低价的代名词。未来，中国如果不能提升产业基础高级化和产业链现代化水平，就只能从事普通制造，继续走粗放式发展的老路。提高质量、调整结构、加强可持续发展能力，这是中国制造业进行绿色化转型发展的题中应有之义。

　　中国制造业的资源支撑力和环境承受力均已达到极限，中国制造业的对外能源依赖也达到了极限，75%的石油需要进口，40%以上的天然气需要进口。对一个大国来讲，能源对外依存度太高，会使经济面临很大隐患；环境承受能力也已到了极限，需要尽快停止污染土壤、空气、水，停止污染后治理改造还需要若干年。中国单位GDP的能耗目前还比较高，大致在世界平均水平的1.5倍以上，是美国的2倍到3倍，大概是德国欧盟这些国家5倍以上，日本的8倍以上。未来如果普遍实行碳关税、碳交易，中国制造业的国际竞争力将大打折扣，要保住中国的世界工厂地位，必须走绿色制造的路子。

　　我国已经是全球碳排放第一大国，关于排放量有多种说法，一般以每年100亿吨左右为公认数据。这个数字超过美欧日俄印之和，将近占全球碳排放量的1/3。中国能源的基本国情是仍然是以碳为主，短期内难有大的改变。尽管中国的煤炭清洁利用技术已经领先全球，但如何减少二氧化碳排放，如何降低化石能源比重，最终走向碳中和，任务仍然艰巨而繁重。对中国而言，能源革命更具紧迫性。

　　2021年诺贝尔物理学奖得主是三个对气候问题研究做出贡献的专家，他们认为气候变暖是人类生产活动排放大量二氧化碳所致。现在，国际社会对于全球气候变暖的认识已经非常一致，所谓气候问题是发达国家为发展中国家设置发展障碍的"气候阴谋论"渐渐失去市场。中国加入了《京都议定书》《巴黎协议》，选择低碳发展，态度明确。《中国制造2025》提到五大工程，其中一个就是绿色制造工程。现在人们绿色消费的需求越来越多，理念越来越绿色化。消费端都在绿色化，制造业也要适应这个趋势。2030年实现碳达峰，2035年完成工业化，2030年到2035年，中国既要继续完成工业化目标，又不能再增加排碳，要搞无碳工业化。这个目标具体到分管能源、工业的发改委、工信部那里，碳排放总量和强度的双控工作压力非常之大。因为中共中央、国务院印发的《关于完整准确全面贯彻新发展理念做好碳达峰碳中和工作的意见》、国务院印发的《2030年前碳达峰行动方案》以及一系列配套文件，已经成为既定方针。为什么很多地方会采取强行拉闸限电等极端减碳手段？职能部门是按照文件要求，将指标逐年分解，再指派各地分摊的。地方政府的工作方法可能还须优化完善，但所有基础企业要看到这个大势。

"十三五"期间，我国工业绿色发展取得了积极成果，绿色化改造步伐加快，绿色低碳产业增长势头强劲，绿色制造体系初步形成。统计数据显示，"十三五"期间规模以上工业单位增加值能耗降低约16%，单位工业增加值用水量降低约40%，重点大中型企业吨钢和吨铝的综合能耗、水耗等已达到世界先进水平。同时，推进制造强国建设和生态文明建设、落实"双碳"要求，仍面临许多困难和挑战。一方面，中国仍处于工业化、城镇化深入发展的历史阶段，传统行业所占比重依然较高，能源结构中煤炭占比过大、能源利用效率偏低的状况没有得到根本性改变，资源环境约束矛盾加剧，碳达峰、碳中和时间窗口偏紧，先进技术储备不足，实现工业绿色低碳转型任务艰巨。另一方面，绿色低碳发展是当今时代科技革命和产业变革的方向，绿色经济已成为全球产业博弈的重点。一些发达经济体正在谋划或推行碳边境调节机制等绿色贸易制度，提升技术要求，实施优惠贷款、补贴关税等鼓励政策，这不仅对国际经贸合作提出了新的挑战，也增加了中国绿色低碳转型发展的成本和难度。

《"十四五"工业绿色发展规划》(以下简称《规划》)是在总结分析"十三五"工业绿色发展成效及"十四五"我国工业发展面临的国内外形势的基础上,聚焦实现我国制造业高效、绿色、循环、低碳发展战略任务而编制的。《规划》按照"目标导向、效率优先、创新驱动、市场主导、系统推进"的基本原则,提出了"聚焦一大行动、构建两大体系、推动六大转型、实施八大工程"的整体工作安排。

"一大行动"即实施工业领域碳达峰行动。这是"国家碳达峰十大行动"之一,是推动实现碳达峰、碳中和的重要举措,《规划》就工业领域碳达峰顶层设计,工业和重点行业碳达峰路线图、时间表,以及相关行业落实碳达峰主要任务,做了明确的规定。

"两大体系",一是构建完善的绿色低碳技术体系,二是构建绿色制造支撑体系。通过构建和完善这两大体系,着力提升工业绿色发展的基础能力和后劲。一方面,积极推动新技术大规模快速应用和迭代升级,完善产业技术创新体系,加大前沿技术攻关力度,强化科技创新对工业绿色低碳转型的支撑作用。另一方面,着力健全绿色低碳标准体系,完善绿色评价和公共服务体系,强化绿色服务保障,从多维度、多领域提升绿色发展的基础能力。

"六大转型"即产业结构高端化、能源消费低碳化、资源利用循环化、生产过程清洁化、产品供给绿色化、生产方式数字化,这些任务互为支撑、相互贯通,是多维、立体、系统推进工业绿色低碳转型的一系列重要举措。

"八大工程"是指为强化各项重点任务的落实落细,《规划》提出实施工业碳达峰推进工程、重点区域绿色转型升级工程、工业节能与能效提升工程、资源高效利用促进工程、工业节水增效工程、重点行业清洁生产改造工程、绿色产品和节能环保装备供给工程、绿色低碳技术推广应用工程等八大工程。

2.传统制造业绿色化转型是重点

推动工业领域自身的碳达峰,将会对全社会和整个国民经济系统的低碳化改造打开突破口。在制造业产业结构方面,构建有利于碳减排的产业布局,坚决遏制高耗能、高排放项目盲目发展；在节能降碳方面，着力提升能源利用效率，调整优化用能结构，强化节能监督管理；在绿色制造方面，通过典型示范带动生产模式绿色转型，推动全产业链低碳发展；在循环经济方面，强化工业固废综合利用，减少资源消耗，促进协同降碳；在技术变革方面，加快绿色低碳科技变革，以技术工艺革新、生产流程再造促进工业减碳去碳。

钢铁、建材、石化、化工、有色金属等重点行业是国民经济的重要组成部分，其产品性质和工艺特点，决定了其高能耗属性。这些行业对于健全产业体系、稳定市场供给、促进经济发展具有重要支撑作用。重点行业、传统行业是绿色转型的重点领域，必须严格能效约束，突出标准引领作用，大力推进行业全链条节能改造升级，持续推进系统优化，节能提效，探索推进信息化、数字化、智慧化管理。

在传统制造的转型过程中，需要下大力气推广清洁生产。坚持源头减碳、过程控制、末端治理相结合，高起点打造更清洁的生产方式，推动存量企业持续实施清洁生产技术改造，引导增量企业主动提升清洁生产水平；健全绿色设计推行机制；组织创建绿色设计示范企业，制定绿色设计评价标准，引导企业采取自我声明或自愿认证的方式，设计开发绿色产品；减少有害物质源头使用，推动落实电器电子、汽车、船舶等产品有害物质限制使用管控要求，强化强制性标准约束作用，加快建立部门联动的监管机制；削减生产过程污染排放。针对重点行业、重点污染物排放量大的工艺环节，开展过程减污工艺和设备的应用示范及推广普及，加大清洁生产技术的改造力度；升级改造末端治理设施。推广先进适用环保治理装备，形成稳定、高效的治理能力。开展多污染物协同治理应用示范，深入推进钢铁行业超低排放改造，稳步实施水泥、焦化等行业超低排放改造。

节能提效和降碳去碳统筹兼顾，加快能源资源利用的高效化、低碳化、绿色化。有序推进工业领域减量高效利用化石能源，大幅提升可再生能源利用比例，积极推进工业终端用能电气化。特别是在有条件的园区、企业，积极推动建设工业绿色微电网，进一步加快厂房光伏、分布式风电、多元储能、高效热泵、余热余压利用、智慧能源管控等一体化等系统开发运行，推进多能高效互补利用。

要加大节能提效技术研发的创新和推广力度。以需求为导向，聚焦重点行业、重点产品、重点设备、重点工序，加大节能技术装备攻关力度。要以应用为导向，进一步加大先进节能提效工艺技术装备的推广力度。

聚焦高耗能领域、高耗能行业、高耗能工序、高耗能产品，开展国家工业专项节能监察。以能源管理基础薄弱的行业和企业为重点，面向大中小企业进一步深化工业节能诊断服务。中西部产业转移项目要有跟踪监察和服务，努力打造有利于工业企业依法依规、高效用能的市场环境，营造全领域、全行业节能降碳的良好氛围。

应着力推进工业领域数字化转型。强化工业企业需求和信息服务供给双向对接，推动新一代信息技术与工业深度融合，以数字化转型驱动生产方式变革。加快制定绿色低碳基础数据标准，分行业建立产品全生命周期绿色低碳基础数据平台。推动数字化、智能化、绿色化融合发展，提高绿色转型发展的效率和效益。实施"工业互联网+绿色制造"，为生产流程再造、跨行业耦合、跨区域协同、跨领域配给等提供支撑，助力行业和区域绿色化转型。同时，在新兴领域，我们也将积极推进新型基础设施等节能提效和绿色升级，进一步降低数据中心、移动基站等的新型基础设施的功耗能耗。

推进供应链减排，形成立体化减碳协同工作机制。当前，传统制造业企业实现绿色发展还面临四个方面的难题：一是缺乏制造企业绿色转型的激励机制；二是缺乏约束性制度创新；三是缺少立体式节能的应用示范；四是缺乏有利于绿色产品更广泛应用的消费引导。推进供应链减排有利于形成减排的产业生态，可以发挥生态的约束作用，更重要的是形成市场激励。

3.绿色制造前景广阔

全球温室气体排放中，超过70%源自能源消费，其中38%来自能源供给部门，35%来自建筑、交通、工业等能源消费部门，因此必须针对这些重点领域和行业制定保证碳达峰和碳中和目标得以实现的产业政策。我国碳排放也主要来自四个领域：电力、制造业、建筑、交通。电力的第一大用户是制造业，而在建筑、交通两大领域中50%以上的碳排放也间接来自制造业。因此，要想实现低碳、降碳工作目标，应首先实现制造业的绿色化。可以说，没有制造业的绿色化就没有中国经济的低碳转型。

未来，减排能力将成为供应链的核心竞争力，从而让具备减排实力的制造企业受益。同时，制造业企业要在自身减排的基础上，促进供应链减排，打造绿色低碳产品供给体系，积极助力全社会碳达峰，为其他领域提供减排、低碳设备，建设绿色供应链、绿色产业链。一方面，供应链减排有助于避免制造业中下游减排、中上游排放量增长的情况，从而更好促进绿色发展；另一方面，供应链减排将成为未来企业减排的发展方向，并通过供应链碳排放可追溯机制来强化上下游的减排合作。

绿色制造是挑战也是机遇，虽任重道远，但前景广阔。

第一，需求的拉动。电子商务等新基建使全社会交易成本大大降低，云计算、大数据、物联网、移动互联网、人工智能、区块链、元宇宙将使经济运行更加轻型化。国内新消费群体的崛起对于绿色消费已有很好的觉醒作用，绿色消费理念正在普及。这个强大的需求拉动是绿色制造的第一动力。

第二，未来的碳中和需要相应的产业支撑。碳达峰以后还要碳中和。碳中和不能只是种树，必须在制造业上付出努力来减碳、吸碳。在全球市场化减碳机制下，低碳制造将受到激励。比如特斯拉，出售碳排放额度的营业外收入一度超过了企业卖车的利润。推广节能与新能源汽车，加快充电桩建设及换电模式创新，发展绿色智能船舶，推动老旧船舶更新改造，助力交通领域碳达峰。碳中和将孕育更多的产业，成为制造业的一部分。

第三，现有的电力、制造、建筑、交通，整个产业体系在碳中和背景下改造、转型，都需要相应的制造业支撑，如新的能源装备、节能建筑、绿色交通，都要与绿色制造相结合。绿色制造包括绿色园区、绿色工厂、绿色产品、绿色技术、绿色供应链，等等。加快推进绿色建材产品认证，开展绿色建材试点城市创建和绿色建材下乡行动，助力城乡建设领域碳达峰。

第四，实施智能光伏产业发展行动计划并开展试点示范，持续推动风电机组稳步发展，攻克核心元器件技术，助力能源生产领域碳达峰。新能源产业的崛起，尤其是非化石能源产业发展将是一场制造业的革命。光伏、风能、氢能、热空气能、储能，等等，都已经属于制造业。储能作为推动能源革命的重中之重，要加强煤气油储备能力建设，推进先进储能技术规模化应用，夯实国内能源生产基础，保障煤炭供应安全，保持原油、天然气产能稳定增长。未来，能源制造化、制造服务化将是大趋势。

第七章

产业链集群：固本培元之道

美国控制全球产业链主要有5种模式：

标准和规则的源头锁控；关键工艺和环节的基础把控；全产业价值单元的链式布控；产业软件和平台的数据掌控；持续创新和精益生产的生态操控。

以其人之道还治其人之身。中国也需要提升产业链现代化与自主性水平，建设一批中国的世界级先进制造业产业链集群。

各国制造业竞争已经从跨国公司竞争进入到产业链集群的竞争。制造业是一片天然有机、茂密繁盛的大森林，根深叶茂非一日之功，好的制造业需要传承，需要积累。企业链、产业链、创新链、资金链、人才链、生态链、价值链，企业集群、技术集群、企业家集群隐藏着一个国家制造业强大的基因。建设产业链集群乃制造强国的固本培元之道。

产业链安全与产业链现代化

产业链是纵向概念，产业集群是横向概念。但是产业集群仍然建立在产业链的内在逻辑之上。未来的大国竞争，跨国公司将成为产业链竞争的一个部分。重点产业能不能建成自主安全现代化的产业链，能不能有一批世界级的先进制造业集群，已成为大国能不能胜出的关键。

1.产业链重构与产业链安全

产业链的思想源于亚当·斯密的分工理论，但是在斯密的理论中，"分工"还主要局限于企业内部。马歇尔将"分工"扩展到企业与企业之间，强调企业间分工协作的重要性，这可以称为产业链理论的最初来源。

国外对产业链的研究主要在价值链、供应链等领域，侧重从企业角度研究"供应链""企业网络"问题，没有将产业链作为一种单独的经济组织形式加以理论化。最早提出"供应链"的是美国人凯里·奥利文，他是从物流角度提出这一概念的，本意是让离散制造流程化。"供应链"这一概念一般着眼于微观管理，是企业角度；而"产业链"这一概念则偏重于宏观经济，是行业角度。

国内对产业链的研究从20世纪90年代开始兴起，从农业产业链研究起步，逐渐深入到制造业、服务业等各行业。狭义的产业链是在生产产品和提供服务等经济活动中，由不同分工的企业基于经济技术关联将经济活动、经济过程以及生产阶段或经济业务按照次序连接起来的链式结构。广义的产业链是结合供应链、价值链综合考虑的，将价值链与产业集群、战略联盟等同，认为产业链是在一定地域范围内同一产业部门或不同产业部门、某一行业中具有竞争力的企业及相关企业，以产品为纽带，按照一定的逻辑关系和时空关系联结成的具有价值增值功能的链网式企业战略联盟，也可以叫作产业链集群。

国际航运及现代物流的快速发展，为产业链的全球化布局提供了物理支撑，而跨国公司将研发、生产、销售布局在不同国家，为全球产业链的形成提供了现实可能。改革开放以来，中国采取引进、消化、模仿的技术跟随战略，利用老牌工业化国家产业转移之机，发挥比较优势和后发优势，成为"世界工厂"。现阶段，中国的国际环境发生了逆转性变化。其一，以美国为首的西方国家在高科技和先进制造上与中国精准脱钩，把贸易摩擦延伸向技术和产业链领域，使产业链出现某种程度的阵营化；其二，疫情结束后，各国都开始追求产业链的自主可控，产业链的自主可控成为一个国家生死攸关的经济安全问题，全球产业链也因此开始收缩，条链变岛链。

庞大的产业体系，能够生产从服装鞋帽到航空航天器，从矿产原料到工作母机的一切工业产品，这已成为中国经济竞争力的重要来源。但从产业链、价值链角度，这些传统产业离世界顶端还有一段距离。我们国产品牌的汽车什么时候能与奔驰、宝马、奥迪这样的豪华车比肩？我们的豪华汽车什么时候能出口国外，让全世界的消费者都能接受国产车的品牌溢价？我们的电子产品企业什么时候能与苹果比肩，在设计、生态、理念上引领潮流，深刻改变全世界的生产生活方式，并受到资本的持续追捧？我们什么时候能拥有世界公认的奢侈品牌，让全世界的消费者为几千块钱一件的化妆品、几万块钱一件的衣服心甘情愿买单？产业链现代化、价值链高端化，是我们制造业由大到强躲不开的蜕变化蝶之路。

发展现代制造业，如新一代信息技术产业、高档数控机床和机器人、航空航天装备，等等，并不等同于实现产业链现代化。在现代制造领域，我们依然要解决产业链韧性不足、产业链重点环节"卡脖子"、价值链中高端市场全球话语权不足等问题。在这些现代制造领域，我们的底子薄、基础差、创新难，又普遍有关键零件、技术"卡脖子"的现状。所以，现代制造业的产业链现代化同样是"路漫漫其修远兮"。

重点产业链建设与链长制

产业链建设，尤其是重点产业链建设，是中国产业链自主性和现代化的关键一招。产业链往往聚群重叠，这种空间上的重叠便会形成产业链集群，一般而言，产业链集群是国际分工合作格局下专业化市场的重要载体，也往往是一国的重点产业链。要避免产业链集群的微利化、自主品牌缺位与自主创新能力缺失，需要政府和"链主"企业的适当引导。在关键技术链上投入最多、具有核心研发能力的领导型企业能够利用其在产品链分工网络中的控制地位实现创新投入和沉没成本的充分补偿，从而进行更加深入的创新活动，加快产业升级步伐。在新的国际形势下，国家之间的竞争很大程度上就是产业链集群的竞争。产业链集群既要有强大的"链主"企业，即领导型的有力量进行密集研发、创新的跨国公司，而其链条上也要有一批专业协作、高效灵活的"专精特新"的中小企业来"卡位"。

目前，从中央到地方层面，正在开展一项工作——遴选"链主"企业。"链主"企业通常指自身实力雄厚、在产业链中占主导地位的企业。"链主"这个概念最早在2017年由长沙市提出，当时长沙市政府提出全市在各个省级以上园区设立22个产业链推进办公室，由20位市级领导担任"链长"，园区相关负责人、业务骨干和各市直部门、区县（市）选派的优秀干部88人组成产业链推进团队，以此打造优质完善的产业链。而产业链中的龙头企业，则被称为"链主"企业。

链长制起初是个别地区的先行探索，随着近几年美中贸易摩擦与新冠疫情的冲击，确保产业链的安全、稳定、畅通成为各地制造业发展的重要议题，链长制的推广不断加速、加深。截至2021年，中国已有29个省份实施了链长制或者与链长制相关联的政策。梳理各地链长制工作，可以看出共性特点：党委政府部门或者行业协会负责人担任"链长"，发挥高位推动、统筹协调、促进督办的作用；龙头企业作为"链主"，发挥对产业链上下游的带动作用；政府部门围绕"延链、补链、强链"对产业链进行系统梳理，使招商引资、投资规划等工作更具针对性。

山东省是制造业强省，从2021年开始密集推进链长制。2021年4月，省政府办公厅印发《关于建立制造业重点产业链链长制工作推进机制的通知》，配套建立"链主"企业牵头主导、产业链联盟合作、产学研协同推进、要素保障服务等四大机制。截至2022年6月，山东省共确定11条标志性产业链，"链主"企业112家、核心配套企业709家，基本理清了重点产业链的"四梁八柱"。在关键技术创新方面，山东省共梳理关键核心技术（产品）攻关需求269项、高端人才需求254人、高校高职毕业生需求1.6万余人。其中，50多项技术（产品）已列入省重大科技创新工程项目指南，采取竞争立项、定向委托、组阁揭榜等方式重点突破。在重点项目建设方面，山东省联合市县工信部门，按照"四个一批"的原则，一体化策划产业链重点项目451个，计划总投资6552.5亿元。

山东省的链长制特别提出要打造"链主"和"专精特新"企业强链补链共同体，推动大中小企业融通发展。山东省3424家"专精特新"中小企业普遍在各自领域掌握"独门绝技"，72.4%属于省新旧动能转换"十强"重点产业领域，47.2%拥有关键领域"补短板"技术或产品。截至2022年6月，在政府的积极推动下，已有112家"专精特新"企业与"链主"企业达成合作事项187项，85%的事项为初次接触并达成合作，有效推动解决产业链上下游大中小企业配套难、技术"卡脖子"、科技成果转化难、企业融资难等问题。

在国家层面，国资委和中国工业经济联合会逐步梳理国内重点产业链及其央企链长。中央企业加快打造现代产业链链长，旨在当好产业基础能力提升的支撑者、产业发展方向的引领者和产业协同合作的组织者，带头落实国家战略性新兴产业集群发展工程和龙头企业保链稳链工程，在现代产业体系建设中发挥好主体支撑和融通带动作用。2022年以来，国资委已遴选出两批共16家"链长央企"，16家"链长企业"完成强链补链投资近1万亿元；2023年在装备制造、检验检测、医药健康、矿产资源、工程承包、煤电、清洁能源等领域推动专业化整合，形成国内的重点产业链。

公开资料披露，目前国务院国资委分两批选出16家"链长央企"。

（1）中国中化控股集团：种业产业链链长。中国中化为入选国务院国资委首批现代产业链链长及原创技术"策源地"的中央企业，承担两个技术领域"策源地"建设的使命。

（2）国家电力投资集团：绿色能源产业链链长。国家电投充分发挥中央企业科技创新"主阵地""国家队"作用，是能源央企首个现代产业链链长，积极打造原创技术"策源地"。

（3）中国移动：移动信息产业链链长。中国移动入选国家首批原创技术"策源地"和现代产业链链长。中国移动表示将全力构建基于5G+算力网络+

智慧中台的"连接＋算力＋能力"新型信息服务体系。作为移动信息产业链"链长"，中国移动将当好产业基础能力提升的支撑者，与相关企业合力建设自主可控的产业链；当好产业发展方向的引领者，促进形成融合、贯通的产业链；当好产业协同合作组织者，支撑构建繁荣共生的产业链。

（4）中国宝武钢铁集团：新型低碳冶金现代产业链链长。中国宝武钢铁集团为国有资本投资公司和新型低碳冶金现代产业链链长。2022年11月，为了更好地开放融合、优势互补，加快建设新型低碳冶金现代产业链，宝武正式成立由各大科研机构、高校、协会和相关企业的院士、教授和企业高管等知名专家组成的新型低碳冶金现代产业链链长建设专家咨询委员会。

（5）华润集团：中医药产业链链长。华润集团为中医药现代产业链链长企业，为此，华润集团针对制约中药产业发展的痛点10项、急需补短板的18项、锻长板的节点17项，提出了10项重大工程、33项重点任务、93条具体举措。

（6）中国联通：网络安全现代产业链链长。在"大安全"方面，中国联通勇担网络安全现代产业链链长使命责任。中国联通将为链长建设调动更多力量，投入更多资源，聚集更多要素，专门成立网络与信息安全部和网络安全研究院，实施10项标志性工程，启动15个关键核心技术攻关项目，联合鹏城实验室建设国内首个5G安全靶场，特别是在工信部、国资委指导下，运营中国网络安全产业创新发展联盟，携手近400个合作伙伴，共同筑牢网络"新长城"。

（7）中国电信：云计算现代产业链链长。中国电信全面实施云改数转战略，勇当云计算原创技术策源地和现代产业链链长，努力突破一批制约发展的关键核心技术。目前已经掌握了云操作系统、弹性计算、云存储、云网络、分布式数据库、CDN等一系列关键核心技术，具备了自主可控、安全可信、开放合作、业内一流的全栈云能力。

（8）中国电子信息产业集团：安全绿色计算产业链链长。中国电子或为电子安全绿色计算产业链链长企业。中国电子长期深耕安全先进绿色计算产业，经过十年艰苦努力，拥有从芯片、操作系统、中间件、数据库、安全整机到应用系统的国内最完整的产品谱系和技术体系，构建的"安全绿色"的"PKS"计算体系成为全球首创计算与安全深度融合的双体系架构，在全球创新性地率先解决了未知漏洞的安全隐患。飞腾CPU和麒麟操作系统入选《中央企业科技创新成果推荐目录》，2017—2019年连续三年荣获国家科学技术进步一等奖，中国电子是迄今为止唯一在CPU、操作系统和体系架构方面的获奖者。

（9）中国电子科技集团：电子信息领域产业链链长。中国电子科技集团立足国家所需、行业所趋、电科所能，明确军工电子主力军、网信事业国家队、国家战略科技力量"三大定位"主责和电子装备、网信体系、产业基础、网络安全"四大板块"主业，全力打造电子信息领域原创技术"策源地"和现代产业链链长。

（10）中国中车：轨道交通装备产业链链长。中央企业等国有企业要勇挑重担、敢打头阵。中国中车作为中国轨道交通装备唯一一个产业化集团，要切实担当"大国重器"的使命责任。

（11）通用技术集团：工业母机现代产业链链长。目前通用技术集团的产业直投平台首先服务于聚焦通用技术集团主业相关的产业投资。通俗讲，通用集团主要有"两张床"，即机床和"病床"。在机床领域，通用技术集团承担了工业母机产业链链长的角色。近些年市面上公开的新闻也有报道，通用技术集团陆续把很多具有一定积淀的老国营机床厂收并进来，包括沈阳机床、大连机床等，也包括一些有特种工艺和制造技术的企业，例如天津天锻等。从定位上讲，通用技术集团服务于高端制造，特别是国防军工、航空航天领域基础的制造能力建设、培育和整合。"病床"则是因为通用技术集团现在是全国范围内最大的医院资产持有者，拥有300多家医院，吸纳了包括航空工业体系、航天下辖的下属医院、康养、社区诊疗所等医疗机构。

（12）国家管网：能源管输产业链链长。国家管网表示要坚决落实科技强国战略，成立院士专家技术委员会，组建科研和创新公司，建立协同攻关模式，科技创新体系逐步完善，关键核心技术攻关初见成效。自主研制的首台套30兆瓦级"燃驱压缩机组"成功通过天然气长输管道关键设备国产化鉴定验收，填补了国内空白；24寸国产大口径旋塞阀成功应用于中俄东线中段，实现全面自主可控。加快推进数字化转型，发布国家管网集团流程架构V1.0，正式启动油气管道"工业互联网＋安全生产"建设，为打造油气管输产业链供应链链长持续提供强劲动能。

（13）中交集团：现代综合交通领域产业链链长。2022年10月底，中交集团现代产业链链长建设工作推进会召开。自2021年国资委推动央企建设现代产业链链长以来，中交集团围绕国有经济竞争力、创新力、控制力、影响力、抗风险能力的"五力"作用，在践行国家战略中不断增强提升产业发展质量和服务经济社会发展的能力，在服务国家战略中彰显了"中交担当"。

（14）中粮集团：现代农粮产业链链长。中粮集团将进一步强化专业化整合，加大力度优化资源配置，聚焦粮油糖棉肉乳核心主业，发挥现代产业链链长作用。同时，中粮集团将以签约仪式为契机，与中国宝武加强全方位战略合作，积极探索专业化整合项目合作，持续增强关键领域影响力、控制力。

（15）中石化：氢能产业链链长。2022年7月14日，由中国石化主办的氢能应用现代产业链建设推进会暨高质量发展论坛在公司总部举办，集团公司董事长、党组书记马永生出席并作总结讲话，表示中国石化将深入贯彻落实习近平总书记"四个革命、一个合作"能源安全新战略，勇担使命、勇立潮头，与各方携手共进，进一步加强产业培育、强化创新引领、深化战略合作，加快打造氢能应用现代产业链，推进氢能产业高质量发展，为应对全球气候变化、保障国家能源安全、促进经济社会持续健康发展作出更大贡献。

（16）国机集团：农机产业链链长。2022年5月底，国机集团举行了原创技术"策源地"、产业链链长专家委员会聘任仪式，国机集团现代农业装备战略研究中心揭牌成立。

此外，中国兵器装备集团出台《集团公司加快打造原创技术策源地和现代产业链链长实施方案》，中国海油提出将努力打造原创技术"策源地"和现代产业链链长。中国商飞、中国电气装备集团、中国兵器工业集团、中国建材等也存在入选国资委产业链链长的可能。

当然，链长企业更有可能是在市场竞争中自然产生的，而不是任命的。譬如华为，其实目前大的产业集群都有市场中形成的各自群主、链长。企业和企业之间，链长与其他企业并不是领导和被领导的关系。央企链长制有可能固化、强化新的不平等竞争关系，使交换关系变成上下级关系。另外，央企主要在北京，中国的制造业集群却在东南沿海，距离太远。最后，外资是联结中国与全球产业链、全球市场的核心载体，一些跨国企业的生产企业，看起来只是自动化生产线加工业，但对培育提高中国供应链上企业的标准和产品的质量，提升中国制造业的水平和产品的质量有非常大的贡献，同时是全球产业链与供应链的重要一环，这对维系中国与世界的联系也非常重要。对外资中的全球性产业链链长企业，一要落实李强总理讲的一视同仁，二要继续优化营商环境，多挽留，少转移。这些问题在重点产业链建设及其链长制的推进中需要进一步研究完善。

📈 世界产业集群布局

世界范围内，产业发展自然会产生集聚，大量产业集群就是在经济发展过程中自然涌现的。美国哈佛商学院的麦克尔·波特认为，所谓产业集群，其含义为在特定区域的特别领域，集聚着一组相互关联的公司、供应商、关联产业和专门化的制度和协会，通过这种区域集聚形成有效的市场竞争，构建出专业化的生产要素优化集聚的洼地，使企业共享区域公共设施、市场环境和外部经济，降低信息交流和物流成本，形成区域集聚效应、规模效应、外部效应和区域竞争力。

在美国，有硅谷和128公路的高科技产业群、纽约麦迪逊大街的广告业群、明尼阿波利斯的医疗设备业群、克利夫兰的油漆和涂料业群、加利福尼亚的娱乐业群、西密歇根的办公家具业群、代顿的地毯业群、加利福尼亚的葡萄酒业群、马萨诸塞的制鞋业群等。

在德国，有索林根的刀具业群、图特林根的外科器械业群、普福尔茨海姆的珠宝业群、斯图加特的机床业群、纽伦堡的制笔业群、韦热拉的光学仪器业群、雷姆沙伊德的工具制造业群、巴登－符腾堡的机械业群、德累斯顿附近的陶器业群。

在法国，有巴黎森迪尔区的网络业群、布雷勒河谷的香水玻璃瓶业群等实例。

在发展中国家也出现了大量类似的集群现象。例如，在印度，有旁遮普邦的金属加工和纺织工业群、泰米尔纳德邦的棉针织业群、古吉拉特邦的钻石加工业群、班加罗尔的电子软件业群、北方邦的鞋业群等。在印度农村地区还有大约2000个手工业集群，从事黄铜制品、纺织印染、皮革、陶器、有机制品、手工纸等产品的生产。在非洲的南非、肯尼亚、津巴布韦、坦桑尼亚等国和亚洲的日本、韩国、巴基斯坦、印度尼西亚也有发达程度不同的专业化集群。

目前，许多发达国家已陆续推出国家层面的计划规划，希望占得培育先进制造业集群的先机。2005年，法国推出"竞争力集群"计划，扶持多个不同产业的科技园区；2007年，德国提出"领先集群竞争计划"，计划打造若干个世界级创新集群；2008年，欧盟首次确立建设世界级集群的战略目标，并于2009年正式提出"欧洲集群卓越计划"；日本在2010年设立"区域创新集群计划"，计划发展一批全球性创新集群；2010年，美国通过《美国竞争力再授权法案》，法案提出要设立区域创新集群。

世界范围内有代表性的世界级产业集群有哪些呢？

美国硅谷产业集群、"第三意大利"产业集群、中国台湾新竹科学工业园是其中的代表。

1.美国硅谷产业集群

美国硅谷的高科技产业区位于加利福尼亚中部的硅谷，原是盛产水果的农业区。20世纪50年代初，美国斯坦福大学建立了"斯坦福工业园区"，吸引了大批公司，如通用电气、柯达、旗舰、惠普、沃金斯·庄臣、IBM等。1954

年，休利特－帕卡德（即惠普）公司的入驻使该区成了硅谷的中心地带。斯坦福工业园区的建立，奠定了硅谷高科技中心的基石，是硅谷历史的重要转折点。现代意义上的硅谷从斯坦福工业园区的建立起步，经历了曲折的发展过程。

从生产不同产品和服务的角度来看，硅谷可以分为四个发展阶段：第一个阶段（20世纪50年代初到60年代末）是国防产品的研发与生产阶段；第二个阶段（20世纪50年代末到70年代后期）是集成电路的研发和生产阶段；第三个阶段（20世纪70年代中期到90年代初）是个人电脑的研发和生产阶段；第四个阶段（20世纪80年代末到现在）是因特网的开发与服务阶段。目前的硅谷是技术多元化的经济集群，其计算机硬件和存储设备、生物制药、信息服务业、多媒体、网络、商业服务等行业处于世界领先地位。随着经济全球化的进一步推进，硅谷已突破了自我驱动的发展模式，通过吸引全球的资金和人才以及出口技术产品，形成了同全球经济高度互动的经济模式。

硅谷模式有几个特点：第一是以中小企业为主体进行创新，以创新发明为立命之本。这些中小企业致力于产品的专门化，拥有独特的市场竞争力，通过高度分化的网络组织形式相互补充、共同发展。第二是强调校企合作，当地的大企业与硅谷以斯坦福大学、加州大学伯克利分校为代表的世界知名研究型大学深度合作，吸收这些院校每年产出的大批高质量人才，高薪的吸引让大量人才留在了硅谷，这些人才也为硅谷创造了世界最高的人均产值与世界范围内最有吸引力的产业业态。大学培养出的以MBA、博士为代表的人才是硅谷创新创业公司的孵化器，许多在校生在学校中就开始创业，毕业后马上开设公司，有力推动了区域创新。第三是资本市场的支持，以纳斯达克市场为代表的证券市场为硅谷企业发展带来了极大推动力，有能力、有希望的以互联网为代表的企业得到资本市场强大的资金支持，发展迅速。近几十年来，在创新驱动与资本市场推动的双重促进下，美国诞生了一系列的市值巨无霸，以苹果、谷歌为代表的企业深刻影响了世界大众的生活方式。

2."第三意大利"产业集群

意大利素有中小企业王国之称，工业企业规模大幅度低于其他主要发达国家，但经济总量仍居世界前列。企业虽然规模小，但得益于高度集群化，意大利经济仍然具有很强竞争力。20世纪70年代以来，以米兰为代表的意大利传统工业区受石油危机影响相对衰落，而东北部、中部传统的农业、旅游业区域的工业化指标却快速上升，小企业为主体的特色产品产业快速发展，如萨斯索洛的瓷砖、陶瓷制品，普拉托的羊毛制品，维罗纳的大理石制品等，均占据世界市场细分品类的较大份额。这一系列快速发展的新兴工业区域一般称"第三意大利"。

"第三意大利"的发展有几大特点：第一点，虽然是以手工业为主体的劳动密集型生产方式，但生产上有高技术的特征，其产品具有低投入、高质量、高人均产出的特点。产量上具有高度弹性，根据市场需求快速调整产量及产品样式；技术上高度专精，集中于生产的某道工序，于"干中学"，不断创新。产业集群内的中小企业通过生产工艺的配合组织起来，各企业的进入退出门槛低，在各生产流程上都具有弹性与创新的基因。第二点，从企业规模上看，产业区内中小企业占主要地位，一半以上的企业雇员不足50人，中小企业创造了区域内70%以上的就业。第三点，长期传承的产业文化环境。意大利有很强的以地域为中心的乡土文化传统，在"第三意大利"的产业群内，大多数企业都是由本地原来的家庭作坊转化而来的，彼此熟悉，生产相互联系，经常进行面对面的交流，从而在长期的交流与合作中，逐渐形成了以诚实与信任为核心的产业文化。这样的产业文化对于促进创新、降低交易成本、深化专业化分工与合作，遏制各种机会主义和败德行为都起到了积极的作用，进一步推动了区域产业群的生成与发展。

3.中国台湾新竹科学工业园

20世纪70年代以来，中国台湾地区传统的劳动密集型经济受到计算机与自动化技术发展、劳动力成本增高、石油危机引发的重工业成本升高的共同冲击，产品竞争力下降，经济成长受阻。为了产业的重整升级，专注发展技术密集型高技术产业的新竹科学园于20世纪80年代成立。经过了长期的发展，时至今日，新竹工业园已有600家以上高科技工业、服务业厂商进驻，进驻的知名厂商包括台积电、联发科、友达光电等。这使得新竹工业园成为全球半导体制造业集中度最高的区域。目前，新竹工业园区总面积约13.75平方千米，约有16万人在园区工作，创造了台湾地区14%的GDP产值。目前，园区主要有半导体、电脑周边、通信、光电、精密机械、生物技术6大产业，其中半导体产业占园区总产值的70%以上。

新竹工业园内以留美博士创建的高科技企业（例如台积电、宏基、华硕等）为代表的企业，与硅谷企业（例如英伟达）保持长期合作关系。这些企业彼此合作，在资金、人才、技术上互相支援、交流，形成了巨大的生态效应。

新竹科学工业园主要特点如下：

第一，管理高效务实。新竹科学工业园区的工作由园区指导委员会和园区管理局共同筹划。其中，指导委员会为综合性的、跨部门的最高领导机构，负责有关园区宏观问题的决策，并对园区建设和运行事宜进行沟通和处理；管理局负责具体规划和日常业务管理。园区行政管理已形成三大特色：一切行政管理都以为厂商提供高效服务为前提、一切变革都以为投资者提供合理便利为依据、一切管理规章都为有利于高技术产业区的发展而制定。

第二，为园区企业提供全面的服务。保税进出口、工商登记、安全保障、劳动争议、建筑执照、景观保洁、信息咨询、道路维护管理等服务功能，都能由园区统一提供。同时，园区设立了具有较高水准并采取国际化方式教学的"科学工业园区实验高中"，并附设初中、小学与幼儿园等，有效推动国际化人才的安居乐业。

第三，重视人才，尤其重视吸引海外人才。20世纪70年代起，中国台湾的RCA计划使半导体产业在台湾地区生根发芽，大批在美国工作学习的华人选择回来创业，把知识和技术带回了台湾地区。早期的人才回流带来了半导体产业的基础技术，市场开拓初具雏形。20世纪80年代以来以张忠谋创建的台积电为代表的企业又充分发展了占据半导体产业链核心的晶圆－芯片产业，目前已极具规模。21世纪以来的"两湾合作"模式则让研发部门不断从加州湾区向新竹科学工业园区转移，使台湾地区的半导体产业不断向产业链、价值链上端攀升。迄今为止，新竹科学工业园已吸引了数千海外高端人才，人才的引入对台湾的半导体产业发展起到了决定性作用。

📈 建设一批中国的世界级先进制造业集群

十九大报告提出，要"培育若干世界级先进制造业集群"，"十四五"规划提出"推动先进制造业集群发展"，这是中国经济由高速增长向高质量发展转变的新举措。先进制造业集群能够通过集聚效应，更加有效地配置创新资源，快速提升国际竞争力，有利于企业集群更加有效地"干中学"，也有利于更加高效的校企合作与原创式创新，可以有力推动集群所在地区的企业提升创新能力，加快迈向全球价值链中高端的步伐。目前，在国家层面，已有多部委确定了多批次不同定位的产业集群建设名单。

1.发改委战略性新兴产业集群

2019年9月，发改委印发《关于加快推进战略性新兴产业集群建设有关工作的通知》，在12个重点领域公布了第一批国家级战略性新兴产业集群建设名单，共涉及22个省、市、自治区的66个集群。具体名单如下：

表5　第一批国家级战略性新兴产业集群建设名单

涉及领域	具体方向	产业集群名称
新一代信息技术领域	集成电路	上海浦东新区集成电路产业集群
		西安市集成电路产业集群
		北京经济技术开发区集成电路产业集群
		武汉市集成电路产业集群
		合肥市集成电路产业集群
	新型显示器件	合肥市新型显示器件产业集群
		深圳市新型显示器件产业集群
		武汉市新型显示器件产业集群
	下一代信息网络	武汉市下一代信息网络产业集群
		鹰潭市下一代信息网络产业集群
		郑州市下一代信息网络产业集群
	信息技术服务	杭州市信息技术服务产业集群
		济南市信息技术服务产业集群
		贵阳市信息技术服务产业集群
		大连市信息技术服务产业集群
		上海杨浦区信息技术服务产业集群
		澄迈县信息技术服务产业集群
		郑州市信息技术服务产业集群
	网络信息安全产品和服务	天津滨海高新区网络信息安全产品和服务产业集群
	人工智能	北京海淀区人工智能产业集群
		合肥市人工智能产业集群
		上海徐汇区人工智能产业集群
		深圳市人工智能产业集群

续表

高端装备领域	智能制造装备	深圳市智能制造装备产业集群
		广州市智能制造装备产业集群
		湘潭市智能制造装备产业集群
		大连市智能制造装备产业集群
		长沙市智能制造装备产业集群
		徐州市智能制造装备产业集群
		常州市智能制造装备产业集群
	轨道交通装备	青岛市轨道交通装备产业集群
		成都市轨道交通装备产业集群
新材料领域	新型功能材料	淄博市新型功能材料产业集群
		福州市新型功能材料产业集群
		厦门市新型功能材料产业集群
		岳阳市新型功能材料产业集群
		宁波市新型功能材料产业集群
		平顶山市新型功能材料产业集群
		赣州市新型功能材料产业集群
		铜仁市新型功能材料产业集群
		莆田市新型功能材料产业集群
	先进结构材料	烟台市先进结构材料产业集群
		娄底市先进结构材料产业集群
		宝鸡市先进结构材料产业集群
		铜陵市先进结构材料产业集群
		乌鲁木齐市先进结构材料产业集群

续表

生物医药领域	烟台市生物医药产业集群	
	上海浦东新区生物医药产业集群	
	厦门市生物医药产业集群	
	苏州市生物医药产业集群	
	杭州市生物医药产业集群	
	广州市生物医药产业集群	
	石家庄市生物医药产业集群	
	武汉市生物医药产业集群	
	北京昌平区生物医药产业集群	
	北京大兴区生物医药产业集群	
	通化市生物医药产业集群	
	成都市生物医药产业集群	
	珠海市生物医药产业集群	
	临沂市生物医药产业集群	
	重庆巴南区生物医药产业集群	
	天津经济技术开发区生物医药产业集群	
	哈尔滨市生物医药产业集群	
节能环保领域	青岛市节能环保产业集群	
	许昌市节能环保产业集群	
	自贡市节能环保产业集群	

2.创新型产业集群

2011年7月，科技部启动实施了"创新型产业集群建设工程"。该项工作的整体思路是通过加强政府引导、制订发展规划、优化市场配置和提升产业链协同创新等措施，促进传统产业转型升级和新兴产业培育发展，从而提升区域和产业的整体创新能力及国际竞争力。

党的十八大以来，科技部聚焦构建现代产业发展新体系的战略目标，围绕区域创新体系建设和经济社会发展实际，加快推动创新型产业集群发展，取得了较为显著的成效。截至2021年，已在全国范围内遴选了46个创新型产业集群试点单位和62个创新型产业集群试点（培育）单位。名单如下：

表6　创新型产业集群试点单位和创新型产业集群试点（培育）单位

所属名单	产业集群名称
创新型产业集群试点名单	北京中关村移动互联网创新型产业集群
	保定新能源与智能电网装备创新型产业集群
	本溪制药创新型产业集群
	无锡高新区智能传感系统创新型产业集群
	温州激光与光电创新型产业集群
	潍坊半导体发光创新型产业集群
	武汉东湖高新区国家地球空间信息及应用服务创新型产业集群
	株洲轨道交通装备制造创新型产业集群
	深圳高新区下一代互联网创新型产业集群
	惠州云计算智能终端创新型产业集群
	石家庄药用辅料创新型产业集群
	邯郸现代装备制造创新型产业集群
	辽宁激光创新型产业集群
	长春汽车电子创新型产业集群
	通化医药创新型产业集群
	江宁智能电网创新型产业集群
	江阴特钢新材料创新型产业集群
	苏州高新区医疗器械创新型产业集群
	昆山小核酸创新型产业集群

续表

创新型产业集群试点名单	杭州数字安防创新型产业集群
	合肥基于信息技术的公共安全创新型产业集群
	芜湖新能源汽车创新型产业集群
	泉州微波通信创新型产业集群
	景德镇直升机制造创新型产业集群
	济南智能输配电创新型产业集群
	烟台海洋生物与医药创新型产业集群
	济宁高效传动与智能铲运机械创新型产业集群
	十堰商用车及部件创新型产业集群
	湘潭先进矿山装备制造创新型产业集群
	中山健康科技创新型产业集群
	成都数字新媒体创新型产业集群
	海西盐湖化工特色循环经济创新型产业集群
	扬州数控成形机床创新型产业集群
	泰州生物医药创新型产业集群
	长沙电力智能控制与设备创新型产业集群
	大连高端工业软件创新型产业集群
	菏泽生物医药大健康创新型产业集群
	襄阳新能源汽车关键部件创新型产业集群
	常州光伏创新型产业集群
	清远高性能结构材料创新型产业集群
	佛山口腔医疗器械创新型产业集群
	东莞机器人智能装备创新型产业集群
	苏州纳米新材料创新型产业集群
	柳州汽车整车及关键零部件创新型产业集群

续表

	珠海智能配电网装备创新型产业集群
	荆门城市矿产资源循环利用创新型产业集群
创新型产业集群（培育）名单	青藏高原特色生物资源与中藏药创新型产业集群
	临沂电子元器件及其功能材料创新型产业集群
	西安泛在网络技术创新型产业集群
	璧山新能源汽车关键零部件绿色智能制造创新型产业集群
	武进机器人及智能装备创新型产业集群
	德州生物制造创新型产业集群
	抚州生物医药创新型产业集群
	新余动力电池创新型产业集群
	韶关机械基础零部件创新型产业集群
	南阳防爆装备制造创新型产业集群
	重庆电子信息创新型产业集群
	咸宁智能机电创新型产业集群
	德阳通用航空创新型产业集群
	沈阳生物医药和健康医疗创新型产业集群
	江门轨道交通修造创新型产业集群
	亦庄数字电视和数字内容产业集群
	丰台轨道交通产业集群
	天津高新区新能源产业集群
	北辰高端装备制造产业集群
	太原不锈钢产业集群
	榆次液压产业集群
	包头稀土高新技术产业开发区稀土新材料产业集群
	大庆高新区高端石化产业集群

续表

创新型产业集群（培育）名单	齐齐哈尔重型数控机床产业集群
	张江生物医药产业集群
	上海新能源汽车及关键零部件产业集群
	上海精细化工产业集群
	蚌埠新型高分子材料产业集群
	闽东中小电机产业集群
	南昌高新技术产业开发区生物医药产业集群
	洛阳高新区轴承产业集群
	郑州智能仪器仪表产业集群
	广州个体医疗与生物医药产业集群
	南宁亚热带生物资源开发利用产业集群
	绵阳汽车发动机及关键零部件产业集群
	昆明市生物医药产业集群
	宝鸡高新区钛产业集群
	杨凌示范区生物产业集群
	兰州高新技术产业开发区节能环保产业集群
	乌鲁木齐电子新材料产业集群
	厦门海洋与生命科学产业集群
	天津基于国产自主可控的信息安全产业集群
	金桥移动互联网视频产业集群
	贵阳区块链与大数据产业集群
	厦门火炬高新区软件和信息服务业产业集群
	中山小榄半导体智能照明产业集群
	常州轨道交通牵引动力与关键核心部件产业集群
	青岛机器人产业集群

续表

创新型产业集群（培育）名单	宜兴水环境产业集群
	济南高新区生物制品产业集群
	滨州高端铝材产业集群
	中山翠亨新区精密智能装备产业集群
	西宁经开区锂电产业集群
	上海漕河泾知识型服务业产业集群
	珠海船舶与海洋工程装备制造产业集群
	潍坊高端动力装备产业集群
	七台河石墨烯产业集群
	天津泰达高端医疗器械产业集群
	邯郸新型功能材料产业集群
	遂宁电子电路产业集群
	珠海三灶生物医药产业集群
	天门生物医药产业集群

3. 工信部先进制造业集群竞赛

工信部于2019年启动的"先进制造业集群竞赛"，被认为是国内最高规格的产业集群竞赛，代表着国内产业集群的最高水准。入围企业既要能体现产业的先进性，又要具备集群特征，更要具有较强的市场影响力。竞赛旨在选出能承担国家使命、代表我国参与全球竞争合作的"国家先进制造业集群"，去冲击各领域"世界冠军"。通过开展先进制造业集群竞赛，搭建集群间实力比拼的"赛场"，持续激励集群加快发展。

目前，工信部已组织开展三轮竞赛。第一轮、第二轮优胜名单于2021年3月出炉，第三轮的优胜名单于2022年10月公示。集群间以赛促提升、促合作，通过签署集群合作协议、联合召开产业链对接会等方式，不断提升发展水平。针对先进制造业集群决赛优胜者，工信部后续将实施专项发展行动、支持集群内制造业创新中心建设、强化政府投资基金支持等举措，打造一批有国际竞争力的先进制造业集群，助力入围的产业集群提升集聚度，打好"国际赛"。三轮竞赛45个优胜产业集群名单及地域分布信息如下：

表7　三轮竞赛优胜产业集群名单及地域分布

批次	产业集群	东中西部	南北部	重点经济区
第一批	广东省深圳市新一代信息通信集群	东部	南方	珠三角
	江苏省无锡市物联网集群	东部	南方	长三角
	广东省深圳市先进电池材料集群	东部	南方	珠三角
	上海市集成电路集群	东部	南方	长三角
	广东省广佛惠超高清视频和智能家电集群	东部	南方	珠三角
	江苏省南京市软件和信息服务集群	东部	南方	长三角
	广东省东莞市智能移动终端集群	东部	南方	珠三角
	江苏省南京市新型电力（智能电网）装备集群	东部	南方	长三角
	湖南省株洲市先进轨道交通装备集群	中部	南方	
	湖南省长沙市工程机械集群	中部	南方	
	江苏省苏州市纳米新材料集群	东部	南方	长三角
	江苏省徐州市工程机械集群	东部	北方	
	安徽省合肥市智能语音集群	中部	南方	
	上海市张江生物医药集群	东部	南方	长三角
	陕西省西安市航空集群	西部	北方	
第二批	浙江省杭州市数字安防集群	东部	南方	长三角
	山东省青岛市智能家电集群	东部	北方	
	浙江省宁波市磁性材料集群	东部	南方	长三角

续表

	广东省广深佛莞智能装备集群	东部	南方	珠三角
	山东省青岛市轨道交通装备集群	东部	北方	
	江苏省常州市新型碳材料集群	东部	南方	长三角
	广东省深广高端医疗器械集群	东部	南方	珠三角
	浙江省温州市乐清电气集群	东部	南方	长三角
	四川省成都市软件和信息服务集群	西部	南方	成渝
	四川省成都市、德阳市高端能源装备集群	西部	南方	成渝
第三批	武汉市光电子信息集群	中部	南方	
	长沙市新一代自主安全计算系统集群	中部	南方	
	成渝地区电子信息先进制造集群	西部	南方	成渝
	株洲市中小航空发动机集群	中部	南方	
	南通市、泰州市、扬州市海工装备和高技术船舶集群	东部	南方	长三角
	潍坊市动力装备集群	东部	北方	
	保定市电力及新能源高端装备集群	东部	北方	
	沈阳市机器人及智能制造集群	东部	北方	
	宁德市动力电池集群	东部	南方	
	宁波市绿色石化集群	东部	南方	长三角
	赣州市稀土新材料及应用集群	中部	南方	
	苏州市生物医药及高端医疗器械集群	东部	南方	长三角
	泰州市、连云港市、无锡市生物医药集群	东部	南方	长三角
	京津冀生命健康集群	东部	北方	京津冀
	上海市新能源汽车集群	东部	南方	长三角
	"武襄十随"汽车集群	中部	南方	

续表

长春市汽车集群	中部（东北地区）	北方	
呼和浩特市乳制品集群	西部	北方	
佛山市、东莞市泛家居集群	东部	南方	珠三角
苏州市、无锡市、南通市高端纺织集群	东部	南方	长三角

先进制造业集群，被誉为制造业的"国家队"，获得优胜既是荣誉，也能体现所在地先进制造业集群的实力。三批名单中，江苏有10个集群入选，广东有7个产业集群入选，这两个省是最大赢家。湖南与浙江各有4个优胜集群，成绩也非常不错。以地级市单位看，深圳有4个产业集群入选，优势也十分明显。从东西部的分布来看，先进制造业集群的东西差距显而易见，有31个集群分布在东部沿海的省区市，中部有9个，西部仅有5个。从南北差距角度看，有35个集群属于南方省市，仅有10个属于北方，南方的先进制造业集群数量全面领先北方；从重点经济区来看，有16个集群属于长三角，7个集群属于珠三角，向经济发达地区集聚的特点明显。

值得注意的是，优胜名单中不仅有跨市的广东省广佛惠超高清视频和智能家电集群，四川省成都市、德阳市高端能源装备集群，"武襄十随"汽车集群等集群，也有跨省的京津冀生命健康集群，说明了产业集群中区域协调发展、"一盘棋"的重要性，行政区划的藩篱在产业集群的发展过程中被打破。

三次竞赛选出的一些产业集群产值巨大，占细分行业的市场比重大，且引领作用明显。据《中国新闻周刊》报道统计，广佛惠超高清视频和智能家电集群产业规模居全国之首，三地辐射带动全省超高清视频和智能家电产业超过万亿元；长沙近几年高新技术产业快速崛起，其产业集群不仅涵盖信创、网络安全等现有信息安全领域，还面向未来光量子等先进计算方向，目前该集群的总产值已突破1300亿元；苏州、无锡、南通三地空间相连，产业链形成自然分工，已覆盖从纤维、纺纱、织造、印染到下游服装、家纺和产业用纺织品的全产业链。目前该集群集聚纺织企业8500余家，其中规模以上企业4184家，2021年仅规模以上企业就实现营业收入6521亿元；在机器人及智能制造领域，沈阳现有规模以上企业15家，已形成超百亿的产业集群。2021年，沈阳机器人及智能制造集群主导产业产值达1213亿元。武汉市牵头的"武襄十随"汽车集群是全国唯一一个串联汽车产业带的城市群汽车集群。在这一集群当中，武汉主打汽车及零部件研发和乘用车制造，襄阳主打轻型商用车和中高端乘用车制造，十堰主打中、重型卡车及军用车制造，随州主打专用车制造。这一跨城市集群拥有国家级技术创新载体40家、高校院所130家、院士专家工作站151个、校企共建研发中心500余个，同时，拥有整车企业25家，规模以上零部件企业1400余家。佛山由陶瓷、家具、地板、金属材料、纺织、五金、电气等细分行业组成的泛家居产业，其产业集群在2020年、2021年连续两年实现产值超万亿元。

据统计，仅在前两轮胜出的25个产业集群中，就集聚了近100家单项冠军企业、上千家专精特新"小巨人"企业、近50%的国家制造业创新中心与跨行业、跨领域工业互联网平台。

在集群竞赛带动下，江苏、广东、河南等13个省市出台支持集群培育发展的政策性文件；湖南、浙江、河北等地也组织开展省级集群竞赛，集群间通过签署集群合作协议、联合召开产业链对接会等方式，不断提升发展水平。

4.中小企业特色产业集群

2022年9月13日，工信部印发《促进中小企业特色产业集群发展暂行办法》，提出"十四五"期间在全国范围认定200个左右集群，引导和支持地方培育一批省级集群。

2023年1月12日，工信部发布《关于公布2022年度中小企业特色产业集群名单的通告》，共有100个产业集群上榜。工信部在通告中提出，集群要做大做强主导产业、各级中小企业主管部门要制定和实施本地区集群发展规划和专项扶持政策、省级中小企业主管部门要开展集群典型实践案例和优秀集群品牌宣传等工作要求。本批次集群认定有效期为2023年至2025年。工信部将组织开展集群发展情况监督和考核，对已认定集群实行动态管理。

上榜的产业集群须满足产值、企业数量和研发投入等多个条件。条件包括：

（1）发展水平位居细分领域全省前列，有较高的集群品牌知名度。

（2）占地面积不超过100平方公里，近三年产值均在40亿元以上，中小企业产值占集群总产值高于70%，主导产业占集群总产值比例高于70%，产值年均增速高于10%。

（3）集群拥有不少于1家主导产业的国家级制造业单项冠军企业或专精特新"小巨人"企业，或者不少于10家省级"专精特新"中小企业、创新型中小企业和国家级高新技术企业。

（4）集群重视研发持续投入，近三年中小企业研发经费年均增长高于10%。

（5）具备创新能力，与大型企业、高校和科研院所创新合作紧密等。

具体名单如下：

表8　2022年度中小企业特色产业集群名单

序号	集群名称
1	北京市海淀区行业应用软件产业集群
2	北京市昌平区生命科学产业集群
3	天津市滨海新区车规级芯片产业集群
4	天津市滨海新区自主可控信息安全设备产业集群
5	天津市东丽区新能源汽车动力系统产业集群
6	河北省安平县丝网产业集群
7	河北省玉田县印刷包装机械产业集群
8	河北省河间市再制造产业集群
9	河北省平乡县童车产业集群

续表

10	河北省清河县羊绒及制品产业集群
11	山西省祁县玻璃器皿产业集群
12	辽宁省抚顺市东洲区电解液及隔膜材料产业集群
13	吉林省敦化市医药产业集群
14	上海市金山区纤维材料产业集群
15	上海市宝山区成套智能装备产业集群
16	上海市青浦区北斗导航产业集群
17	上海市松江区新能源电力装备产业集群
18	上海市浦东新区汽车电子芯片产业集群
19	江苏省常熟市电子氟材料产业集群
20	江苏省溧阳市动力电池产业集群
21	江苏省无锡市惠山区智能基础零部件制造产业集群
22	江苏省徐州市铜山区安全应急产业集群
23	江苏省南京市雨花台区轨道交通动力装备产业集群
24	浙江省东阳市磁性材料产业集群
25	浙江省永嘉县泵阀产业集群
26	浙江省湖州市吴兴区智能物流装备产业集群
27	浙江省绍兴市上虞区氟精细化工产业集群
28	安徽省合肥市包河区汽车智能电控装备产业集群
29	安徽省蚌埠市禹会区显示模组产业集群
30	安徽省舒城县精密电子基础件产业集群
31	安徽省芜湖市湾沚区通航装备制造产业集群
32	安徽省天长市智能仪器仪表产业集群
33	福建省福州市马尾区用户侧新型储能产业集群
34	福建省漳州市龙文区石英钟表产业集群

35	福建省晋江市运动鞋原辅材料产业集群
36	福建省武平县显示模组及材料制造产业集群
37	江西省萍乡市湘东区工业陶瓷产业集群
38	江西省崇仁县中低压输变电设备产业集群
39	江西省樟树市金属家具产业集群
40	江西省鹰潭市余江区眼镜产业集群
41	江西省赣州市章贡区线路板产业集群
42	山东省龙口市交通铝材产业集群
43	山东省滕州市中小数控机床产业集群
44	山东省东营市东营区石油钻采装备产业集群
45	山东省博兴县商用智能厨房设备产业集群
46	山东省临清市中小轴承产业集群
47	河南省襄城县碳硅新材料产业集群
48	河南省长垣市门桥式起重机械产业集群
49	河南省叶县尼龙材料产业集群
50	河南省新安县轴承制造产业集群
51	湖北省十堰市茅箭区商用车制造产业集群
52	湖北省武汉市东西湖区网络安全产业集群
53	湖北省武汉市洪山区光通信设备及光电子器件制造产业集群
54	湖北省荆州市荆州区石油固井压裂装备产业集群
55	湖北省谷城县再生钢铁产业集群
56	湖南省新化县电子陶瓷产业集群
57	湖南省永兴县稀贵金属产业集群
58	湖南省益阳市赫山区铝电解电容器产业集群
59	广东省广州市黄埔区智能制造装备产业集群

续表

60	广东省佛山市南海区氢能产业集群
61	广东省广州市花都区箱包皮具产业集群
62	广东省廉江市小家电产业集群
63	广东省南雄市涂料产业集群
64	广西壮族自治区南宁市邕宁区铝精深加工产业集群
65	广西壮族自治区柳州市鱼峰区小型新能源汽车零部件产业集群
66	广西壮族自治区贵港市覃塘区绿色家居产业集群
67	广西壮族自治区贵港市港北区电动两轮车产业集群
68	海南省海口市龙华区数字创意设计产业集群
69	重庆市九龙坡区铝基新材料产业集群
70	重庆市涪陵区榨菜食品加工产业集群
71	重庆市璧山区新能源汽车电驱系统产业集群
72	重庆市永川区计算机输入设备产业集群
73	重庆市大足区结构性五金产业集群
74	四川省成都市青羊区航空配套产业集群
75	四川省射洪市锂电材料产业集群
76	四川省成都市武侯区微波射频产业集群
77	四川省广汉市油气钻采装备制造产业集群
78	四川省绵阳市涪城区连接器产业集群
79	贵州省贵阳市白云区航空发动机装备制造业集群
80	贵州省福泉市磷化工产业集群
81	贵州省遵义市汇川区精密零部件产业集群
82	贵州省正安县吉他产业集群
83	云南省勐海县普洱茶加工产业集群

续表

84	陕西省宝鸡市渭滨区钛及钛合金新材料产业集群
85	陕西省咸阳市秦都区LCD面板显示产业集群
86	陕西省富平县羊乳制品产业集群
87	陕西省西安市雁塔区电连接器产业集群
88	甘肃省金昌市金川区镍铜钴新材料产业集群
89	甘肃省白银市白银区废弃资源综合利用产业集群
90	新疆维吾尔自治区乌鲁木齐市头屯河区风电装备及高端专用设备制造产业集群
91	新疆维吾尔自治区克拉玛依市白碱滩区石油装备产业集群
92	宁波市鄞州区电梯关键配套件产业集群
93	宁波市北仑区压铸模具产业集群
94	厦门市集美区工业机器人产业集群
95	青岛市胶州市智慧家居制造产业集群
96	青岛市城阳区橡塑材料产业集群
97	深圳市南山区智能终端芯片设计产业集群
98	深圳市宝安区锂电池设备制造产业集群
99	新疆生产建设兵团阿拉尔市纺织原料生产及加工产业集群
100	新疆生产建设兵团石河子市碳硅铝新材料产业集群

第八章

制造业永恒的骄子

在制造业的秘密花园里，总有一些最为娇艳的花朵：

德国人叫"隐形冠军"；日本人叫"长寿企业"；美国人叫"小巨人"；中国人叫"专精特新"。

打造中国版"隐形冠军"，是应对全球产业链变局的底气和"王炸"。

2022年10月，刘志彪教授在"中制智库"微信公众号发表的一篇文章——《"隐形冠军"决定着中国迈向制造强国的关键点》被工信部官方账号"工信头条"转载。2023年3月17日《华尔街日报》整版报道了中国培育"隐形冠军"的雄心和举措，并引用刘志彪教授该文中的观点。《华尔街日报》的文章标题为《为超越美国，中国在太空和通信等领域培育"小巨人"企业》。文章中提到，中国领导人为增强自给自足能力，在与美国争夺技术供应链主导地位的竞争日益激烈之际，将更多国家资金重新分配，培育数千计的细分行业"小巨人"企业。

〽 "隐形冠军"和"小巨人"

"隐形冠军"的概念是由德国著名管理学大师赫尔曼·西蒙提出的。所谓"隐形"就是指公司隐身在终端产品之后，不为多数普通公众所知晓。但它们在各自细分市场具有卓越的领导力、出色的创新能力、掌握关键核心技术、有超强的生存能力，因而被赋予"冠军"的称号。它们不是以低成本竞争获取市场份额，而是更关注通过技术、质量和标准的制定来引领市场。因为具有本行业的定价权，能够确定本行业的利润基准，西蒙也把这类企业称作"利基企业"。①

美国学者伯林翰在其《小巨人》一书中，阐释了不扩张也能成功的企业经营新境界并率先提出"小巨人"企业的概念。"小巨人"企业的核心是指具有企业魅力的公司需要抵制规模增长的诱惑，潜心追求卓越品质。

日本"长寿企业"的大部分特质非常接近"隐形冠军"的定义。日本经济大学的后藤俊夫从1999年开始进行关于"长寿企业"的研究，他发现，全球成立超过百年的企业日本最多，他总结出日本百年企业的大量存在取决于管理体系、良好的外部大环境、家业传承三大条件，以及长期观点、拒绝短期的快速增长、强化核心能力、重视长期关系、风险管理、持续发展意愿等六大因素。日本有很多小型的作坊式企业，员工不过百，有的只有十几名甚至几名员工。就是这样"名不见经传"的小企业，却是很多行业里的"隐形冠军"，拥有着世界上领先的技术。

西蒙关于德国"隐形冠军"的研究引起了国际社会的广泛关注。有的学者直接应用西蒙的界定标准，寻找所在国家或地区的"隐形冠军"；有的学者结合所在国家或地区的经济发展水平调整了收入限制条件；还有部分学者在西蒙研究的基础上，增加了"隐形冠军"的界定条件。不同学者关于"隐形冠军"概念的界定大致可见下表：

---

① 指专门从事细分领域业务、服务缝隙市场，在国际市场上具备竞争优势的一流优秀企业，以及在国际细分市场占重要地位、有重大贡献的企业。利基即"Niche"的音译。

表9　不同学者对"隐形冠军"的概念界定

研究者及年份	对"隐形冠军"的概念界定
赫尔曼·西蒙（Hermann Siman）（1996，德国）	全球市场份额前二或欧洲市场份额第一；收入低于10亿美元（4.4%的样本超过这一限制）；公众知名度较低
赫尔曼·西蒙（2009，德国）	全球市场排名前三或欧洲市场排名第一；收入低于40亿美元；公众知名度较低
赫尔曼·西蒙（2013，德国）	全球市场排名前三或欧洲市场排名第一；收入低于50亿美元；公众知名度较低
沃道里斯（Voudouris）等（2000，法国）	必须是希腊民族企业；员工数量20～250名；以国际市场为导向，要么是从希腊境外获得部分收入，要么与希腊境外的公司组成合资企业或进行其他形式的合作；在过去五年中财务业绩指标优异，如平均资本回报率高于行业平均水平
德国创新调查（2007，德国）	员工人数不足10000人，主要活跃于国际市场，即出口额在营业额中占比超过50%，并且在其专业领域的全球市场中拥有较高的市场份额的中小企业。具体而言，对于规模较小的市场（即每年2亿欧元），市场份额占比至少10%；对于规模为2亿～5亿欧元的市场，占比至少为7%；对规模为5亿～10亿欧元的市场，占比至少3%；市场容量超过10亿欧元，占比至少1%。在过去5年中，企业的增长率必须高于行业平均水平
余华红、陈韵（2009，中国）	在中国市场甚至世界市场上排名第一，市场地位通过市场份额衡量；企业为中小型规模且不为一般公众所熟知、较低调；销售收入不应超过1亿欧元
李章宇(Lee Janewoo)（2009，韩国）	在韩国国内市场上占有最大的市场份额，或者在世界市场上占据前三名，并且营业收入低于1万亿韩币
金善宇（Kim Sunwoo）（2010，韩国）	对"隐形冠军"的概念进行了更广义的界定，即企业规模较小，但通过追求利基市场，最终成为全球市场的领导者
金宇振（Kim Woojin），（2016，韩国）	全球市场第一（国内市场或海外市场）；与外部融资相比，更依赖自有资金；对债权融资的依赖度较低（低于行业平均水平）；企业增长与债务增加无关；高度关注研发活动（高于行业平均水平）；专注于某一特定的商业领域

续表

佩特罗特、德鲁戈波尔斯特基（Petraite & Dlugoborskyte）（2017，法国）	具有重要知识产权或专业知识的知识密集型中小企业；80%的收入来自国际市场，全球市场排名前三或国内市场排名第一；收入规模保持在中小企业水平；并且公众知名度较低
韩国证券交易所	自2009年以来，韩国证券交易所就从科斯达克（KOSDAQ）上市的企业中评选"隐形冠军"企业。其标准为：拥有世界级技术和竞争力；在世界市场的市场份额排名前三
韩国中小企业管理局	中小型企业，收入不低于400亿美元，利润不低于50亿美元

（资料来源：《国外隐形冠军研究综述与展望》，李森等，《技术经济》2020年第1期，对原文略有改动）

📈 各国的"隐形冠军"培育

德国"隐形冠军"的培育成长，已形成一整套成熟经验，主要有五条：一是突出企业主业，制定长远战略，"咬定青山不放松"；二是通过"双元制模式"（学校＋工厂）输送有效的专业人才、领军人才；三是标准先行，追求品质，倡导极端制造、高强度研发；四是以工业园区为载体，集群式发展；五是重视技术组织。

以马普学会、弗劳恩霍夫协会、亥姆霍兹国家研究中心联合会和莱布尼茨科学联合会四大机构为代表，这类"四不像"机构负责打通中场技术和中间制造，是科研与市场的纽带，有力地加速了中小企业工艺和产品的成熟。

中小企业是美国高端制造和先进技术的主要载体。中小企业凭借较强的科技创新能力，为美国高端制造业注入了源头活水。美国近三分之一的中小企业集中在电子元件、通信设备、化工、塑料及树脂等新兴产业。美国近年来强调制造业回归，其中重要的部分是数字制造、智能制造。这些中小企业可以利用巨量激增的可用数据、触摸界面、机器学习和增强现实系统等人机交互新形式，达到批量化定制生产。

日本《2019年中小企业白皮书》显示，日本中小企业数量为357.8万家，占企业总数的99.7%，其就业人数约占企业就业总人数的70%。百年以上的专业化公司超过25000家，居世界第一。疫情期间，日本政府推出了一系列政策，支持中小企业完善产业链，避免供应链中断。

德国、美国、日本都有专门的国家级的中小企业促进机构。中国台湾地区的中小企业促进机构和各地中小企业技术中心，发挥了积极作用，已连续举办30多年的"台湾磐石奖"专门奖励有贡献、有特色的中小企业，效果很好。

📈 全球制造业"隐形冠军"

1.德国"隐形冠军"

按照"隐形冠军"概念提出者西蒙的标准，2020年，德国有"隐形冠军"1307家，美国有366家，日本有220家，中国有68家。西蒙在《隐形冠军：未来全球化的先锋》一书中，举例说明了德国"隐形冠军"中较具代表性的企业：

表10　德国"隐形冠军"中的代表性企业

名称	简介
福莱希（Flexi）	该公司占有伸缩狗链大约70%的世界市场份额，产品全部由德国的一家工厂制造，超过90%的产品出口到大约100个国家
务实科技（Utsch）	该公司主营汽车牌照业务，客户遍及120多个国家，500名员工创造了2.5亿欧元的营业额

续表

茵沃斯（Invers）	该公司是汽车共享系统的世界领先者，其汽车共享系统客户遍及欧洲、美国和亚洲
依贝莱比斯（IP Labs）	该公司是数码相册编制、订货和生产全球市场领导者，业务遍布40多个国家
德路（Delo）	Delo黏合剂主要应用在安全气囊传感器、银行借记卡或护照的芯片上，在以智能卡黏合剂为代表的新技术领域，该公司在全球市场处于领先地位，全球四分之三的芯片卡都使用Delo黏合剂
倍尔复（Belfor）	该公司是火灾、水灾和风灾救护市场的全球领导者。凭借其近10亿欧元的销售额和5000多名员工，倍尔复比最强大的竞争对手规模大了两倍以上，并且是唯一一家在全球范围内提供这项特殊服务的公司
卓达（Trodat）	这个"隐形冠军"的产品出现在160个国家的书桌上。从发明第一个彩色图章开始，自20世纪60年代以来，该公司都是图章制造领域的世界领导者。Trodat的产品出口率达98%
永本兹劳尔（Jungbun-zlauer）	该公司供应可口可乐中的柠檬酸，是该产品世界领先的制造者
特萌思（Temenos）	该公司成立于1993年，是当今世界领先的零售业、企业、记者、公用、个人、伊斯兰银行和小额信贷以及社区银行的软件开发商。它在全球的56个分支机构有3500名雇员，为世界上125个国家的1000多家金融机构提供服务
鲁多游戏（Ludo Fact）	这是一家桌游制造商，其产品通过出版商来进行销售。在此业务上，Ludo Fact公司是欧洲的冠军。公司雇员从1995年的34人增长到今天的600多人。每一天有5万件游戏产品离开生产车间，每年有1200万件产品进入市场
嘉特纳（Gartner）	该公司是摩天大楼的外墙领域无可争议的世界第一。嘉特纳公司用喷气发动机来测试外墙抗击风暴的强度。迪拜的世界最高建筑"迪拜塔"，以及此前的世界最高建筑纪录保持者——中国台湾的"台北101"大厦，都采用了嘉特纳公司的外墙
巴德尔（Baader）	该公司是鱼类加工厂的设备供应商，它遥遥领先于其他竞争对手，拥有80%的世界市场份额
海曼公司（Smiths Heimann）	该公司是全球领先的用于检查行李和货物的X光机制造商。超过150个国家使用海曼公司的设备检查毒品、武器或爆炸物，从而确保旅行更安全。该公司产品还包括为邮局提供的扫描检查卡车的巨型设备和海关专用的移动系统

续表

爱焙士（IREKS）	该公司成立于1856年，是烘焙原料的全球市场领导者，在90多个国家都有供货。爱焙士公司以不同寻常的客户关系和服务著称。来自30个国家的400多名公司销售代表都是面包或糕点师
易格斯（Igus）	该公司是塑料滑动轴承和拖链系统的双料市场领导者。公司从1985年的40名员工，发展到了现在遍布世界各地的1900名员工。公司极具创新精神，每年开发超过2000个新产品和变型产品
安内·博达（Aenne Burda）	该公司的时尚杂志和时装裁剪模板以17种语言出现在90多个国家，自1961年以来，它就是该领域全球市场的领导者
杰里茨（Gerriets）	该公司生产剧院窗帘和舞台道具。它是世界上生产大幅舞台幕布的唯一厂家，在这一领域的全球市场份额为100%。纽约大都会歌剧院、米兰的斯卡拉歌剧院和巴黎的巴士底歌剧院都使用了杰里茨生产的幕布
克莱斯（Klais）	该公司的管风琴世界闻名。这家位于波恩的公司生产的乐器在科隆的大教堂和各大爱乐乐团被演奏，它的产品也出现在北京国家大剧院，还有京都、加拉加斯、布宜诺斯艾利斯、伦敦、布里斯班、奥克兰、马尼拉和吉隆坡双子塔等地的音乐厅。这家全球性的公司仅有65名员工
莫迪维克（Multivac）	这是一家占有60%市场份额的世界领先的热成型包装机制造公司。莫迪维克拥有65家子公司、3400名员工，员工人数在过去10年里翻了三番。公司产品在140多个国家有售
司坦格尔（Stengel）	40多年来，该公司为迪士尼乐园、梦幻乐园、六旗等游乐公园承建了超过500辆过山车
海蓝德（Hillebrand）	这家全球领先的葡萄酒和酒精饮料运输公司拥有73处葡萄酒产区并在多个重要的消费市场里开展业务。在葡萄酒运输领域，海蓝德公司有超过50%的世界市场份额
旺众（Wanzl）	这个德国的全球市场领导者不仅制造机场行李推车，同时也制造购物手推车
博医来（Brainlab）	该公司为外科手术提供类似汽车导航系统的服务，即生产定位系统仪器。自1989年以来，博医来为确保进行更精确的手术操作，在全球安装了超过5000个系统。这家快速成长的公司占有全球市场60%的份额

2. 日本的"隐形冠军"

西蒙还曾在书中列举过一些日本"隐形冠军"的例子，日本产经省制造产业局专门对此进行过整理，这些公司及其简介如下：

表11 日本"隐形冠军"企业举例

名称	简介
欧光科技有限公司（OPTOELECTRONICS CO., LTD.）	日本唯一一家从二维成像仪、一维激光/CCD模块发动机到产品群的自动识别专业制造商，细分行业世界排名第二。员工200余人
天田股份有限公司（AMADA CO., LTD.）	该公司主要从事钣金加工机械业务，并提供门类丰富的相关产品，如激光机和冲床/激光组合机
JAMCO公司（JAMCO CORPORATION）	该公司有四大业务方向：飞机内饰、飞机座椅、飞机部件和飞机维护。公司的飞机卫生间内饰业务居全球第一
日本高纯度化学	该公司专门生产用于电子部件的接点和连接部位的贵金属电镀药。以面向电子部件、机器用的高端品为重点，在细分领域（将MPU接合到印刷电路板上时使用的镀金用药品）中占世界约50%的市场份额
尼得科株式会社（NIDEK）	该公司自成立以来，一直专注于眼睛护理，将光学和电子工程相结合。目前，其业务分为验光设备、镜片磨制、镜片镀膜三个主要领域
东邦钛株式会社（東邦チタニウム）	该公司通过利用钛金属和生产钛过程中获得的原材料，经营三项业务："钛业务"、"催化剂业务"和"化学品业务"。他们追求钛及相关技术的无限可能性，为可持续社会的发展做出贡献
细川密克朗粉体机械公司（Hosokawa Micron Corporation）	该公司总部位于日本大阪府枚方市，是世界上最大的粉体设备制造商。公司生产的机器在食品、化妆品、药品、油漆、肥料行业中广泛应用，可生产数百种产品，并拥有可用于生产电池和电子元件、先进新材料和纳米技术的尖端技术
日本写真印刷	该公司主要有工业材料、设备和医疗技术等3项业务。其中，公司的小型触摸屏产品市场份额世界第一

续表

爱发科真空技术有限公司（ULVAC, Inc.）	该公司的总部位于神奈川县茅崎市，它是一家主要面向产业、研究机构制造真空装置的企业。是东京证券交易所上市公司
浜松光子技术有限公司(浜松ホトニクス)	该公司是一家制造商，生产用于科学、技术和医疗用途的光学传感器、电光源和其他光学设备及其应用仪器
胜高半导体有限公司（SUMCO Corporation）	一家半导体公司，为全球半导体制造商制造硅片
艺卓星像技术公司（Eizo）	一家视觉技术公司，成立于1968年3月，为商业、医疗保健、图形、空中交通管制和海事等市场制造高端显示产品和其他解决方案。该公司总部位于石川县白山市
上村工业	该公司于1848年成立，是行业中为数不多的从事"电镀"所需的电镀药品、电镀设备、药液管理装置三种业务的企业，能够为客户提供与其所需电镀产品相关的整体解决方案

日本定期评选全球利基市场头部企业，这类企业是日本官方认证对标"隐形冠军"的企业。

日本对利基企业的支持政策始于20世纪90年代末至21世纪初，这一阶段的政策主要是强化企业认定，加强企业宣传。日本在2006—2009年间，实施了"朝气蓬勃的300家产品制造中小企业"评选项目，每年评选300家企业并予以表彰，给予免贷款担保、人才引入等优惠支持。

2013年10月，日本经济产业省评选出100家在全球利基市场占有率高的企业，并对这些企业的成功经验加以整理和总结，作为其他企业经营和发展的指南，又在2020年评选了第二批全球利基企业。

2020年日本的全球利基企业认定从收益性、战略性、竞争优势、国际化四个方向，定量、定型两个维度去做评判和认定。

在定量方面，包含15个具体的指标，主要分布在以下四个方面：

第一，收益性：主要指的是人均年销售额和营业利润率。

第二，战略性："隐形冠军"产品或服务的数量，国内外的客户数，新增的产品或服务占销售额的比重，员工增加人数，研发费用、研发员工的占比。关于研发的相关投入，与2013年全球利基市场头部企业评选相比，是新增的板块。

第三，竞争优势：包括市场规模、全球市场占比，海内外的竞争者数量以及全球市场占有率维持在10%以上的年数。

第四，国际化：包括海外销售额占比、销往国家数量、海外国家据点数量。

从日本"隐形冠军"企业的认定指标来看，新增"隐形冠军"企业的服务和占比、是否有新增"隐形冠军"板块业务、整个市场未来的规模发展、提高市场竞争力的举措等，都是我国工信部单项冠军以及其他相关评价指标中没有提及的。

在工信部单项冠军的认定评价指标里，除了国际化程度、经济效益、产品质量，更看重产品和技术，比如是否属于关键领域补短板、产品关键性能如何等。

二者最明显的区别在于，日本的评价体系更为关注企业未来的发展，其本质是对风险的关注。在定性方面，日本的评价体系更注重企业对收益性的认知，技术的独特性、唯一性或者拓展的可能性、提高竞争力的举措，以及海外市场的拓展策略等等。

3.美国的"隐形冠军"

西蒙在书中曾具体列示过美国"隐形冠军"的例子。美国未从官方层面强调过"隐形冠军"的概念，但美国以中小企业活力与创新推动力闻名。一些市场分析人士重视"隐形冠军"的概念，并将其作为优质投资标的的判断标准。在美国著名投资网站Seeking Alpha上，有投资人从"隐形冠军"角度挑选了一些代表性的美国上市公司。下面是西蒙和Seeking Alpha网站提到美国的"隐形冠军"企业。

表12 美国"隐形冠军"企业案例

名称	简介
赫格纳斯公司（Hoeganaes Corporation）	该公司是世界上铁粉生产的领导者，50多年来一直是全球粉末冶金行业增长的驱动力。该公司通过连续的技术进步推动了这一增长，也推动了金属粉末的广泛应用
麦基埃尼公司（McIlhenny Company）	世界知名的墨西哥风味辣酱生产公司，创立于1868年，如今产品遍布全球195个国家
捷迈邦美公司（Zimmer Biomet）	该公司成立于1927年，生产铝夹板。该公司总部位于印第安纳州华沙镇，是代替臀部、膝盖、其他关节等的整形外科用品的全球领导者
哥伦布麦金农公司（Columbus McKinnon）	该公司在材料处理产品方面占据着最大的国内市场份额（46%），占其2014财年美国销售额的74%。其最大的产品类别包括起重机、手推车和部件
游戏合伙国际公司（Gaming Partners International Corporation）	该公司是全球赌场货币市场的领导者。鉴于赌场运营商非常重视代币的质量，并需要将假冒游戏代币的威胁降至最低，质量好的产品溢价空间很大
PGT	该公司在佛罗里达州抗冲击门窗市场占有约70%的市场份额。PGT的"护城河"源于其WinGuard品牌产品的实力，这些产品现在是质量的同义词，建立在30年来零报告碰撞故障纪录的基础上。该公司的增长驱动来自其在佛罗里达州住房市场上的实力以及佛罗里达州抗冲击门窗市场渗透率的提高

↗ "专精特新"：中国版"隐形冠军"

1. 为什么是"专精特新"

中美经贸摩擦、新冠疫情及俄乌冲突，加速了全球产业链回缩式重构，安全性代替效率性，成为各国首要考虑的因素。新形势下，中国制造业要适应全球竞争格局变化，需要尽快构建内循环为主体、内外循环互促的新发展格局。

中共中央政治局原委员、时任国务院副总理刘鹤在长沙召开的全国"专精特新"中小企业高峰论坛致辞中说：中小企业好，则中国经济好。这句话可以进一步理解为：中小企业强，则中国经济强。由"专精特新"中小企业凝聚起的力量，将是未来地区竞争和国家竞争的秘密武器。"隐形冠军"梯队的打造适应了这种变化。具体而言就是三个方面的转变：

首先，制造业企业从大企业崇拜向专业化引领转变。从"大"到"专"成为新趋势。周小川等知名专家著文明确表示反对"无序扩张""赢者通吃"。只求短期的"全""大"，而不求长期的"精"和"强"，对产业长远发展无益。"隐形冠军"深耕细分行业，能够做到"小而美""小而精"，能够打造产业链上长期稳定的一环，有利于中国制造业的安全自主和全球竞争力提升。

其次，制造业从"集成制造"向"基础制造"转变。中国改革开放以来的很长一段时间，制造业的发展都是以装配、集成为主，产业规模大，大多数产品能够生产，但产品的核心零部件依赖进口，容易被"卡脖子"。虽然解决了有没有的问题，但产业基础不牢靠的问题没有解决。"隐形冠军"在细分行业，立足基础制造，能逐渐实现产业链核心零部件和关键技术的国产化、高端化，补短板、疏堵点，可以解决"卡脖子"之痛。

最后，制造业从"跟随战略"向"自主战略"转变。在先进制造和高端制造方面，美国欲对我国"精准脱钩""定点脱钩"。制造业一旦到了"无人区"，便无以模仿。以往的跟随模仿策略可以说已经走到尽头，中国制造业必须走自主创新之路。"隐形冠军"企业专注细分领域，依靠技术原创和极端制造，推动中国制造业从跟随模仿迈向创新驱动。

"专精特新"是中国制造业企业未来发展的战略选择。迈克尔·波特总结出了企业竞争的三大战略："低成本战略""专一化战略""差异化战略"。对中国企业而言，要素成本的比较优势正在递减，低成本已经接近极限，但专一化和差异化还大有潜力可挖。"专"和"精"意味着专一化，"特"和"新"意味着差异化，"专精特新"代表了中国版"隐形冠军"企业的基本标准，也是中国制造业企业在未来国际竞争中的胜出之道。

2. 中国版"隐形冠军"有哪些

第一，"专精特新"企业。

"专精特新"是2011年7月时任工信部总工程师朱宏任在《中国产业发展和产业政策报告(2011)》新闻发布会上首次作出的表述。他提出，"十二五"时期将大力推动中小企业向"专精特新"方向发展，即专业、精细管理、特色和创新。2012年4月26日国务院出台的《关于进一步支持小型微型企业健康发展的意见》提出，"专精特新"指具备"专业化、精细化、特色化、新颖化"特征的中小企业。"专精特新"企业的评选由各省、自治区、直辖市组织。地方政府已进行过多轮评选，确定了一大批"专精特新"培育企业名单和省级"专精特新"企业名单。截至2023年7月，全国的"专精特新"企业超9.8万家。入选"专精特新"是参评专精特新"小巨人"的前提，其中，"专"是基础，"新"是灵魂。

第二，专精特新"小巨人"企业。

工信部从2018年起开展专精特新"小巨人"企业培育工作。这类企业是"专精特新"中小企业中的佼佼者，专注于细分市场，是创新能力强、市场占有率高、掌握关键核心技术、质量效益优的排头兵企业。专精特新"小巨人"评选由工信部中小企业局主导，受选的都是国内广泛被认知的"隐形冠军"

企业。截至2023年7月，已评出的国家级专精特新"小巨人"企业有12900余家。

第三，"单项冠军"。

工信部《制造业单项冠军企业认定管理办法》明确了"单项冠军"标准：

（1）长期专注于瞄准一两个特定细分产品市场，特定细分产品销售收入占企业全部业务收入的比重在70%以上，从事相关业务领域的时间达到10年或以上（或从事新产品生产经营的时间达到3年或以上）。

（2）生产技术、工艺要国际领先，产品质量精良，拥有强大的市场地位和很高的市场份额，单项产品市场占有率位居全球前3位。

（3）企业经营业绩优秀，利润率超过同期、同行业企业的总体水平，一般要求年销售收入4亿元以上。

"单项冠军"的认定，分为"单项冠军示范企业"和"单项冠军示范产品"两类，截至2023年共有七批，合计1187家相关企业通过了认定。

单项冠军企业（产品）由省级层面组织申报推荐，由工信部组织评审认定。"单项冠军"的评选由产业政策法规司和中国工业经济联合会主导。从定义到经营特征，被选中的企业都可以被视为典型的"隐形冠军"。

第四，新兴产业领航企业。

早在2019年，工信部就发布过《培育制造业领航企业推动产业链协同发展工作方案》，领航企业的概念也随之出现在新闻报道中，指主业突出、综合实力强的大型优质企业。这一概念在之后的国家工信部等六部门印发的《关于加快培育发展制造业优质企业的指导意见》（以下简称《意见》）中被特别强调。

《意见》指出，在构建优质企业梯度格局的过程中，要引导大企业集团发展成为具有生态主导力、国际竞争力的领航企业。领航企业在制造业"强链补链"过程中功能重要，对"隐形冠军"的培育有明显的带动作用。

第五，独角兽企业、瞪羚企业。

独角兽企业与瞪羚企业，尤其是其中的高新技术类制造业企业，是地区版的高成长性"隐形冠军"。这类企业定义较为宽泛，大多数企业规模较小，评选一般由省市以及各地高新开发区组织，属于发展潜力大、拥有一定创新技术优势的企业，是"隐形冠军"培育最具活力的初级梯队。

独角兽概念最初由种子轮基金Cowboy Ventures创始人艾琳·李（Aileen Lee）于2013年提出，指具有发展速度快、相对稀少、是投资者追求的目标等属性的企业。各地政府近年来开展了一系列独角兽企业的评选，市场也自发形成了一些独角兽企业榜单。据长城战略咨询《中国独角兽企业研究报告2021》统计，2021年，中国独角兽企业已达251家。

瞪羚企业的概念由麻省理工学院教授戴维·伯奇首次提出，是指跨越创业死亡谷，进入高速成长期的创新型创业企业，也被称为"高成长企业"，其主要特征有成长速度快、创新能力强、专业领域新、发展潜力大四方面。部分省市、高新区目前已多次组织评选瞪羚企业，各地的入选条件有一定差异，主要的入选条件有成立时间相对晚，成长性指标领先，创新能力、生产技术优异，营业收入、利润达到一定指标等。

科技部火炬中心联合外部企业成立了"国家高新区瞪羚企业发展研究"课题组，每年对国家高新区企业统计数据库中的累积数据进行跟踪分析。据"瞪羚云"统计，截至2023年，中国瞪羚企业数量已有24089家。

近年来，国家陆续出台了一系列具体措施，加快培育单项冠军企业，大力培育"专精特新"企业，构建以领航企业为引领、以单项冠军企业为支撑、"专精特新"中小企业跟进跃升的高质量梯次发展格局和梯队。

3. "隐形冠军"梯度培育工程

国家和地方工信部门对"专精特新"的专业化、精细化、特色化、新颖化定义，都有一些共同性规定和内涵。如专业化主要是产品在细分市场有较高的占有率；精细化主要是拥有一定专利和知识产权收益，研发投入比重高；特色化是指独门绝技，以及商标知名度；新颖化是技术创新、管理创新或商业模式创新。

目前，国家对中小企业的支持政策已呈现连续性、梯度性。既有各地培育的一般专精特新中小企业，亦有各级政府认定的"专精特新"企业、"小巨人"企业、"隐形冠军"企业。在工信部体系内有三个序列：一是中小企业局主导的专精特新"小巨人"序列；二是产业政策法规司和中国工业经济联合会主导的"单项冠军"序列；三是科技司主导的新兴产业领航企业序列，这个块头稍大一些。各地评选培育的"独角兽""瞪羚"，类似于新兴产业领航企业，只是体量较小。

"专精特新"企业的分布领域主要有三个方面：一是与工业强基有关的；二是与《中国制造2025》中规划的十大重点领域相关的，所谓十大领域是指新一代信息技术产业、高档数控机床和机器人、航空航天装备、海洋工程装备及高技术船舶、先进轨道交通装备、节能与新能源汽车、电力装备、农机装备、新材料、生物医药及高性能医疗器械；三是与"卡脖子"技术和产品相关的。

"十四五"期间，工信部将形成"百十万千""专精特新"企业群体，通过"双创"带动百万家创新型中小企业、十万家省级的"专精特新"企业、一万多家专精特新"小巨人"企业，以及一千家"单项冠军"企业。同时在资金保障上，工信部联合财政部在"十四五"时期将通过中小企业发展专项资金累计安排约100亿元奖补资金，分三批重点支持1000余家国家级专精特新"小巨人"企业高质量发展。

在2022年发布的《优质中小企业梯度培育管理暂行办法》和2023年发布的《制造业单项冠军企业认定管理办法》中，工信部对中小企业的培育策略进行了四级递进结构的定义：创新型中小企业、专精特新中小企业、专精特新"小巨人"企业，最后推动"小巨人"企业成为制造业单项冠军企业，四者相互衔接、共同构成梯度培育体系。可以说，这些企业是我国中小微企业中最为活跃的一部分，它们位于产业的核心位置，是国家未来经济布局和产业转型的关键。

以往，东南沿海制造业的出口加工和组装集成业态，长期处在全球价值链底端，难以实现创新发展。未来，细分领域的"隐形冠军"企业多了，不仅可以大大优化内需产业链、供应链，而且可以提升中国制造业在全球价值链的位置。"专精特新"企业的成长、梯度培育，不仅可以强链、铸链，促进中国制造业走向全球价值链的中高端，而且对于逐步形成基于内需的国内价值链、对于国内产业链逐步融入全球创新链意义重大。

中国近年来十分重视中小企业的建设，是世界上较为推崇"隐形冠军"的国家。西蒙在 2022 年 1 月发表在《国际商业与经济研究》(*International Business & Economics Studies*) 中的一篇论文特别关注了中国的"隐形冠军"培育，并引述了中国未来将在全国范围内打造一千家全球性"隐形冠军"的政策走向。

中国正在打造梯度培育体系。2022 年 6 月 2 日，工信部印发《优质中小企业梯度培育管理暂行办法》(以下简称《办法》)，《办法》正文共五章，第一章总则，提出了制定依据、概念和定义、工作原则、职责分工、工作目标等内容。第二章评价和认定，明确了评价和认定工作的原则、标准以及相关工作要求。第三章动态管理，提出了管理原则和企业信息更新要求，以及有效期、违法违规和举报受理等管理要求。第四章培育扶持，提出了梯度培育的原则、内容和方式。第五章附则，明确了实施日期等。《办法》明确了创新型中小企业、"专精特新"中小企业、专精特新"小巨人"企业的评价或认定标准。

以北京为例，北京市目前已形成"独角兽""单项冠军""隐形冠军""专精特新"等各类企业培育体系，初步形成企业梯队培养格局。

北京市"隐形冠军"企业主要有以下自荐条件：

一是所属领域。企业的主导产品在细分市场属于制造业核心基础零部件、先进基础工艺和关键基础材料；或属于产业链、供应链关键环节及关键领域"补短板""锻长板""填空白"产品；或围绕重点产业链开展关键基础技术和产品的产业化攻关；或属于新一代信息技术与实体经济深度融合的创新产品；或属于制造强国战略十大重点产业领域；或属于北京市鼓励发展的高精尖产业领域，以及重点布局的国际引领支柱产业、特色优势的"北京智造"产业、创新连接的"北京服务"产业、未来前沿产业。

二是企业市场地位和财务质量。（1）主导产品市场占有率全国第一或全球前三，主要业务收入来自高度细分市场，公众知名度对企业经营无显著影响，产品和服务主要面对企业级客户。（2）近一年主营业务收入不低于20亿元；或近一年主营业务收入不低于10亿元，且近三年主营业务收入复合增长率不低于20%。（3）近三年毛利率平均20%以上。（4）近一年资产负债率不高于70%。

三是科技研发水平。（1）研发投入占营业收入比重高于5%或最近一年研发投入高于1亿元。（2）每千名雇员发明专利数不低于30个。（3）主持或参与一项及以上的行业标准制定工作。（4）研发人员占比不低于20%；或企业作为主要参与单位、企业的核心技术人员作为主要参与人员，获得国家科技进步奖、国家自然科学奖、国家技术发明奖，并将相关技术运用于公司主营业务或企业拥有的核心技术经国家主管部门认定具有全国领先、引领作用或者对于国家战略具有重大意义或企业独立或者牵头承担与主营业务和核心技术相关的国家重大科技专项项目。

北京市"隐形冠军"产生流程主要是：经过企业自荐后，北京市经信局对经评价符合条件的企业通过北京市经信局网站向社会进行公示，公示期为5个工作日。对公示无异议的企业，将被认定为"北京市隐形冠军企业"，并通过北京市经信局网站向社会公告。

此外，成为"北京市隐形冠军企业"后还有两项要求：一是"北京市隐形冠军企业"称号有效期为三年，每年复评。在有效期内发现有虚假申报或存在违法违规行为的，一经查实，撤销其"北京市隐形冠军企业"认定，且三年内不得再次申报。二是"北京市隐形冠军企业"应积极配合市经济和信息化局、市工商联及有关部门做好监督管理、信息报送等工作。

随着梯度培育政策的不断铺开与深入，浙江、江苏、山东、广东各地都在本省打造"隐形冠军"企业，优质中小企业梯度培育将不断提档加速。以浙江为例，2022年全省评出60家"浙江省隐形冠军企业"，另有200多家"隐形冠军培育企业"。评选条件主要包括：连续经营10年以上、年营业收入在5000万元至20亿元之间，净利润平均增长率在10%以上，从事细分行业达到10年以上，主导产品不超过3个且细分市场占有率位于全球前10位或全国前3位，研发投入占营业收入的比重每年均不低于4%，有自建或与高等院校、科研机构联合建立的研发机构，主导或参与制定相关业务领域国际标准、国家标准或行业标准至少1项以上，企业拥有自主品牌，取得国际相关管理、生产、产品等认证至少1项以上。

第九章

"隐形冠军"阵营初步成形

"隐形冠军"梯度培育工程效果开始显现：

政策日益成熟，阵营初步成形。由于其专业性、差异性和高成长性，业已成为资本市场的新宠儿。

培育中国版"隐形冠军"，秘诀在于"四个专"：

产品专用；市场专业；企业专注；企业家是专家。

习近平总书记高度重视中小企业发展，认为"我国中小企业有灵气、有活力，善于迎难而上、自强不息"。2022年6月，工信部、科技部、财政部等六部门联合印发《关于加快培育发展制造业优质企业的指导意见》，提出要健全梯度培育工作机制，引导"专精特新"中小企业成长为国内市场领先的"小巨人"企业，聚焦重点行业和领域引导"小巨人"等各类企业成长为国际市场领先的"单项冠军"企业，引导大企业集团发展成为具有生态主导力、国际竞争力的领航企业。

↗ "隐形冠军"培育的政策支持

1.国家层面的政策支持

近年来，国家陆续出台了一系列具体措施，意在促进"隐形冠军"的梯度建设。构建以"专精特新"企业、专精特新"小巨人"、"单项冠军"为标志的梯度发展格局，业已成为"十四五"期间"产业基础高级化、产业链现代化"的重大举措。

表 13　国家出台的相关政策

时间	机构	政策名称/会议	政策核心要点
2011-9-23	工信部	《"十二五"中小企业成长规划》	首次提出将"专精特新"发展方向作为中小企业转型升级、转变发展方式的重要途径，形成一批"小而优""小而强"的企业，推动中小企业和大企业协调发展
2012-4-26	国务院	《国务院关于进一步支持小型微型企业健康发展的意见》	首次提出"鼓励小型微型企业发展现代服务业、战略性新兴产业、现代农业和文化产业"，走"专精特新"和与大企业协作配套发展的道路，加快从要素驱动向创新驱动的转变
2013-7-16	工信部	《工业和信息化部关于促进中小企业"专精特新"发展的指导意见》	明确提出促进"专精特新"中小企业发展的总体思路、重点任务及推进措施
2016-3-16	工信部	《制造业单项冠军企业培育提升专项行动实施方案》	突破制造业关键重点领域，促进制造业迈向中高端，为实现制造强国战略目标提供有力支撑；目标到2025年，总计提升200家制造业单项冠军示范企业，发现和培育600家有潜力成长为单项冠军的企业

续表

2017-1-23	工信部	《工业和信息化部 中国工业经济联合会关于公布第一批制造业单项冠军示范（培育）企业名单的通告》	公布了54家制造业单项冠军示范企业以及50家制造业单项冠军培育企业
2017-12-18	工信部	《工业和信息化部 中国工业经济联合会关于公布第二批制造业单项冠军企业和单项冠军产品名单的通告》	公布了71家单项冠军示范企业以及36项单项冠军示范产品/企业
2018-11-9	工信部	《工业和信息化部 中国工业经济联合会关于第三批制造业单项冠军企业和单项冠军产品名单的通告》	公布了68家单项冠军示范企业、26家单项冠军培育企业以及66项单项冠军示范产品/企业
2018-11-26	工信部	《工业和信息化部办公厅关于开展专精特新"小巨人"企业培育工作的通知》	明确了"小巨人"企业的具体门槛，并培育一批专精特新"小巨人"企业，旨在发展其创新能力
2019-4-7	中共中央办公厅、国务院办公厅	《关于促进中小企业健康发展的指导意见》	明确以专精特新中小企业为基础，培育一批主营业务突出、竞争力强、成长性好的专精特新"小巨人"企业
2019-6-18	工信部	《工业和信息化部关于公布第一批专精特新"小巨人"企业名单的通告》	公布了第一批专精特新"小巨人"企业名单，共计248个

续表

2019-11-27	工信部	《工业和信息化部 中国工业经济联合会关于公布第四批制造业单项冠军企业（产品）及通过复核的第一批制造业单项冠军企业名单的通告》	公布了64家单项冠军示范企业，60项单项冠军示范产品/企业，同时53家第一批单项冠军示范企业通过复核，44家第一批单项冠军培育企业通过复核
2020-7-9	工信部	《工业和信息化部办公厅关于开展第二批专精特新"小巨人"企业培育工作的通知》	组织开展第二批专精特新"小巨人"企业培育工作，分层培育"专精特新"中小企业群体
2020-10-29	十九届五中全会	《中共中央关于制定国民经济和社会发展第十四个五年规划和二〇三五年远景目标的建议》	支持创新型中小微企业成长为创新重要发源地
2020-11-13	工信部	《关于第二批专精特新"小巨人"企业名单的公示》	公布了第二批专精特新"小巨人"企业名单，共计1744家
2020-12-21	工信部	《工业和信息化部 中国工业经济联合会关于印发第五批制造业单项冠军及通过复核的第二批制造业单项冠军企业（产品）名单的通知》	公布了90家单项冠军示范企业、95项单项冠军示范产品/企业，同时65家第二批单项冠军示范企业通过复核，35家第二批单项冠军示范产品/企业通过复核

续表

2021-1-23	财政部、工信部	《关于支持"专精特新"中小企业高质量发展的通知》	中央财政累计安排100亿元以上奖补资金,重点支持1000余家国家级专精特新"小巨人"企业高质量发展,带动1万家中小企业成长为国家级专精特新"小巨人"
2021-4-9	银保监会	《中国银保监会办公厅关于2021年进一步推动小微企业金融服务高质量发展的通知》	对专精特新企业保持稳定高效的增量金融供给
2021-4-19	工信部	《工业和信息化部办公厅关于开展第三批专精特新"小巨人"企业培育工作的通知》	分层培育"专精特新"中小企业群体,分类促进企业做精、做强、做大,加快完善优质企业梯度培育体系
2021-4-25	财政部、工信部	《关于继续实施小微企业融资担保业务降费奖补政策的通知》	中央财政继续通过中小企业发展专项资金,采用奖补结合的方式,对扩大小微企业融资担保业务规模、降低小微企业融资担保费率等政策性引导较强的省份进行奖补
2021-6-1	工信部、科技部、财政部、商务部、国务院国资委、证监会	《关于加快培育发展制造业优质企业的指导意见》	引导"小巨人"等各类企业成长为国际市场领先的单项冠军企业。力争到2025年,梯度培育格局基本成形,发展形成万家"小巨人"企业、千家单项冠军企业和一大批领航企业

续表

2021-7-19	工信部	《关于第三批专精特新"小巨人"企业名单的公示》	公布了第三批专精特新"小巨人"企业名单，共2930家企业上榜
2021-7-30	中共中央政治局	中共中央政治局会议	将"专精特新"战略提升至国家层面，强化科技创新和产业链供应链韧性，加强基础研究，推动应用研究，开展补链强链专项行动，加快解决"卡脖子"难题，发展专精特新中小企业
2021-11-6	国务院促进中小企业发展工作领导小组办公室	《为"专精特新"中小企业办实事清单》	从10个方面提出31项具体举措，进一步支持"专精特新"中小企业高质量发展，带动更多中小企业走"专精特新"发展之路
2021-11-8	工信部	《工业和信息化部办公厅中国工业经济联合会关于组织推荐第六批制造业单项冠军和复核第三批制造业单项冠军的通知》	公布了拟认定的118家单项冠军示范企业，141项单项冠军示范产品/企业，同时公布了拟通过复核的65家第三批单项冠军示范企业以及62项单项冠军示范产品/企业

续表

2021-12-17	工信部、国家发展改革委、科技部等十九部门	《"十四五"促进中小企业发展规划》	到2025年，中小企业实现整体发展质量稳步提高，创新能力和专业化水平显著提升，经营管理水平明显提高，服务供给能力全面提升，发展环境进一步优化
2022-4-28	中国人民银行、科技部、工信部	《关于设立科技创新再贷款的通知》	科技创新再贷款额度为2000亿元，利率1.75%，期限1年，可展期两次，按照金融机构发放符合要求的科技企业贷款本金60%提供资金支持
2022-5-12	工信部、国家发展改革委、科技部、财政部、国家人社部、中国人民银行、国资委、市场监管总局、银保监会、知识产权局、全国工商联	《关于开展"携手行动"促进大中小企业融通创新（2022—2025年）的通知》	明确将通过部门联动、上下推动、市场带动，促进大中小企业创新链、产业链、供应链、数据链、资金链、服务链、人才链全面融通，着力构建大中小企业相互依存、相互促进的企业发展生态

续表

2022-6-1	工信部	《优质中小企业梯度培育管理暂行办法》	明确了创新型中小企业、专精特新中小企业、专精特新"小巨人"企业的评价或认定标准
2023-7-22	工信部、中国人民银行、金融监管总局、证监会、财政部	《关于开展"一链一策一批"中小微企业融资促进行动的通知》	围绕制造业重点产业链，建立"政府-企业-金融机构"对接协作机制，鼓励金融机构结合产业链特点，立足业务特长，"一链一策"提供有针对性的多元化金融支持举措

2.各地政府对"隐形冠军"的相关支持政策

各地方的"隐形冠军"相关政策，一般会对一段时间内计划培养的"隐形冠军"、"单项冠军"、专精特新"小巨人"企业数量提出要求。

这些政策一般在选拔过程中要求企业处于重点支持行业，拥有发展潜力。入选的企业能够享受政策上的大力扶持与融资上的一系列配套支持，各地方政府也会对入选企业进行直接的现金奖励。政策的主要支持方式有机制上各部门联动协作，支持效率提升；成本上注重减税降费，降低企业税费负担；融资上讲究精准滴灌，并鼓励企业登陆资本市场。

制造产业、研发基础较好的发达地区，还出台了高端装备制造的产业政策。这些政策支持智能制造、互联网数字提升，鼓励技术攻关与研发成果快速转化应用。创新、品牌、国际化是这些政策共通的远期目标。

表14　各省、市、自治区的相关政策文件

省份	政策时间	政策关键词	政策名称
广东	2020-5-20	着力提升企业竞争力。深入实施大型骨干企业培育计划、高新技术企业树标提质计划、"专精特新"中小企业专项培育工程、农业龙头企业培育工程,打造一批集群领军企业、创新型企业、"隐形冠军"企业	《广东省人民政府关于培育发展战略性支柱产业集群和战略性新兴产业集群的意见》
广东	2019-9-29	省工业和信息化厅在融资服务、技术服务、创新驱动、转型升级、专题培训等方面对"专精特新"企业进行重点扶持,帮助企业做大做强。各地建立"专精特新"企业培育库,主动服务"专精特新"企业,对企业发展中遇到的困难,要"一企一策"给予帮助	《广东省工业和信息化厅专精特新中小企业遴选办法》
江苏	2017-3-20	主要聚焦支持企业做强做优、支持产业投资项目、支持制造模式创新、支持创新能力提升、支持质量品牌建设、支持绿色循环发展、提高支撑保障能力等七个方面,出台了22条增强"发展新动能"的具体政策	《省政府关于加快发展先进制造业振兴实体经济若干政策措施的意见》
江苏	2017-3-17	通过发放信息化券、创新券等普惠扶持方式,支持小微企业专精特新发展。实施"互联网+小微企业"行动计划,力争到2020年,全省专精特新"小巨人"培育企业装备数控化率达50%以上	《江苏省专精特新产品和科技小巨人企业培育实施意见(2017—2020年)》

续表

江苏	2019-8-26	提高中小企业专业化水平，激发产业创新活力，加快新旧动能转换，推动江苏制造向全球价值链中高端迈进，实现经济高质量发展	《江苏省促进大中小企业融通发展三年行动实施方案》
山东	2017-5-11	企业年营业收入应在1000万元以上，近三年年均销售收入增长率高于10%；主导产品在细分产品市场占有率位居全国前10位，且全省前3位；采用独特的工艺、技术、配方或特殊原料进行生产，企业细分产品拥有自主知识产权；产品关键性能指标处于国内同类产品的领先水平	《关于做好全省中小企业"隐形冠军"推荐工作的通知》
山东	2017-4-14	坚持企业主导与政府引导相结合；坚持培育与提升相结合；坚持示范引领与总结推广相结合	《山东省制造业单项冠军企业培育提升专项行动实施方案》
山东	2022-1-12	到2025年，入库培育创新型中小企业2万家以上；新培育认定省级"专精特新"中小企业4000家，累计达到10000家左右；争创国家级专精特新"小巨人"企业400家，累计达到750家左右，确保走在全国前列，力争成为排头兵	《山东省"专精特新"中小企业培育方案》
浙江	2019-4-28	实施创新型创业、数字化改造提升、质量标准提升、专业化发展、创新能力提升、市场拓展、融资服务提升、大中小企业融通发展、产业集聚发展和公共服务供给十大工程	《浙江省人民政府办公厅关于开展"雏鹰行动"培育隐形冠军企业的实施意见》

续表

浙江	2016-8-1	"十三五"期间，总结推广一批中小企业"专精特新"发展模式，在全省范围筛选1000家左右走"专精特新"发展道路的中小企业建立"隐形冠军"培育库，确认100家左右"隐形冠军"企业，示范带动更多的中小企业走"专精特新"发展道路	《浙江省经济和信息化委员会关于培育隐形冠军，促进中小企业"专精特新"发展的通知》
福建	2021-8-16	重点支持新一代信息技术、高端装备、新材料、新能源、新能源汽车、生物技术、绿色环保等战略性新兴产业，以及人工智能、先进通信网络、氢能装备制造等未来产业中的先进制造业企业（产品）	《福建省制造业单项冠军企业（产品）管理实施细则》
福建	2019-12-2	重点从协调推进、创新主体、做强做大、项目引进、质量品牌、要素保障、金融扶持、人才队伍、营商环境等九个方面提出保障措施	《福建省加快推动制造业优势龙头企业和小巨人企业高质量发展的行动计划（2020—2022年）》
河南	2021-4-26	力争新增千亿级企业2~3家、百亿级企业20家左右、10亿级新兴企业100家以上，带动5000家以上"专精特新"中小企业融通发展，形成一批万千亿级产业集群、现代化产业链，群链主导力显著提升	《河南省制造业头雁企业培育行动方案（2021—2025年）》
湖北	2017-8-15	力争通过三年培育，到2020年在我省支柱产业细分领域中培育形成1000家"隐形冠军"企业。其中，国家级示范培育企业50家，省级示范企业100家，科技"小巨人"企业（产品）200家	《湖北省支柱产业细分领域隐形冠军企业培育工程实施方案》

续表

四川	2017-7-24	通过对小微企业创业兴业，高成长型中小企业提质升级，行业"小巨人"强筋健体，实现扶植新增一批、培育壮大一批，解决我省中小企业素质不高、发展不平衡的问题	《四川省经济和信息化委员会　四川省中小企业局关于开展中小企业梯度培育工作的通知》
安徽	2020-3-14	到2022年，培育省专精特新企业3000户、专精特新冠军企业400户，争创国家专精特新"小巨人"企业50户、国家制造业单项冠军企业20户，壮大具有持续创新力和竞争力的中小企业示范群体，成为引领安徽省中小企业高质量发展的"排头兵"	《安徽省人民政府办公厅关于进一步发挥专精特新排头兵作用促进中小企业高质量发展的实施意见》
上海	2021-2-26	（一）支持重点"小巨人"企业推进：一加大创新投入，加快技术成果产业化应用；与行业龙头企业协同创新、产业链上下游协作配套，支撑产业链补链延链固链、提升产业链供应链稳定性和竞争力；促进数字化网络化智能化改造，业务系统向云端迁移，并通过工业设计促进提品质和创品牌。（二）支持公共服务示范平台为国家级专精特新"小巨人"企业提供技术创新、上市辅导、创新成果转化与应用、数字化智能化改造、知识产权应用、上云用云及工业设计等服务	《上海市经济信息化委市财政局关于做好支持"专精特新"中小企业高质量发展工作的通知》
河北	2019-6-12	力争通过三年培育，到2022年培育提升100家省级制造业单项冠军企业，10项国家级示范（培育）企业及单项冠军产品	《河北省制造业单项冠军企业培育提升专项行动实施方案》

续表

河北	2021-12-15	一、强化财税政策扶持；二、加强融资支持；三、加强创新创业支持；四、提升数字化发展水平；五、提升工业设计附加值；六、提升知识产权创造、运用、保护和管理能力；七、助力开拓国内外市场；八、提升绿色发展能力；九、提升质量和管理水平；十、提升人才队伍素质；十一、加强服务体系建设	《河北省促进中小企业"专精特新"发展若干措施》
湖南	2018-12-13	一、降低税费负担；二、缓解民营企业融资难融资贵问题；三、营造公平竞争环境；四、增强民营经济核心竞争力；五、构建"亲""清"新型政商关系	《中共湖南省委 湖南省人民政府关于促进民营经济高质量发展的意见》
湖南	2021-2-18	"十四五"期间全省每年重点培育300家左右省级专精特新"小巨人"企业，梯度培育一批省级专精特新"小巨人"企业成长为国家专精特新"小巨人"企业、单项冠军企业，支持一批专精特新"小巨人"企业成长为上市企业，引领带动全省中小企业高质量发展	《关于印发〈湖南省专精特新"小巨人"企业培育计划（2021—2025）〉的通知》
江西	2019-8-2	经认定的江西省"专精特新"中小企业，省工业和信息化厅从企业梯次培育、融合发展、研发创新、技术改造和成果产业化等方面予以重点支持	《江西省"专精特新"中小企业认定管理办法》
辽宁	2022-1-18	实施"专精特新产品—专精特新中小企业—专精特新'小巨人'企业"梯度培育，建立企业培育库，引导中小企业逐步成长为制造业单项冠军，提高中小企业的整体实力。今年计划认定省级"专精特新"产品不低于400项；"专精特新"中小企业不低于200户；专精特新"小巨人"企业不低于100户	《辽宁省工业和信息化厅关于开展2022年度"专精特新"企业梯度培育工作的通知》

续表

陕西	2021-5-13	通过支持创新能力提升项目，引导企业持续加大创新投入，不断完善创新体系，加大新产品、新技术开发力度，提升质量工艺水平，提高市场核心竞争力，培育提升更多"隐形冠军"企业，增强产业链供应链自主可控能力，加快推动制造业迈向价值链中高端	《关于组织申报2021年陕西省隐形冠军企业创新能力提升项目的通知》
北京	2020-12-7	强化企业创新主体地位，促进各类创新要素向企业集聚。发挥大企业引领支撑作用，支持创新型中小微企业成长为创新重要发源地。积极培育硬科技独角兽企业、"隐形冠军"企业	《中共北京市委关于制定北京市国民经济和社会发展第十四个五年规划和二〇三五年远景目标的建议》
重庆	2018-2-22	每年培育200家以上"专精特新"企业，对达到市级"专精特新"标准的，给予每户最高不超过30万元的一次性奖励；每年推动20家以上"专精特新"企业成长为创新能力强、具有核心竞争力的"小巨人"企业，对达到"小巨人"标准的企业，给予每户最高不超过60万元的一次性奖励；每年支持2家以上"小巨人"企业成为国内细分行业领域的"隐形冠军"企业，对达到"隐形冠军"标准的企业，给予每户最高不超过200万元的一次性奖励	《关于进一步支持中小微企业发展政策措施》
山西	2021-3-8	在全省"专精特新"中小企业中，认定一批创新能力强、专业化发展明显、管理水平先进、转型升级突出、市场占有率高、质量效益较好的专精特新"小巨人"企业	《关于评选专精特新"小巨人"企业的通知》

续表

广西	2021-4-21	到2023年，广西制造业单项冠军示范企业达到100家（2021年40家，2022年和2023年各30家左右），企业区内外市场地位进一步巩固和提升，技术水平进一步跃升，经营业绩持续提升；发现和培育有潜力成长为单项冠军的企业进入广西制造业单项冠军培育库，动态保持每年在库企业200家左右，支持企业培育成长为单项冠军企业；总结推广一批企业创新发展的成功经验和发展模式，引领和带动更多的企业走"专特优精"的单项冠军发展道路	《广西百家制造业单项冠军企业培育工程实施方案》
天津	2021-4-6	（一）加大制造业单项冠军培育力度；（二）培育发展科技型企业	《对市政协十四届四次会议第0375号提案的答复》
内蒙古	2019-11-29	优先推荐"专精特新"企业申报国家、自治区相关专项资金扶持项目，优先推荐享受促进中小企业发展的相关优惠政策	《内蒙古自治区"专精特新"企业认定管理办法（试行）》
吉林	2022-1-6	打造"十百千万"优质企业群体。到2025年底，全省争创国家制造业"单项冠军"企业10户，争创国家级"专精特新""小巨人"企业100户，培育省级"专精特新"中小企业1500户、市（州）级"专精特新"中小企业3000户，培育优质"种子企业"10000户	《吉林省人民政府关于实施"专精特新"中小企业高质量发展梯度培育工程的意见》
云南	2021-9-1	力争在"十四五"期间，培优培精100户左右国家级专精特新"小巨人"企业、300户以上省级专精特新"小巨人"企业（2021年度起将"云南省民营小巨人企业"更名为"云南省专精特新小巨人企业"）、2000户左右省级专精特新"成长"企业（2021年度起将"云南省成长型中小企业"更名为"云南省专精特新成长企业"）	《云南省工业和信息化厅关于开展2021年度省级专精特新"成长"企业培育工作的通知》

续表

新疆	2016-11-30	经确定的自治区"专精特新"中小企业，自治区经信委整合相关公共服务资源，优先给予重点培育扶持	《新疆维吾尔自治区"专精特新"中小企业认定管理办法》
贵州	2021-5-6	着力打造一批细分行业和市场领军企业、单项冠军，催生一批"独角兽"企业、行业"小巨人"。推进中小企业与大型企业协作配套，提升供应链、产业链水平。"十四五"期间，年均培育认定"专精特新"中小企业100户以上，择优培育一批省级"专精特新"小巨人企业	《贵州省中小企业"专精特新"培育实施方案》
黑龙江	2019-11-28	新兴产业和传统优势产业领域开展制造业"隐形冠军"企业培育工作。企业为主，政府引导；统筹协调，多极发展；示范带动，滚动发展	《黑龙江省"隐形冠军"企业培育实施方案》
甘肃	2019-7-9	对认定的甘肃省"专精特新"中小企业给予一次性奖励，对甘肃省"专精特新"中小企业优先推荐申报工业和信息化专项资金、甘肃省中小企业发展基金支持，优先推荐有融资需求的甘肃省"专精特新"中小企业争取金融机构、基金投资等支持，择优评选推荐国家专精特新"小巨人"企业	《甘肃省"专精特新"中小企业认定综合管理办法》
宁夏	2021-9-30	每年挖掘和培育发展100家左右市场前景好、创新能力强、发展潜力大、综合效益高、核心竞争力强的"专精特新"中小企业，分批次推荐纳入自治区"专精特新"中小企业培育库进行精准培育，引导、支持在库培育企业成长为自治区"专精特新"中小企业、示范企业、"小巨人"企业、制造业行业领先示范企业（产品），国家级专精特新"小巨人"企业、制造业单项冠军企业、领航企业	《自治区工业和信息化厅关于建立"专精特新"后备企业培育库的通知》

国内"隐形冠军"企业分布

1.单项冠军的分布情况

单项冠军从2016年开始评选，截至2022年11月工信部已公布了7批次单项冠军评选结果，共评出593家单项冠军企业，590个单项冠军产品，分省获奖情况如下：

表15 各省制造业单项冠军数量统计

序号	省、市、自治区	单项冠军示范企业	单项冠军产品	合计
1	浙江	111	78	189
2	山东	135	51	186
3	江苏	76	94	170
4	广东	53	79	132
5	北京	23	33	56
6	湖南	6	41	47
7	福建	19	25	44
8	河南	23	16	39
9	上海	14	24	38
10	湖北	13	24	37
11	安徽	21	11	32
12	辽宁	14	16	30
13	天津	15	13	28
14	陕西	8	16	24
15	四川	9	13	22

续表

16	山西	6	11	17
17	河北	6	10	16
18	江西	12	3	15
19	重庆	2	11	13
20	新疆	5	4	9
21	黑龙江	4	4	8
22	宁夏	1	6	7
23	云南	6	0	6
24	广西	2	3	5
25	贵州	3	2	5
26	吉林	3	0	3
27	甘肃	1	2	3
28	内蒙古	1	0	1
29	海南	1	0	1
30	青海	0	0	0
31	西藏	0	0	0
合计		593	590	1183

备注：
1. 数据截至2022年11月7日。
2. 数据来源：各地工信部门官网。

其中，东部地区占比超过70%。浙江、山东、江苏的单项冠军总数最多，浙江拥有单项冠军189项，山东拥有186项，江苏拥有170项，大幅领先其他省份。

单项冠军企业（产品）全部属于制造业，主要分布在23个制造业大类。其中，机械、电子信息和石化行业的单项冠军企业较多，在精密光学、精密轴承等先进制造和新兴领域的单项冠军也在不断涌现。

2.专精特新"小巨人"企业的分布情况

自2019年始,工信部共认定了五批专精特新"小巨人"企业,分别在2019年6月、2020年11月、2021年7月、2022年8月和2023年7月进行了名单公示,共计12950家。

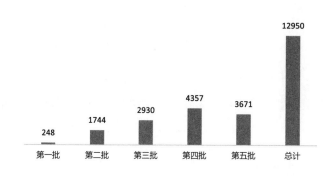

图3 专精特新"小巨人"企业总数

这五批企业在各省、市、自治区的分布情况如下:

江苏以1474家企业领跑,紧随其后的是广东(包括深圳)的1466家和浙江的1435家。上述三省的"小巨人"企业总和占据全国的33.78%。

排在前列的10位依次为江苏、广东、浙江、山东、北京、上海、湖北、安徽、湖南和四川,绝大多数都在东南沿海区域,它们的企业总量达到了全国的70.2%。而东北和西部省份被评为"专精特新"的企业总数则较少。这种"分布不均"的特点与我国区域经济建设不平衡的特点是一致的。

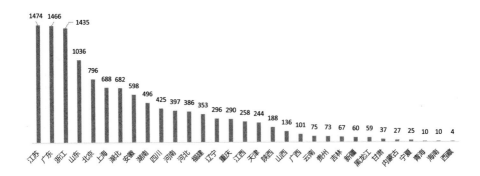

图4　专精特新"小巨人"企业分布

专精特新"小巨人"企业绝大多数属于国家和省份重点鼓励发展的支柱和优势产业，其工业产品主要分布在《中国制造2025》路线图十大重点领域：新一代信息技术产业、高档数控机床和机器人、航空航天装备、海洋工程装备及高技术船舶、先进轨道交通装备、节能与新能源汽车、电力装备、农机装备、新材料、生物医药及高性能医疗器械。

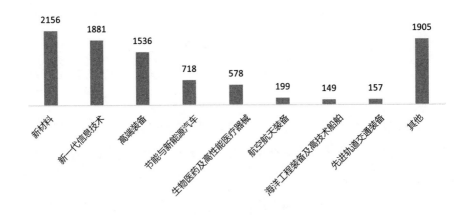

图5　专精特新"小巨人"企业的产品分布领域

⤴ "隐形冠军"的成长密码

1. 中国版"隐形冠军"的特质

中国版"隐形冠军"企业都具有自己的专属特质，一般可用专用、专业、专注、专家四个"专"来简单概括。

专用

"专用"是指企业所生产的产品为知名品牌，首位度或市场占有率具有绝对优势；企业具有相对完整的产品研发、生产与服务能力，供应链对外依赖度低；在产品质量方面要求严格，品牌强度较高；产品在研发、制造或服务环节上有特殊的造诣和深度，很难被替代或完全具有不可替代性。要有拳头产品，凭产品说话，将产品的使用价值最大化。不但能在品质上做到合格优质、令人放心满意，还能为客户带来"消费者剩余"，使其获得"超级满意"和喜出望外之感。

专业

"专业"是指企业的技术具有原创性，在所处行业中具有领导地位；企业参与了该行业相关国际标准、国家标准或行业标准的制定，在技术范式或技术路线上具有较大的话语权；企业往往着眼于细分市场或利基市场的发展，投入大量资源使得这类市场成为"超级利基市场"。

同时，重视研发使"隐形冠军"成为国家创新体系的重要组成部分。它们立足产业细分领域、直接面向市场需求，进行前沿技术突破，实现商业化应用的功能，并与行业龙头企业（负责重大技术突破与集成）、公共科研机构（负责基础研究、共性技术研究等）形成分工、互补的关系。这有助于将技术要素配置到产业发展的各个"毛细血管"中，保障创新体系的整体运行效率。"开口一寸，深达千尺。"这些"隐形冠军"在细分市场上掌握了标准制定权、最高话语权，占据举旗、领航地位，能够定义一个行业、主导行业发展方向，从而影响产品市场定价和利润基准。

专注

"专注"是指企业对该行业市场发育贡献度大、参与了市场由小变大的几乎全过程；聚焦主营业务，定位并专注于特定客户与相对狭窄的产业领域；致力于培育专业化、精细化的核心专长与技能，成为小市场的主宰者；企业的持久性强，传承性好，对多元化发展战略持谨慎态度。一个品牌往往需要十几年时间的"专一""专精"才能得到市场认可，建立起畅通有效的营销渠道和有影响力的品牌效应。美国中小企业的平均寿命为8年，日本是12年，而中国每年在市场监管部门注册的企业达上千万个，中小企业平均生命周期只有3年，其中很大一部分都在5年内倒闭或者转行了。我们拭目以待。开发新产品要有敢于坐冷板凳的勇气，才能建立一个新市场、开拓一片蓝海。中国企业能不能像德国、日本的专业制造商一样，专注某样产品几十年甚至几百年？我们拭目以待。

专家

"专家"是指该企业的主要负责人具有工匠精神、科学精神和企业家精神；善于发现商业机遇；敢于承担风险和失败的后果；有做世界级行业领袖的雄心与清晰的行业战略思维，奉行长期价值主义；尊重科学，有足够的战略定力与意志力。

我们通过对这些特质的凝练和概括，建立科学的评价体系，既可以从多个维度挖掘"隐形冠军"企业的内在特质和生存密码，总结提炼值得其他企业复制和借鉴的经验，为更多企业树立标杆；也可为政府制定相关的支持政策提供可依据的标准，最终对我国企业的技术创新、质量改善、竞争力提高乃至产业升级起到促进作用。

在行业细分领域钻研产品，能持之以恒地追求发展目标是"隐形冠军"企业不断赢得市场、取得成功的重要特质。

哪类企业最有可能成为"隐形冠军"企业？首先是民营企业。为什么呢？

民营企业与国有企业的考核机制不一样，国有企业主要考核保值增值，往往以规模论升迁，但民营企业没有这样的压力，而且民营企业家没有任期，有可能专注从事细分行业十几年甚至几十年，可以进行超强度研发。这从国家级专精特新"小巨人"企业的国企、民企占比就能看出。第四批公示的4300多家企业中，民营企业占比84%，国有企业占比9%，合资和外资企业7%。其次是中等企业。西蒙团队的研究反复证明了德国保持强劲出口实力的根源就是中小企业。中小企业在这方面具有优势，因为它们比大企业在必要的调整适应方面更具灵活性。中等企业能在未来企业需要找到标准化和差异化之间的平衡。再次是产业集群中的企业。哈佛商学院教授迈克尔·波特在其研究中曾指出激烈的内部竞争和可持续的国际竞争力之间的密切关系，很大一部分"隐形冠军"和它们的主要竞争者都在国内集群内，甚至常常就在家门口附近。林雪萍将这种集群内的竞争现象概括为"灰度创新"。最后是进口替代的企业。先仿造，以低价格并保证基本性能的优势替代国外高价进口零部件，从而占领国内市场，然后利用成本优势滚雪球，再创新、提高品质，改善性能，进军国外市场甚至原产地。

2. "隐形冠军"企业评价的指标体系

通过对"隐形冠军"企业进行客观的评价，确定合理的指标评价体系，包括定性指标和定量指标。

"隐形冠军"企业评价指标体系分为一级指标和二级指标，一级指标包括产品或服务的专用特色、市场的专业化水平、企业的专注度、创新精神、总体特性五项。

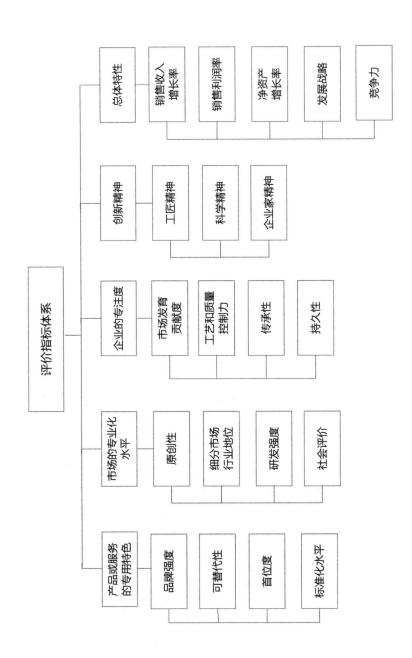

图6 "隐形冠军"企业评价指标体系

表16 "隐形冠军"企业评价指标分级

一级指标	二级指标	备注
产品或服务的专用特色	品牌强度	
	可替代性	
	首位度	
	标准化水平	
市场的专业化水平	原创性	
	细分市场行业地位	
	研发强度	企业研发投入占年销售额的比例
	社会评价	
企业的专注度	市场发育贡献度	
	制造工艺和质量控制力	
	传承性	
	持久性	
创新精神	工匠精神	
	科学精神	
	企业家精神	
总体特性	销售收入增长率	
	销售利润率	
	净资产增长率	
	发展战略	
	竞争力	

📈 资本市场的新宠儿

"专精特新"概念在资本市场早已成为热门议题。

在行业分类上，"专精特新"上市公司覆盖18个一级行业，且主要分布在电子、工业机械、化工、医疗保健行业。与前几批企业相比，电子产业的上市公司数量占比在继续扩大，医药和基础化工行业的上市公司数量占比有所下降。同时，专精特新"小巨人"企业体现出较强的"硬科技"特征，十大重点产业领域的企业占"小巨人"中的85%以上，相对A股，其他非"小巨人"企业更符合《中国制造2025》的指引方向。从这个角度看，专精特新"小巨人"企业未来上市前景将被持续看好。

按照注册地划分，"专精特新"上市公司覆盖全国27个省市自治区。其中创新资源集聚、经济发达的省份"专精特新"上市公司数量明显领先，浙江、广东、山东、江苏、北京、上海位居前6名。从城市层面，北京、深圳、上海、苏州、宁波的"专精特新"上市公司数量居于前列。

A股上市公司中的专精特新"小巨人"企业市值主要分布于50亿元～150亿元的中小市值区间；普遍来看，此类"小巨人"、隐形冠军、细分行业小龙头公司具有几个共同的特征：

（1）目标市场规模不大，往往处于某些利基市场上。

（2）核心业务相对单一，产品多样性有限。

（3）为企业提供服务（To B）端收入占比高，处于价值链后端。

虽然"小巨人"们的目标市场规模不大，但往往是"卡脖子"的重灾区。"小巨人"企业的产品或服务的市场规模不大但对于供应链却十分重要，它们往往处于某些利基市场上，具有较高的技术壁垒和进入成本。大型企业受限于成本和管理效率而不愿进入，相关产业相对缺乏支持。而正是由于上述特征，此类领域往往也是我国"卡脖子"问题的重灾区。

工信部专精特新"小巨人"评选要求企业主导产品应符合：①《工业"四基"发展目录》所列重点领域（核心基础元器件、关键基础材料、先进基础工艺和产业技术基础）；②符合制造强国战略明确的十大重点产业领域及国家重点鼓励发展的支柱和优势产业；③关键领域"补短板""锻长板""填空白"产品。

由此可见，诸多制造业细分行业国产化、高端化程度亟待提高，目标市场全球规模不大不代表国内"小巨人"企业成长空间有限，国产化率从 10% 提升至 50% 仍有高达4倍的市场空间，远未到担心成长空间的地步。

"小巨人"企业凭借技术或效率等优势在各自细分行业或领域中占据领导地位，在细分领域拥有高市场占有率。工信部专精特新"小巨人"评选要求企业在细分市场占有率在全国名列前茅或进入全省前 3 位（第一、二批专精特新"小巨人"评选还要求企业主持或者参与制定相关业务领域国际/国家/行业标准）。

"小巨人"企业往往 to B 端的收入占比高，主要面向大型企业或科研院所而较少触及终端市场，因此在短时间内难以被终端消费者察觉以及被行业外的投资者所挖掘。从这些"小巨人"企业在资本市场的表现上看，部分中小盘个股一旦出现基本面和成长性的改善甚至反转，将迅速形成市场共识并引发股价持续快速上涨。长期以来，资本市场对中小盘特别是中小成长股的价值挖掘并不充分，这意味着"小巨人"企业有望出现价值重估，并与自身业绩增长形成戴维斯双击。

2022年年报数据显示，在 Wind 专精特新"小巨人"企业概念指数涉及的企业中，有一半的公司毛利率集中于20%～40%之间，十分之一的公司毛利率高于60%，整体盈利基础较强。其中业绩较为优秀的绝大部分企业，净利润呈上升趋势，成长趋势显著。

从综合科创能力角度来看，专精特新"小巨人"的专利申请数量与质量正在迅速提升，体现出其技术规模的不断扩大。从技术密集度角度，专精特新"小巨人"企业整体的人均有效发明专利量高于科创板上市企业，远高于北交所上市企业。相对更高的研发投入，将使得专精特新公司进一步巩固技术优势，奠定更强的竞争能力。

以银行为主体的间接融资是企业融资的重要选择。"专精特新"企业有技术，有创新，经营相对稳定，又有政府认定背书，是各大银行的优质客户。以下是国内部分银行近年推出的针对"专精特新"企业的金融服务产品：

表17　国内部分银行针对"专精特新"企业的金融服务产品

金融机构	产品名称	面向对象	额度
中国银行北京分行	惠如愿专精特新贷	"专精特新"企业和虽未认定为"专精特新"企业但符合全部或部分"专精特新"企业认定标准的类"专精特新"企业	"小巨人"企业最高1300万信用额度，专精特新企业最高700万信用额度，类专精特新企业最高400万信用额度
中国银行广州分行	"专精特新"培育贷	"专精特新"培育企业	500万元
	"专精特新"中小企业贷	"专精特新"中小企业	1000万元
	"专精特新"巨人贷	专精特新"小巨人"企业、单项冠军企业	3000万元
中国工商银行北京分行	"专精特新"快易贷	获"专精特新"认定，连续纳税两年以上或在工行结算稳定，具有良好信用记录和还款意愿的小微企业	根据信用方式不超过300万，追加担保1000万

	专精特新创易贷	符合国家产业政策及北京市"十四五"高精尖产业发展规划,拥有"专精特新"认定及较强的技术实力,上年度纳税收入5000万元以上或正在申报IPO、进行下一轮股权融资、申请大额政府补贴、已签署下游大额订单等的企业	原则上不超过5000万元,特别优质企业不超过1亿元
	专精特新设备购置绿色贷	属于国家级、省级专精特新"小巨人",国家级、省级单项冠军,总行优质制造业客户名单之一	最高不超过1亿元
中国农业银行北京分行	高新技术企业贷	北京地区获得北京市高新技术企业、中关村高新技术企业、工信部专精特新"小巨人"和北京市专精特新"小巨人"、北京市"专精特新"中小企业证书或称号之一	大中型企业最高授信5亿元,小微企业根据信用方式不超过1000万元
	"专精特新"纳税e贷	优质科技型小微企业	300万元
中国农业银行广州分行	专精特新小巨人贷	"小巨人"或省级"专精特新"企业	最高2亿元
中国建设银行北京分行	善新贷服务方案	国家级、省级工信部门认定的"专精特新"小微企业	线下模式最高3000万元,线上模式最高1000万元
中国建设银行广州分行	智造精新贷	获得国家级、省级或市级工信部门认定的"专精特新"小微企业	纯信用单笔贷款额度不超过2000万元

续表

中国建设银行上海分行	善新贷	国家级、省级工信部门认定的"专精特新"小微企业	最高1000万元
中国交通银行北京分行	专精特新信用贷	入选北京经信局"专精特新"名单的高新技术小微企业	最高额度1000万元
	交银科创信用贷	北京地区拥有"战略性新兴产业分类知识产权"的优质科创型企业、三板挂牌企业、专精特新企业	1000万元
	普惠e贷	北京地区纳税企业、专精特新"小巨人"、"专精特新"企业、高新技术企业和企业关键人入选政府特殊人才计划的小微企业	1000万元
中国交通银行广东分行	"专精特新"企业贷	国家级专精特新"小巨人"企业及广东省"专精特新"中小企业	国家级专精特新"小巨人"纯信用额度不超过300万元，广东省"专精特新"中小企业纯信用额度不超过200万元
北京银行	专精特新领航贷（顶尖）	国家级专精特新"小巨人"企业，成立3年以上	最高额度5000万元
	专精特新领航贷（明星）	北京市专精特新"小巨人"、北京市"专精特新"中小企业，成立2年以上，主营业务收入不低于1亿元或上年度净利润不低于1000万元	最高额度3000万元
	专精特新领航贷（优秀）	北京市专精特新"小巨人"、北京市"专精特新"中小企业，成立1年以上，拥有软件著作权3项及以上，发明专利1项及以上	最高额度1000万元

续表

光大银行	专精特新贷	入选国家级、省市级"专精特新"企业名单或国家高新技术企业名单的小微企业	最高额度1000万元
中信银行	科创e贷	国家级、省级"专精特新"普惠型小微企业，实际经营2年（含以上）	流动资金贷款额度不超过1000万元
浦发银行广州分行	专精特新信用贷	国家级专精特新"小巨人"企业，广东省"专精特新"中小企业，广州市、佛山市、东莞市、中山市市级"专精特新"企业	国家级3000万元，省级1000万元，市级500万～1000万元
恒丰银行	"小巨人"贷	专精特新"小巨人"企业	最高额度1亿元
中国民生银行广州分行	易创信用贷	北交所"专精特新客群企业"	最高额度1000万元
	易创厂房贷		不超过购房合同价款70%
	易创并购贷		不超过并购价款的60%
渤海银行广州分行	快速贷	省级"专精特新"企业，二级分行所在地市级"专精特新"企业	按担保标的确定，最高额度不超过3000万元
	技改贷	实施技术改造的"专精特新"企业	授信不超过4000万元，其中免抵押贷款授信额度500万元
	"小巨人"贷	国家级专精特新"小巨人"企业	最高额度不超过5000万元

（资料来源：《"专精特新"中小企业发展政策汇编》，工信部中小企业局、中小企业国际合作协会编）

第十章

"隐形冠军"典型案例

发现"隐形冠军"，就是发现"金矿"。

在接触了1000余家制造业企业之后，我们选出典型企业12家。

它们大多以专业化生存，而不追求规模，都在基础制造领域，甘做配角，但它们已经摆脱模仿、拷贝，走上了自主创新之路。

10年来，中制智库已经服务了1000余家制造业企业，积累了大量"隐形冠军"企业成长的典型案例。这些案例和经验对做好细分领域头部企业的品牌推广、对于引导制造业企业持续打造核心竞争力、引领制造业产业升级、助推经济高质量发展有着重要意义。在德国"隐形冠军"协会、浙江大学隐形冠军国际研究中心的学术支持下，中制智库联合中央广播电视总台融媒体、中国教育电视台、凤凰网财经频道共同打造"隐形冠军示范工程"项目，以《隐形冠军》节目配套播出，并在年终中国制造强国论坛的冠军企业盛典上予以表彰。截至目前，中国制造强国论坛已经举办8届，表彰冠军企业200余家，《隐形冠军》节目已经制作、播出50余期。

以下是中制智库近两年总结的"隐形冠军"代表性案例。

润新机械："润新阀"中国造，出口全球136个国家和地区

20年前，温州市润新机械制造有限公司（简称"润新机械"）是一个"无厂房、无设备、无资金"的"三无"家庭小作坊，现在已成为全球三大水处理系统用控制阀专业制造商之一，是浙江省认定的隐形冠军企业、工信部认定的专精特新"小巨人"企业。该公司旗下"润新"、"润莱"两大品牌享誉国际国内水处理行业，主打产品"润新阀"出口全球136个国家和地区，全球市场占有率进入前三、国内市场占有率第一。

润新机械的创始人、董事长杨润德原本是一家国企水泵厂的厂长，年近50岁下海创业，历经波折，终于成就了一番大业。他带领公司研发团队，首次以"特种陶瓷端面密封技术"颠覆国际上传统水处理控制阀的结构和控制原理，研制出国内首款全自动水处理系统用控制阀，填补国内技术空白，获得美国、俄罗斯等18个国家和地区的发明专利授权，打破国外品牌对中国市场的长期垄断；他带领公司骨干团队、参与多个国家标准和行业标准的起草和修订……

杨润德带领公司团队骨干一直专注研发、制造水处理系统用控制阀，业内将该公司的产品统称为"润新阀"。虽然是个小阀门，但在水处理行业，"润新阀"可是一个响当当的名号，由于"润新阀"出口全球136个国家和地区，已经闻名世界，在业内也就顺理成章地成为一个标志性代号。

润新机械研发生产的水处理系统用控制阀，在对水的净化、软化处理甚至特质水的处理过程中，可以说是最佳的核心装置。杨润德形象地打了个比方："'润新阀'相当于大脑，让水处理过程中的所有程序能够稳定、高效、有序进行。"

自主创新，实现从0到1的跨越式突破

对许多企业来说，创新是转型升级道路上面临的一个新课题，但对于润新机械而言，创新一直都是企业生存和发展的一种本能。

据杨润德介绍，2000年公司创建之初，正值国企改制攻坚阶段，在社会资源分配的基本框架已经完成，一无厂房、二无资金的艰难背景下，仅凭借着研发新产品的兴趣和多年积累的一些管理经验，在新兴的太阳能热水器市场，他带领团队发现了市场空白点，利用自身技术专长，开发了太阳能热水器用控制阀这一专利产品。

润新机械的产品一经问世便受到市场欢迎，公司很快就与当时国内太阳能热水器生产规模最大的皇明、清华阳光、淮阴辉煌等几家公司达成了合作意向。为适应市场需求，杨润德带领团队又陆续研发了几款新产品。恰逢这一行业的快速发展，又遇到国家对节能、可再生能源利用的政策支持，公司迅速走上了快车道，到2002年，终于有了属于润新机械占地1.2亩的第一间厂房。

面对国内水处理行业的困境和巨大的潜在市场，杨润德带领团队骨干夜以继日地投入到水处理控制阀的研发中，经过无数次的设计论证、制作模型、反复改进……终于，第一款"润新"牌水处理系统用多功能控制阀样品于2004年底出炉。

"润新阀"远销全球，在国际舞台上大放异彩

"既然'润新阀'能在工业领域取得成功，那么能否在民用、家用领域也有所建树呢？"高质量的饮用水是高品质生活的重要标志之一，凡进入人们口腔或与肌体接触的水必须经过处理且有所保障才能使用。让中国老百姓也都能用得起净水机、软水机，成为杨润德又一个新的愿望。

水处理控制阀是中央净水机、软水机等家用净水器的核心部件。依托"润新阀"的核心技术，公司在2012年研发出第一款软水机整机，获得了良好的市场反响，随后进一步加大了民用净（软）水产品的研发投入。

现在，润新注册了民用（商用）水处理器的商标——润莱，并成功研发前置过滤器、中央净水机、中央软水机、沐浴软水机、纯水机、家用净水龙头等高性价比的全屋净（软）水系列产品。现在，润莱全屋净（软）水系列产品均已投入量产，国内门店超过百家，并已出口以欧美国家为主的50多个国家和地区。

与此同时，依托"陶瓷硬密封"专利技术开发的又一新产品——"润景"陶瓷硬密封球阀系列产品也已成功上市。它的阀芯与阀座采用刚玉陶瓷或碳化硅材料，经1680℃或2200℃超高温烧结而成，洛氏硬度HRA高达85℃以上，适用于盐酸、硫酸、氢氧化钠、海水、工业废水等多种酸、碱及特殊介质。现在润景陶瓷硬密封球阀已经在国内逐步推广使用，市场反应良好，并出口至24个国家和地区。

"润新""润莱""润景"，三个自主品牌的依次诞生，见证了润新公司自主创新的发展历程。仅在2021年，公司就获得温州市第一批"最美工厂"、浙江省隐形冠军、国家专精特新"小巨人"等一系列荣誉称号。

中国的"隐形冠军"，发出中国声音

2020年以来，从新冠疫情席卷全球、俄乌发生激烈冲突，再到中美之间摩擦加剧，外部环境风云变幻，许多企业受到原材料价格上涨、国内拉闸限电、国际海运冲击等负面因素的影响，经营收入、效益明显下降。但是润新机械并没有停下发展脚步，始终保持战略定力和发展节奏，逆势取得快速发展，2020年销售较上一年同期增长超15%，2021年又在2020年基础上大幅增长24%，连续两年保持两位数的高速增长。

你能想到吗？一个阀门的装配时间只需要15秒，一个生产单元在一天12小时的工作时间内就能生产2880只控制阀……这就是"润新阀"的生产速度。在润新机械展厅，陈列着公司22年来几乎所有产品的样品，小到水龙头，大到各种工业用的30多种型号、140多种规格的水处理系统用控制阀以及上百种陶瓷硬密封球阀，林林总总、整齐有序，似乎讲述着润新机械的创新发展之路。

追溯过往，润新机械最大的成功不仅仅是站稳全球三大水处理系统用控制阀专业制造商的地位，更在于它用独创的陶瓷端面密封技术，成功地在国际水处理行业发出了中国声音。

据润新机械的一位管理人员介绍，与6年前相比，2022年润新机械的产值翻了一倍多，厂房面积扩大到2.5倍，"润新阀"出口从90个国家和地区增加到136个，"润莱"净水设备出口从30个国家和地区增加到53个，"润景"陶瓷硬密封球阀在更多行业得以应用，出口全球26个国家和地区。各种不同型号、不同规格的"润新阀"被广泛应用于世界各地的工农业生产和人们日常生活中。

邦盛北斗：数字化赋能，"小巨人"长成"隐形冠军"

说起"北斗系统"，很多人都不陌生，毕竟这是中国独创的、世界上最先进的卫星定位导航系统，是联合国认可的继美国GPS、俄罗斯GLONASS之后的第三个全球卫星导航系统。广东邦盛北斗科技股份公司(以下简称"邦盛北斗")就是一家专门致力于研究北斗卫星定位导航系统应用的国家高新技术企业、国家级专精特新"小巨人"企业，是北斗导航应用产业领域的佼佼者。

截至2021年底，公司产品已获8项高新技术产品认定；公司自主申请并已获得授权的知识产权已超250项，其中，已公开发明专利28项，已授权发明专利11项，实用新型专利授权166项，外观专利授权1项，软件著作权74项；2020年、2021年，公司产品北斗智能网络终端及安全守护系统产销量在细分市场占有率蝉联全国第三；公司开发的森林防火设备北斗-LORA网关已取得国际欧盟CE证书。2016年5月16日，邦盛北斗在全国中小企业股份转让系统成功挂牌。

目前，邦盛北斗的业务范围已经涵盖了车辆安全监测、森林火情监测、边坡堤坝位移监测、桥梁隧道安全监测、水情水质安全监测、文旅建筑健康监测及智慧农业等领域，经过多年的技术投入及行业应用积累，拥有了自己独具特色的行业成果。

据邦盛北斗创始人、董事长彭文斌透露，截至2021年，公司北斗系统终端应用业务收入达20988.69万元，占总营收的94.62%；2022年上半年，公司实现营业收入过亿元，全年营业收入目标为超3亿元。

1. 云、管、端三位一体，让养车更省钱、卖车更赚钱

邦盛北斗成立于2007年。据彭文斌介绍，公司成立初期主要是以广告业务为主。由于接触了不少4S店的客户，逐步了解到GPS防盗设备利润较高，于是公司转型为GPS防盗设备服务商，再往后则正式进入了北斗卫星应用开发领域。

公司自转型以来，一直研究"北斗+"车联网行业软件和"北斗+"行业解决方案，致力于资产安全保障和出行安全守护。经过多年的技术研发投入及行业应用积累，基于北斗技术应用、物联网与云计算等核心技术，研发出"云－管－端"一体化的国内先进、行业领先的应用解决方案。

"北斗+"车联网行业软件和"北斗+"行业解决方案投放市场之后，获得了广泛的认可和好评，邦盛北斗乘胜追击，进一步打造了一个北斗软件生态平台，该平台不仅可以帮助下游代理商及4S店提高客户的用户黏度和活跃度，还可以帮助合作客户通过北斗车联网定位终端和定位查询等相关服务让终端用户享受更优质的服务内容，从而实现企业与客户双赢。

截至2022年，邦盛北斗开拓的汽车行业平台管理服务业务在汽车行业已经覆盖全国15个省、210多个城市。邦盛北斗合作的客户既有奔驰、宝马、奥迪等知名汽车品牌，也有中国人寿、中国平安、太平洋保险、中国人保、中国太平人寿等知名保险集团。

2.数据化赋能新产业,"北斗+5G"催生出更多新业态

邦盛北斗不仅抢先布局北斗系统在汽车服务领域的应用,还积极探索北斗系统在森林防火、智慧建筑、智慧农业等领域的应用,"北斗智能网络终端及安全守护系统"的一系列相关细分产品在安全应用与防灾减损中均显示出重大应用价值。

以"北斗+森林火情监测预警系统"为例,通过整合北斗卫星短报文通信、互联网与4G/5G通信,在全国境内无通信盲区,彻底地解决森林消防预警与通信难题,可以做到盲点检测,实现检测全覆盖效果。

"北斗森林火情监测预警系统"是邦盛北斗自主研发的全天候自动守护森林资源安全的应用系统,基于北斗技术创新发展,充分弥补传统方式不足,减少国家财产损失和人员伤亡,降低环境污染和社会压力,踏实践行了"绿水青山就是金山银山"的发展理念。2021年,邦盛北斗研发推广的"北斗森林防火监测预警大数据服务平台"入选国家林业科技推广成果库。

在智慧建筑方面,邦盛北斗以北斗技术填补了地基位移和楼宇变形监控领域的空白,并采集建筑数据,使每栋单体建筑的生命周期有据可查;通过物联网,利用互联网通信技术将传感器、通信设备、人员、建筑设备,以及建筑本体连接起来,形成一个远程管控的信息化系统,为建筑安全监测提供了一套全覆盖、便捷性、信息化的大数据实时监控平台。

3.秉持"数智兴邦,诚和企盛"的理念,致力成为北斗技术应用的卓越企业

作为国内首批涉足北斗定位导航产业的企业之一,邦盛北斗在自主创新、解决"卡脖子"的技术性关键难题方面,已经明显具备"隐形冠军"企业的特质。公司的自主核心技术能力包括云平台综合应用能力、物联网全面感知能力、固定/移动式传感器高效采集能力、BIM精细化项目呈现能力、大数据分析能力、云计算能力等,公司提供从数据采集、数据加工、智能化信息管理建

设等全方位服务，形成了以北斗技术为核心的全面解决方案。

彭文斌董事长介绍，目前，公司拥有专业的技术团队、训练有素的一线员工以及严格的质量管理体系，先后与清华大学、吉林大学、华南理工大学、中山大学等多家重点大学建立了校企产学研合作关系，建立为企业输送人才的硕士研究生工作站，同时还与国内多家专业机构紧密合作，实现了产学研的强强联合。

公司自转型以来一直研发"北斗＋"车联网行业软件和"北斗＋"行业解决方案。通过多年的自主创新，已经形成了行业技术领先的完全国产化的动态客户关系管理系统和一系列"北斗＋"行业解决方案。为加大研发力度、加快创新步伐，适应不断增长的行业需求，公司于2019年成立了研发中心，目前下设北斗＋车联网项目、北斗＋森林火情监测预警项目等5个研发小组，承担邦盛北斗的全部新技术研究、新产品开发等工作。

短短两三年间，邦盛北斗的"北斗驾乘安全检测设备""北斗智控软件""北斗车联网系统"等8个产品被广东省高新技术企业协会认定为"广东省高新技术产品"，公司还被认定为"国家高新技术企业"。另外，经过广东博士创新发展促进会——区块链与大数据专业委员会相关专家评审，2020年，邦盛北斗主营产品产销量及细分市场全国占有率在为5.35%，全国排名第三；2021年，产品产销量及在细分市场全国占有率在为7.14%，再次全国排名第三。同年7月19日，公司晋升为国家级专精特新"小巨人"企业，并被列入2022年中央财政支持第二批重点"小巨人"企业奖补资金支持对象。

河北恒昇：中国汽车零部件行业的"神奇金刚腿"

在中国汽车零部件行业，河北恒昇机械科技有限公司（以下简称"河北恒昇"）是一家带着亮丽光环的民营企业，该公司的主打产品是汽车制动器和车桥，被业内人士称为"神奇金刚腿"。

河北恒昇成立于2016年，是一家拥有20余项专项自主核心技术，集设计研发及商用汽车零部件加工、制造、销售于一体的国家高新技术企业，主要生产矿山和油田用重型载重车辆的制动器和车桥，其产品各项技术性能指标国内领先，是江苏徐工集团、航天科技、航天科工等企业的核心零部件配套商。该公司生产的全系列车桥具备寿命长、安全、免维护和价格低等亮点，使用寿命超过20万公里，比同类产品多出好几万公里，创造了中国汽车零部件行业的奇迹。

河北恒昇是国内首家批量生产气动盘式制动车桥的企业，解决了我国汽车车桥制动中的"卡脖子"问题，成为我国首家成功研发第四代气盘式制动器，并成功应用于矿用车辆的企业。

1. "年轻"的恒昇与安全耐用的车桥

河北恒昇的注册地是河北省邯郸市魏县，这是一个国家级贫困县。过去因为穷，全县100万人中常年在外务工人员就高达28万，为此，近年来，魏县政府通过多种途径，想方设法以项目组团招商方式增强吸引力，推动本地产业集群化、规模化发展。

在河北恒昇成立之前，河北恒昇董事长李峻涛是江苏徐州的知名企业家。2016年5月，李峻涛经一位企业家朋友的引荐，以5000万元注册资金在魏县成立了河北恒昇公司。随后，李峻涛以股份合作方式，引进加拿大艾斯特瑞亚公司盘式制动器制造基地项目，为我国与加拿大两国汽车行业的交流与合作拓展了较大的发展空间。

从专业角度看，气动盘式制动器借鉴飞机刹车系统原理，改变原有盘式制动器钳形制动摩擦方式，采用侧顶杆及制动盘，通过增大面积的方式，有效提高制动效率。据了解，河北恒昇生产的气动盘式制动器能给满载200多吨的矿用车提供稳定、强力的制动，让矿用车在行驶中能够随时平稳地刹车，保证运行安全。

多次试验证明，河北恒昇引进的第三代汽车制动器系统（气动盘式制动器），在重型载货车普通道路工况下，与传统的鼓式制动器刹车系统相比，能明显提高刹车速度。具体来看，河北恒昇生产的气动盘式制动器的制动力矩是国家标准的2.4倍，使用寿命是传统鼓式制动器的3倍。另外，河北恒昇生产的气动盘式制动器还有良好的散热性，让车辆刹车更为安全，同时也更节省物流成本。

2.填补汽车细分领域空白，成为制动器行业的独角兽

汽车车桥也叫车轴，是通过悬架与车架（或承载式车身）相连接，并且能在两端安装车轮的桥式结构部件。简单来说，就是一根棍儿加两个轮儿，如一个巨大的杠铃，两端通过悬架系统支撑着车身。除了承载整个车身和货物的重量，传递动力，车桥还能起到稳定性的作用，确保车辆行驶中或刹车时的安全。

制动器是车桥的一个重要零部件，是汽车极其重要的一个安全配置。李峻涛说，车桥相当于车辆的腿，车辆的承重、制动、传动都要依靠车桥。河北恒昇生产的车桥，安装的是气动盘式制动器，安全性很高。

河北恒昇的主打产品是矿山、油田用重型载重车辆的制动器和车桥。据李峻涛介绍，河北恒昇生产的气动盘式制动器将车辆停车标准坡度，比国家标准提高了30%，制动距离与国家标准相比缩短了不少，还把制动器寿命提高了2.4倍。另外，还有独创的油气悬浮结构和平型多连杆结构，不仅能让矿车站得住，而且还能跑得稳。河北恒昇生产的制动器和车桥，具备多方面的优势，能保障矿用车的行车、刹车安全。

河北恒昇生产的第三代气动盘式制动器已经推出6年，达到"国际先进、国内领先"水平，现在的市场份额正在以每年10%左右的速度增长，华北市场占有率已经达到35%。在此基础上，河北恒昇又投资5亿元，倾力研发第四代气动盘式制动器，也叫全盘式制动器。

开发全盘式制动器最难的就是没有参考，设计研发都要靠创新，可以说是从零开始。李峻涛对于开拓全盘式制动器的市场充满信心，并表示"创新就是

找一条自己的路,别人没走过的路"。

目前,河北恒昇倾力研发的第四代气盘式制动器(全盘式制动器)已顺利通过了效能试验、震动试验、疲劳试验及整车定型等一系列测试,各项指标均符合国家标准。全新一代制动器的投产,弥补了传统重型卡车在制动方面存在的缺陷,在耐热性、重量、刹车距离、制动力矩等方面都具有明显优势,制动距离与传统相比缩短了30%,大大增强了重型车辆的行驶安全,有效提升了汽车运输效率,提升了中国汽车装备水平,提高了中国制造核心竞争力,特别是在客运、军工运输、航天航空等领域,具有重大战略意义。

3.厚植家国情怀,工匠精神成就"隐形冠军"

现在的河北恒昇是一家拥有多项自主核心技术的高科技企业,专业研发生产非公路特大吨位驱动桥,为非公路客户提供全面的技术支持和产品配套,通过传动系统可靠度、寿命设计及预测技术的突破,解决了行业低速大扭矩驱动桥的难题,成功研发了40吨、45吨、50吨、60吨、70吨级矿山运输车辆驱动桥,产品各项技术性能指标均达到国内领先水平。李峻涛表示,下一步,恒昇全球首创的全盘式制动器将会应用在矿车领域,使用寿命将是第三代气动盘式制动器的2.5倍,是传统鼓式制动器的6倍。

从2016年成立至今,河北恒昇公司先后获得国家级高新技术企业、河北省科技"小巨人"企业、河北省科技型中小企业、河北省专精特新单项冠军企业等荣誉称号。

李峻涛不仅是成功的企业家,同时还是研究车辆制动器和车桥的专家、发明家。他也利用企业的供应链上下游,成为魏县招商引资的骨干。近几年,在他的引荐协助之下,魏县招商团队先后到江苏、辽宁、山东等地,与江苏徐工集团车桥公司、辽宁凌源辽河汽车制造有限公司、山东东岳重工集团等企业洽谈合作,并邀请这些客商到魏县亲自考察,达成了汽车自动变速箱、矿车整车制造等项目的投资合作意向,有的项目已经落地。

据魏县经济开发区党工委书记、管委会主任张晓景说,魏县已经初步形成了先进装备制造、再生资源循环利用和木材优化深加工三大主导产业和药用玻璃、高端农机、特种车辆、高端精密紧固件等四大特色制造业，初步形成了功能分区完善、产业特色明显的县城经济发展格局。

凯美能源：超级电容器行业的"小巨人"有多强

"2006年，凯美能源是一张白纸，中国超级电容器市场也是一张白纸。经过16年的技术更迭、人才积累、知识储备，凯美能源从默默无闻发展至行业领先，现在已成为国内生产规模大、产品规格和型号齐全、具备竞争力的超级电容器专业生产企业，产品销往全国各地，并出口至欧美、日韩等三十多个国家。"董事长才奇说出这番话的时候，显得胸有成竹、自信满满。

凯美能源是目前国内最大的超级电容器生产企业，同时还是第一批获得国家重点支持的专精特新"小巨人"企业，是国家能源局"电能计量设备用超级电容器技术标准"的主要起草单位。该公司产品在国内数十个领域得到广泛应用，在智能电表领域占有率超过80%，宽带载波领域市场占有率更是超过91%，赢得市场广泛赞誉。

凯美能源董事长才奇和总经理丁锦生是二十多年的好朋友。十几年前，两人一起从辽宁某大型国企辞职下海，合伙组建了凯美能源。回忆起十几年的创业经历，丁锦生感叹地说，作为超级电容器行业起步较早的企业之一，长期以来，凯美能源的研发团队在超级电容器的各项指标上，一直与国际龙头企业暗暗较劲。从"卡脖子"到"掰腕子"，是一场真正的"没有硝烟的科研之争"。

1."如果投资失败了，可能后半生都翻不过身来！"

超级电容器是一种能够快速储存和释放电能的储能装置，具有功率密度大、充放电时间短、使用寿命长、温度特性好、节能环保等特点，在交通、电力、通信、国防等众多领域有着巨大的应用价值和市场潜力。发达国家超级电容器的研发最早可以追溯到1962年，而我国超级电容器的研发起步较晚，一直到2005年有关方面制定了《超级电容器技术标准》，才终于填补了我国超级电容器行业标准的历史空白；2006年，我国首条超级电容器公交线路在上海投入商业化运营。

在这样的大背景下，远在辽宁锦州的才奇和他的好朋友丁锦生联手组建了凯美能源，正式进入超级电容器行业。当时国内了解超级电容器的人很少，这种高科技产品在国内尚未形成较大市场。认识才奇和丁锦生的人，并不看好凯美能源公司的发展前景。

才奇董事长和丁锦生总经理四处找亲戚朋友借钱，千恩万谢终于筹了500多万元，在2006年正式成立了凯美能源。

时至今日，两个人对当年的沉重压力、承受的巨大风险仍然记忆犹新。"如果投资失败了，可能后半生都翻不过身来！"才奇董事长如是说。

谈到两个好朋友之间十几年的精诚合作，丁锦生笑着说："我的性格比较保守，但比较细致，勤于反省，才奇董事长则是敢想敢干，闯劲十足。这些年，在我们之间的合作中，我主要是负责在他实现天马行空想象力的时候，拉住他，让他把心思往回收。"

2. 从"卡脖子"到"掰腕子"，这才是强大的必由之路

凯美能源是中国超级电容器行业起步较早的企业之一，目前，该公司研发生产的超级电容器已形成十大系列、十七种类型、四百余种规格型号，年产量达2.5亿只，产品销往全国各地，应用覆盖国内数十个领域，客户数量达到上万户。

随着公司产品知名度、美誉度的不断提升，主动找上门寻求合作的企业也越来越多。据才奇董事长介绍，前几年，全球领先的超级电容器储能产品开发商和制造商美国麦克斯韦尔公司（Maxwell），曾主动找上门来，计划把该公司在中国的中小型超级电容器市场以500万美元的价格让渡给凯美能源，因为资金缺乏，凯美能源不得不放弃合作；韩国三星集团也主动与凯美能源谋求合

作，双方通过多次磋商，达成了重要项目的合作，三星集团的超高清电视引入了凯美能源的超级电容器，大大减少了电力消耗。

近年来，受益于新能源设备、电网建设、交通运输、消费电子等下游行业的持续发展，我国超级电容器市场规模总体呈迅速扩大趋势，但在巨大的市场需求背后，必定有一场激烈的科研竞争。凯美能源作为行业领军企业，不仅要与国内同行竞争，还要与国际龙头企业"掰腕子"，这是中国超级电容器企业强大的必由之路。

2022年5月11日，凯美能源举行扩产项目竣工投产仪式。凯美能源本次上马的扩产建厂项目会建设30条生产线，开展"双八五超级电容器"开发等多项技术研发；扩产后可实现年产值4亿元，纳税额可达4100万元。

3.汇集一批高精尖科技人才，成为专精特新的"小巨人"

截至2023年，凯美能源已获23项国家专利，其中发明专利13项，实用新型专利10项，承担了2012年国家科技部863计划"超级电容器系统开发研究"项目，并于2015年经国家科技部顺利验收通过。

凯美能源之所以能取得如此辉煌成就，成为超级电容器行业的"隐形冠军"，其中一个重要因素是汇集了一批高精尖科技人才。目前，公司有800多名员工，其中管理层人员占比10.8%，技术人员占比14.2%，教授级别3人、高级工程师级别6人、博士2人、研究生11人，本科以上学历的各类技术人员120人。真可谓人才济济，藏龙卧虎。

在充分发挥企业自身优势的同时，公司与中科院、北京有色金属研究院、清华大学、华东理工大学、北京科技大学、中南大学、渤海大学等科研院所、大专院校建立了广泛的合作关系。还聘请了国内外一些知名的专家、学者，组成了技术力量雄厚的科研团队，力求推出具有公司独立特色的品牌。使这一新型绿色储能产品在更广阔的领域内得到更广泛的应用。

值得一提的是，凯美能源的一批主要研发人员，从1998年就从事超级电容器产品的开发，2001年起承担国家"十五"863计划电动汽车重大专项"电动汽车用超级电容器"项目，2002年起承担科技部科技型中小企业技术创新基金"超级电容器"项目研发，2003年承担信息产业部电子信息产业发展基金"新型绿色能源—超级电容器产品产业化"项目……经过多年对国家重点项目的研究试验，结合国内外市场的实际需求，凯美能源整体上已完全具备生产卷绕、组合、叠片等品种的一百多个规格型号超级电容器的能力，产品性能指标达到国内外同期产品水平。

目前，凯美能源是中国国家电网公司、韩国三星集团等大型企业的合格供货商，还入选了国家第一批重点支持的专精特新"小巨人"企业。

📈 南南铝加工：创造多项世界第一

2021年，国务院国资委联合中央电视总台重磅推出百集微纪录片《信物百年》，其中第93集名为《世界最大规格7050铝合金扁锭》，由广西南南铝加工有限公司（以下简称"南南铝加工"）党委书记、董事长韦强亲自出镜，动情讲述南南铝加工铸造世界最大规格7050铝合金扁锭，创造新的世界纪录，在落实国家重大战略过程中鲜为人知的感人故事。

在铝合金制造领域，南南铝加工创造了诸多全国第一，有的甚至是世界第一。韦强董事长对此如数家珍：在南南铝加工的热轧制造中心，可以看到国家重大短板装备项目2400毫米气垫式连续热处理生产线（简称"首台套气垫炉项目"），它成功弥补了中国气垫式连续热处理核心关键装备的空白；还有该公司与东北大学等单位研发制造的国内首台套辊底炉生产线，长达150米，大大降低了我国高端铝合金的生产成本；在汽车领域，南南铝加工以全球最高质量标准批量化生产汽车外板；在3C电子领域，南南铝加工成为某知名品牌电子设备的优选供应商。除此之外，南南铝加工成功制造了国内第一套围裙式结构高性能硬合金结晶模具；开发出航天用超大直径1.32米的铝合金锻坯，支持锻造直径8.7米的合金整体环，助力中国航天材料取得重大突破。

中国的"和谐号"高铁枕梁，曾经一直从日本进口材料，南南铝加工仅用了4个月就研制出高速动车组车体用枕梁型材，在强度、抗疲劳性及耐腐蚀性等多项技术指标上，超越国外优质产品，成本降低三分之一。如今，"复兴号"动车上便应用了南南铝加工自主研发的枕梁型材，倒逼进口型材价格大幅降低，为中国高铁发展注入"强心剂"。

南南铝加工是一家集研发、生产和经营为一体的航空航天交通铝新材料先进制造国有企业。截至2021年底，南南铝加工参与各级政府科研项目80项，累计获授权专利149项，拥有国家技术创新示范企业、国家企业技术中心等29个平台资质，获得中国专利优秀奖等35项荣誉，并持续保持技术创新优势。

1.习近平总书记视察南南铝加工，幽默地说"鸟枪换炮了"

2017年4月20日，习近平总书记在广西考察了南南铝加工。2010年，他曾亲临南南铝加工考察，2017年这次则实地了解了企业创新升级情况，了解了企业发展航空航天、轨道交通、海洋船舶等领域高性能铝材产业情况。

总书记幽默地说，上一次是看传统产品，今天看了新产品、高端产品，"鸟枪换炮了"！

总书记对南南铝加工勇于创新、创造的精神给予肯定。他强调，创新是引领发展的第一动力，要加强知识、人才积累，不断突破难题、攀登高峰，国有企业要做落实新发展理念的排头兵、做创新驱动发展的排头兵、做实施国家重大战略的排头兵。

韦强董事长表示，近5年来，南南铝加工从上至下，牢记总书记嘱托，把创新作为引领企业发展第一动力，始终保持企业与国家战略发展同步，毫不动摇服务国家重大战略，持续在关键材料"卡脖子"环节下功夫：航天用铝新材料，助力长征五号B遥二运载火箭成功飞天；航空用极厚板、蒙皮板，推进国之重器呼啸升空；轨道交通关键型材，促进高速动车组提速；高性能汽车板材，加速汽车绿色轻量化发展进程。与此同时，南南铝加工大力推进高端高精铝材制造"卡脖子"设备——首台套辊底炉、气垫炉的建设，解决了国内高品质铝板带材热处理生产线成套装备短板问题，实现了自主创新。

2.国家重大短板装备项目——首台套气垫炉生产线成功点火启动，具有极为重要的现实意义

2022年7月1日15时15分，在南南铝加工冷轧制造中心，伴随着一声响亮的"点火"号令，国家重大短板装备项目2400毫米气垫式连续热处理生产线正式启动。该项目关键生产技术、工艺模型和控制系统长期被国外少数公司垄断，此前国内的该类气垫炉均是进口设备，且进口价格昂贵、设备制造及安装调试周期长，南南铝加工填补了我国气垫式连续热处理核心关键装备的空白。

南南铝加工总工程师余凤智是首台套气垫炉项目的主要负责人，据他介绍，气垫炉作为生产铝合金薄板的重要设备，是首台套项目中难度最大的。毫无疑问，气垫炉国产化具有极为重要的现实意义。

现任的南南铝加工冷轧制造中心经理赵启淞说："目前，国内总共有10余台气垫炉，但无一台是国产。填补这一技术空缺是我们争当实施国家重大战略的排头兵，推进关键材料和装备自主可控取得的重要成果。"

首台套气垫炉长达323米，从研发到点火接近3年。中国工程院院士、东北大学教授王国栋给出这样的评价："此次点火启动的气垫炉技术上不仅达到了国际先进水平，还补齐了我国在这方面的短板，填补了技术空白，打破了国外垄断，我们终于把关键技术掌握在了自己手里。"

关键核心技术是要不来、买不来、讨不来的。韦强董事长表示，近年来，南南铝加工积极开展高端高精铝材重大短板装备及配套建设项目，助力国家重大战略实施落地。

3.五年实现从"鸟枪换炮"到"三个排头兵"的跨越升级

在南南铝加工的热轧制造中心展厅里展示着企业广泛应用于航空航天、轨道交通、汽车、船舶以及3C泛半导体等领域的各种产品，可以说，南南铝加工的产品已经把铝合金板材性能发挥到极致。有人开玩笑说，如今，天上飞的、地上跑的、手上用的，都能见到南南铝加工产品的踪影，真正实现了"上天下海入地"。

南南铝加工能成为行业细分领域的冠军企业，背后的秘诀是什么？韦强董事长认为，关键是五个方面：一是对国家战略的使命担当；二是先进文化的引领；三是人才技术的支撑；四是装备能力的保障；五是国企改革体制机制的创新。

"自主创新是引领发展的第一动力，也是必由之路，唯有掌握核心科技，才能在国际竞争中实现弯道超越。我们努力把创新理念植入每一名员工心中。"韦强说。南南铝加工抓住研发创新"牛鼻子"，每年投入研发经费几亿元，有多项发明专利填补了国内空白。

最新数据显示，2022年上半年，南南铝加工产量同比增长17%，销量同比增长22%，有效使铝精深加工产业链"筋骨"日益强壮，仅仅5年，就实现了从"鸟枪换炮"到"三个排头兵"的跨越升级。

📈 山东佰盛：全国首屈一指的钢管防腐典范企业

管道防腐是非常小众、细分的行业，在这个行业，山东佰盛能源科技有限公司（以下简称"山东佰盛"）生产的防腐钢管可以绕地球5至6圈。山东佰盛开创了多个全国第一：国内小口径3PE防腐钢管的创造者、国内环氧粉末耐候防腐钢管的创造者、国内首家获得AX级防腐制造许可证的企业单位、国家防腐钢管行业标准制定的参与者……与此同时，山东佰盛还先后获得中国品质优秀企业、国家高新技术企业、国家专精特新"小巨人"企业、中国品质金鼎奖等诸多荣誉。

山东佰盛董事长张寿新曾经是济南军分区后勤部一位从事生产经营的先进工作者，退伍后自主创业，以实际行动践行"中国梦"，二十载如一日，匠心独运，精益求精，把山东佰盛打造为山东乃至全国首屈一指的钢质管道防腐企业典范，被业界称为"管道防腐之父"。

毫无疑问，张寿新和他的山东佰盛是真正的"隐形冠军"。

1.退伍不褪色，选择自主创业

3PE防腐也叫三层聚乙烯防腐，是目前国际范围内应用最广泛的管道防腐技术，三层结构的底层为环氧类涂料，中间层为胶粘剂，外防护层为聚乙烯。20世纪80年代，欧洲市场开始出现3PE防腐钢管，而我国直到1999年才冲破壁垒，研制出国内第一条3PE防腐钢管生产线。

2003年，张寿新带着16岁的儿子张智前往北京某台资防腐钢管企业学习。返回山东临沂老家之后，他立即开始大刀阔斧地筹划建设自己的3PE防腐生产基地，同时聘请中国石油天然气集团公司等多家生产防腐钢管设备厂家的专业技术人员，进入自主研发阶段。2005年，张寿新注册了山东济南盛阳首新能源科技集团有限公司，自主研发的3PE防腐钢管厂正式建成投产，主要生产3PE、2PE、FBE类型的防腐钢管。

张寿新公司建成的一条崭新的防腐产品生产线，主打产品是89毫米以下的小口径3PE防腐钢管，管道防腐技术达到世界领先水平，一举填补了国内防腐钢管产品技术的空白，成为国内首家获得AX级防腐制造许可证的企业。

2.初心为终，匠心为用，"做百年佰盛"

2013年，张寿新在山东临沂注册成立山东佰盛能源科技有限公司，通过不断完善企业制度，革新内部经营管理机制，优化创新管理模式，提升企业效益，不断创新产品，公司于2019年被中国制造强国论坛组委会授予"中国品质优秀企业"、2020年被国家商务部诚信公共平台评为AAA级信用企业和国家高新技术企业、2021年荣膺第七届中国品牌创新发展论坛"中国品质金鼎奖"。

二十多年的苦心孤诣，二十多年的经营发展，目前，山东佰盛主要从事天然气、石油、城市燃气、热力、自来水行业所用钢质管道的内外防腐、保温生产加工及各类钢管和配件的供应，厂房占地面积20万平方米，拥有9条达到国际先进水平的钢质管道防腐、保温生产线，年生产设计能力达40万吨，已经是国内规模较大的钢管防腐保温产品专业生产厂家之一。现在公司年产防腐管道70万平方米，2020年实现产值1.01亿元，2021年实现产值1.5亿元。

张寿新曾参加过中央电视台《品质中国》《大国工匠》等节目的录制，非常懂得匠人精神的可贵。很多人认为工匠是机械重复的工作者，但他认为，工匠精神有着更深层、更深远的含义，"工匠，于国是重器，于家是栋梁，于人是楷模"。张寿新经常说的一句话是"要做百年企业，创佰盛品牌"，在他心中，始终有一个"创新强国梦"。

目前，在港华燃气、华润燃气、中裕燃气、中油燃气、中石油昆仑燃气、新奥燃气、奥德燃气等国内多家燃气集团重点工程中，他带领公司团队研发的防腐新型产品均得到了广泛应用。

3.以自主创新和智能制造为切入点，实现转型升级

科技创新出精品，正是得益于坚持不懈的科技研发，扎实过硬的产品品质。山东佰盛主打的3PE防腐管道、环氧粉末防腐管道、保温管道等产品技术，连续多年一直处于国内领先水平，产品使用寿命可长达几十年，产品畅销国内200多个城市。

为了做到产品质量的精益求精，2016年，张寿新成立了专门的技术研发中心，每年至少拿出营业收入的5%用于技术革新和新产品开发，不断革新管道新材料和生产工艺，同时与国内多所知名科研院所建立了长期的产学研合作，加快产品研发创新步伐。就是凭着一股不断追求科技创新的闯劲和韧劲，近几年，山东佰盛先后进行了20余项科技研发活动，并全部实现了科技成果转化。

截至2021年底，山东佰盛已先后通过两化融合管理体系评定、ISO9001质量管理体系认证、ISO45001职业健康安全管理体系认证、ISO14001环境管理体系认证；已获得授权专利12项、软件著作权18项，参与制定国家标准1项。

在公司产品门类上，多项产品填补了国内技术空白。凭借在国家标准、行业标准上的产品品质，山东佰盛的产品品牌声誉越来越大、越来越好。公司产品"户外用耐候防腐管道"入选2021年山东创新工业产品目录。

尝到了科技创新、产业发展的甜头，山东佰盛又把目光投向了国际市场。"目前，我们正在开展美国的API认证，届时产品获得国际权威机构的产品质量认证后，我们将逐步打开欧美市场。"踩准了市场国际化的走势，张寿新在公司未来发展的道路上劲头十足。

经过20余年的发展与沉淀，山东佰盛具备了"隐形冠军"企业必不可少的一些要素，比如，专业、专注、专用、专家等。当然，科技创新同样也是不可缺少的一个重要环节。我们欣喜地看到，在传统制造业还在走"以企业为中心的大规模制造"这条老路时，山东佰盛已经转向了"以用户为中心的定制模式"，成功实现了制造业的转型升级。

天津百成：30年潜心打造深海采油的"定海神针"

在中国深海采油行业，天津市百成油田采油设备制造有限公司（以下简称"天津百成"）的名气是响当当的，是真正的"隐形冠军"。只要提到这家企业，业内人士都会竖起大拇指，纷纷赞叹：天津百成生产的潜油电泵是我国深海采油的"定海神针"！

天津百成主要从事潜油电泵制造，其产品的规格、型号都很齐全，是国内质量最好的产品，甚至在国际市场，也占有一席之地。天津百成创始人、董事长王欣自豪地说："我们生产的潜油电泵，所有的关键零部件都是自主研发、自主生产的，是纯正的'百成芯''中国芯'。"

在研发、技术和产品取得重大突破的同时，天津百成获得了诸多国家级、省市级的荣誉：2014年被评为国家级高新技术企业、2015年被评为省部级潜没电机重点实验室和国家知识产权优势企业、2016年被评为天津市科技"小巨人"企业、2020年被评为天津市"专精特新"中小企业。

1. 怀揣兴国梦想，创建天津百成

1992年，在改革开放的新一轮热潮中，王欣怀揣着发展民族企业、实业兴国的梦想，凭着对我国潜油电泵行业的热爱及责任，毅然下海创建了天津市油田采油成套设备制造有限公司。

在自主创业之前，王欣曾在某大型国企做了10多年管理工作，积累了较为丰富的生产管理经验。公司组建初期，吸纳的骨干人才都有着十几年甚至20多年的潜没式电泵设计、生产和管理经验，尤其是一些工程技术人员，长期从事潜油电泵设计、制造及研究工作，有的是曾经参与过20世纪80年代中期消化和吸收引进美国潜油电泵技术的工程技术专家。

与此同时，王欣在公司设立了分工明确的各级部门，组建了专业齐全的专家委员会，且与潜油电泵有关的各大科研院所和技术院所建立了广泛的合作关系。

凭借着先进的技术、可靠的产品质量及灵活的市场经营理念，天津百成生产的潜油电泵、潜油螺杆泵、潜海水电泵等产品迅速成为国内外知名品牌；同时，王欣亲手打造的这家民营企业也成为中国石油行业两大龙头企业——中国石油天然气集团公司和中海石油（中国）有限公司——的首选供应商；天津百成也逐渐成为一些国际知名公司的潜油电泵供应商。

2006年，美国斯伦贝谢主动上门，寻求与王欣合作的机会。经过多轮谈判，王欣与美国斯伦贝谢公司签订了深层次合作协议。他告诉中制智库，之所以决定与这家全球最大的油田技术公司合作，主要是想把天津市油田采油成套设备有限公司打造成为世界级的潜油电泵制造及服务商。

2. 破解"卡脖子"技术难题，成为南海东部油田里的"定海神针"

天津百成实现大跨越是在2018—2020年。这三年，天津百成进行了智能

制造软件、硬件的全面升级，实现了给企业数字化赋能，对软件全生命周期管理；9条自动化生产线先后投入生产。

2019年，天津百成生产的TVM456D潜油电机产品荣获天津市科学技术进步奖三等奖；在参加品牌中网举办的"2019年中国潜油泵10大品牌"评选活动中，天津百成荣获第一名。

同年11月，中海油有关领导和南海东部油田各油田组到天津百成考察，看到工厂硬件、软件都不比外国公司差，甚至比外国公司还要强，而且大排量机组已经运行成功，实现了大泵国产化，参观组成员纷纷对王欣董事长竖起大拇指，并表示对公司的软件、硬件都十分满意。随后，受中海油委托的试制国产大机组替代进口大机组项目标志着天津百成进一步与央企国家队进行深度合作。

常言道"上天难入地更难"，深海采油作业因要钻入环境复杂的海底地层深部寻找油气，还要将其成功提取到地面上来，是世界公认的高风险、高科技、高成本"三高"行业。作为我国深海油气资源开发的实践者，王欣和他的团队一直在苦苦钻研如何进一步强化核心自主知识产权的研发和集成应用能力，克服南海深水环境和地质复杂条件，破解核心技术常被国外"卡脖子"的难题。

据王欣介绍，2021年11月，天津百成在南海东部油田试机成功的排量3000立方米、扬程800米的大功率潜油电泵机组，单节电机功率输出可高达714马力，可在井下温度高达200℃、负压350千克（35MP）的腐蚀性环境中不间断作业，主要性能指标均已超越国际水平，所有的关键零部件都是自主研发、自主生产，真正成为南海东部油田开采的"定海神针"，为国家、为中华民族增了光、添了彩。

3.科技自主创新是生命力，推动中国制造向"中国智造"转变

在王欣董事长的带领下，天津百成不断创新，在生产过程中率先引入"5G+互联网智能"科技，建设了潜油泵生产的自动化工厂。如，生产738系列潜油泵的工厂，不仅拥有高标准的生产工艺，且能通过"5G+互联网智能"

的自动化生产线生产一些最关键的零部件。

目前，天津百成在"5G+互联网智能"的赋能下，单件产品的生产速度从45分钟缩减到了35分钟，不仅在我国同行业内领先，即便在英美等发达国家，这一生产技术、生产速度也处于领先地位。

天津百成的一整套大功率机组潜油电泵生产技术、生产工艺，均为自主研发、自主生产，目前国内同行业里没有，数字智能化在全世界潜油电泵行业里也是首创。在天津百成，我们欣喜地看到，所有的关键零部件都是自主生产，而且每一个关键零部件，都可以提供各种型号、各种规格的定制，因此也就不担心被国外"卡脖子"了。

回顾天津百成的成长史、发展史，从2011年组建至今，公司已拥有天津市潜没电机企业重点实验室和天津市潜没电泵技术中心等研究机构，并先后获得56项自主专利技术。

↗ 天津菲特：从质检服务到"智"检系统 "隐形冠军"

提起中国汽车制造业的名牌企业，人们肯定会想到一长串品牌：上汽集团、中国一汽、东风汽车、长安汽车、广汽集团、北汽集团、吉利集团、长城汽车、比亚迪……

然而，这些只是属于中国汽车整车制造的品牌企业，在汽车零部件制造、汽车服务贸易等汽车产业链上，还有众多的质检企业、质检专家默默地把守着中国汽车制造的质量关。2013年创建的菲特（天津）检测技术有限公司（以下简称"天津菲特"或"菲特"）就是一家在中国汽车质检行业颇负盛名的领军企业。这家企业的创始人、总裁曹彬，多年专攻汽车质检服务，已经成为名副其实的汽车质检专家。

菲特专注于汽车质检智能化检测技术的研发创新与应用，填补了多项汽车检测技术的空白，解决了行业内"卡脖子"的技术难题，被业内专业人士称为"隐形冠军"。

菲特自主研发生产的一整套汽车智能化检测方案和设备，得到了一汽大众、红旗、长城、本田、丰田、比亚迪等众多头部客户的认可和采用；另外，菲特还跟百度、字节跳动等互联网企业拥有良好的战略互动合作关系。

近年来，曹彬领导的菲特研发团队，参与了多项车型国产化项目的标准制定，先后获得国家级高新技术企业、国家级专精特新"小巨人"企业、国家创新创业大赛二等奖等诸多殊荣。

1.起步"人工目测"质检，四年实现智能化转型大跨越

天津菲特成立初期的一项主要业务是为知名品牌汽车提供质量检测服务。当时的国内汽车质检行业，普遍采用"人工目检"。由于"人工目检"劳动量大、检测效率低，且存在漏检、误差等问题，导致供应链的基础数据缺乏、标准不透明，难以精准对标追溯，因此汽车检测的返工隐形成本偏高，已明显不适用于现代汽车的生产检测要求。

在国内消费市场，即便是一些国际知名的汽车品牌，也经常发生上市的汽车被召回的事件，因此汽车质量检测受到很多消费者的质疑。就在这种背景下，2016年底，曹彬开始筹划组建研发团队，进行汽车智能检测系统的研发，并在2017年投资1000万元，正式成立了菲特研发团队，团队中包含光学、软件、AI等前沿课题研发小组，专攻汽车质检软件和智能硬件的开发应用。

菲特由此正式进入计算机AI视觉技术应用领域，并在两年内完成了针对不同应用场景通用化AI视觉及大数据分析的一系列解决方案，可以为汽车客户提供质量预警、成因分析、趋势分析、工艺优化等多方面的产品与服务。

曹彬认为，菲特开辟了传统汽车质检的一个新方向，将计算机AI视觉技术，应用到汽车质量检测领域，实现了汽车智能化质检，一方面通过智能设备可以统一检测标准，避免了目检带来的不稳定性；另一方面也降低了人员使用率，降低了人工成本，提升了检测质量。可以说，汽车智能化质检促使整个汽

车质检行业发生了质的改变。

2.广揽业内各方精英，要做就做行业天花板

做工业互联网的人有两种出身，一是做工业出身，二是做互联网出身。这些年下来，成功的以后者居多。为什么？因为后者具有场景优势。

走进现在的天津菲特，首先感受到的就是专业人才多、工程师多。目前，菲特拥有300多名成员，其中研发团队148人，占公司总人数的52%。菲特核心研发成员主要来自天津大学、上海交通大学、都柏林大学、英国伦敦大学学院、东京大学等国内外知名院校，以及国内外知名企业行业专家和高管。

曹彬本人是德国柏林大学真空物理专业的硕士高材生，为人低调内敛善于识人用人，有深谋远虑的眼光、适时出击的决断力。从一开始踏入汽车质检行业，他就在不断拓宽人脉，同时注意延揽身边能接触到的各类人才。天津菲特公司副总裁、菲特(天津)上海分公司法定代表人常小刚是汽车传动领域的一名专家，曾在一家世界500强企业工作。曹彬说，他"三顾茅庐"，终于打动了常小刚，让他主动放弃上千万的年薪，加入了天津菲特；胡江洪是天津菲特的副总裁，也是汽车行业的一名高级工程师，他因为曹彬总裁的一句"我们要干一件能成为行业天花板的事"，深受感动，果断加入了菲特。

自从转型进入汽车智能检测行业，菲特一直坚持自主创新，不断强化技术研发能力。如今的天津菲特已经是一家拥有完全自主知识产权的高科技企业，致力于将机器视觉、人工智能、光学测量、机器人技术应用到汽车工业上，为客户提供整套的智能制造在线检测方案。

2021年天津菲特联合天津大学成立"天津大学—菲特联合研发中心"，双方通力合作，整合各自人才、技术储备、行业资源等优势，制订工业智能检测领域的战略规划，实现检测行业智慧化变革，推动检测行业智能化发展。

3.填补多项汽车智能质检空白，准确率达到99.99%

据曹彬总裁介绍，菲特业务主要分为四大板块：AI、机器视觉、自动化

和工业控制软件。2019年，菲特和一汽大众联合建立的产学研平台，共同填补了多项汽车行业空白；截至2021年底，菲特已经积累了2亿多条工业质量数据，将光学、AI、机器人、物联网等技术融合到一起，为汽车质检行业提供了50余项填补行业空白的在线质检方案，并创造性地解决了成本、节拍以及在线检测精度不高的问题。

据专业人士介绍，目前人们熟知的人脸识别，准确率仅需达到90%～95%，可以通过多次识别来弥补准确率的问题；但工业生产的容错率极低，生产成本需要极高精度的准确率作保障。菲特在这一难点的研发上取得了突破，不仅可以实现在线检测，且准确率可高达99.99%。菲特汽车冲压车间线尾检测设备，不仅完成了国内首创，也填补了行业内该项领域的空白。

2018年以来，曹彬和菲特公司的研发团队已经参与了多项车型国产化项目的标准制定，并参与众多汽车头部客户的技术支持及现场质量体系规划等工作。

据曹彬透露，近年来，菲特每年投入研发的经费能占到总收入的50%～60%。在信念的驱使下，菲特并没有止步于AI智能检测，而是依托在汽车行业这一"复杂工业生产领域"中积累的丰富的AI智能质检综合能力和经验，经过两年多的准备和研发推进，于2021年初成功完成了跨行业的推广利用，实现了医药、化纺、军工等行业领域的横向技术拓展，并为众多制造业企业提供了多项技术解决方案。

现在菲特的汽车质检技术与产品，在全国市场占有率已超过80%。曹彬说，菲特之所以能走到现在，是从一招一式中苦练出来的。

威海广泰：30年缔造全球空港装备行业的龙头

威海广泰空港设备股份有限公司（以下简称"威海广泰"）的创始人叫李光太，在2021年山东创富榜上，他以22.86亿人民币的财富强势登榜。

李光太曾是某国有自动化研究室主任。50岁那年，他靠着一股"造中国人自己的飞机电源车"的心气，和"与外国人一较高下"的不服输的劲头，从零起步，创建了威海广泰，成为中国空港地面设备行业的拓荒者。如今，这家企业已成为多元化的上市集团，是全球空港装备行业的龙头企业，总资产逾52.9亿元，年营业收入达30多亿元。

威海广泰成立至今，其产品从电源车逐步拓展至几乎所有的空港装备，包括摆渡车、牵引车、平台车、除冰车、气源车、客梯车、食品车、垃圾车、飞机维修作业平台、飞机夜航照明车等，产品达31个系列304种型号，覆盖机场的机务维修与服务、飞机货运、油料加注、场道维护、客舱服务、机场消防等六大作业单元，成为全球空港装备最完整的企业、亚洲最大的空港装备企业。

1. "偌大一个中国，难道造不出自己的电源车？"

创建威海广泰之前，李光太在原机械工业部下属的国有自动化研究室工作，主要进行电源设备（包括特种电源）的研究，因工作成绩突出，一路升至自动化研究室主任、研究所副总工程师。在此期间，他带领团队潜心业务研究，研发出了中国的400Hz航空电源车，该项发明通过了国家相关部级鉴定，获得科技成果奖，还获得原机械工业部的科技进步二等奖。

1972年，尼克松来中国访问，自带了400Hz交流电源车给自己的专机供电，当时周总理等中央高层出国访问乘坐的是苏式飞机，用的是28V的直流电。当时国内还没有400Hz交流电源车。作为科研人员的李光太骨子里透着深深的民族气节，看到这则新闻，心中颇不是滋味，禁不住反问："偌大一个中国，难道造不出自己的电源车？中国还有多少这样的基础设备尚待突破？"

1990年11月，李光太带着全家从兰州回老家创业。回到威海之后，他四处筹措资金，第二年，用不到5万元的注册资本，组建了威海特种电源研究所和设备厂，着手研发生产我国第一台航空电源车。

当时，李光太靠租借电冰柜厂的厂房和简陋的办公室办公，可见创业之初多么艰辛、多么窘迫。恐怕没有人能想到，李光太50岁时的这一次破釜沉舟，会成为中国空港地面设备行业发展史上崭新的开端——在此后的30多年，他痴迷空港装备前沿技术研发，在国内空港设备行业尚不具有研发和制造能力的背景下，推动我国空港装备从仿形、仿制向自主创新转化的跨越式发展，一次又一次地打破国外核心技术垄断，开发出空港装备产品覆盖机场的六大作业单元，为一架飞机配齐所有地面设备，将一个名不见经传的小企业，打造成为行业内扬名世界的中国品牌，成为全球空港地面设备行业的龙头企业。

2.30年痴迷自主创新，缔造中国空港装备行业的龙头

1993年10月，"威海特种电源设备厂"正式更名为"威海航空地面设备有限公司"。1996年，"威海广泰空港设备有限公司"成立。在拓展国内市场的同时，李光太也关注国外电源车的发展趋势，他发现，国外已经在电源车的基础上开始搞静变电源，于是不再满足于飞机电源车这"一亩三分地"的他，开始瞄准西方发达国家的前沿科技，酝酿研发新一代飞机供电设备——静变电源。

功夫不负有心人，在无数次的失败和摸索中，李光太和技术团队逐步了解、掌握了静变电源的相关技术。1999年，首批两台静变电源样机正式下线，这也是威海广泰的第一代静变电源；在此基础上，经过潜心研究和不断改善，2001年，李光太和技术团队进一步研发出了威海广泰的第二代静变电源。第二代静变电源体积更小，重量更轻，功能更全，完全不输于国外先进产品，其产品质量、变电品质受到客户的广泛好评。

在开发新一代飞机供电设备——静变电源的同时，威海广泰已开始从单一电源车产品向空港地面设备全面拓展，以此来打破国外空港地面设备核心技术的垄断。

作为中国民族品牌，威海广泰凭借其平均50%的市场占有率，撑起了空港地面设备产业国内市场的半壁江山，同时产品出口亚洲、非洲、南美洲，走进全球60多个国家和地区，在国际市场上取得了一席之地。

目前，威海广泰已拥有子公司及主要下属单位21家，产业板块集空港、

军工、消防救援、移动医疗、无人机、电力电子等智能化高端保障装备于一体，是全球空港地面设备行业的领跑者，国内领先的应急救援、移动医疗、无人机、电力电子装备制造商。

3.子承父业，续写中国空港装备行业的新传奇

2018年，李光太把公司总经理的位置交给了儿子李文轩。2022年3月，威海广泰董事会换届，选举李文轩担任新一届董事长，李光太改任名誉董事长，将继续在企业战略发展、研发创新、管理变革、智能化转型、文化传承等方面，给予指导和帮助。

李文轩生于1970年。其实，早在1996年5月，他就创立了山东广大航空服务股份有限公司，在新三板挂牌，专门从事航空地面设备维护养护服务，为威海广泰产品做售后服务。2018年，他升任威海广泰总经理，开始全面掌管公司生产经营业务，彼时的威海广泰，空港地面设备全系列的产品开发和定位基本完成，企业在空港地面设备领域的发展遭遇瓶颈，正在寻求新的拓展方向。

2021年，威海广泰克服新冠疫情的不利影响，实现了营业收入的稳定增长，全年实现销售收入30.79亿元，同比增长3.85%；归属于母公司股东的净利润为4.44亿元，同比增长15.85%。与此同时，全年完成新产品研发67项，申请专利112项，6种产品属于行业首创。威海广泰继续推进精益化生产，加大技术改造投入，生产加工设备向自动化、智能化转型，成效显著。

"父亲最大的梦想，就是把广泰做成空港地面设备世界第一，我打小就是听着这样一个梦想长大的，这是他这一辈子的心愿。我现在继承的不仅仅是一份家业，更多的是上一代广泰人的梦想。"对于父亲寄予的厚望，李文轩在接受媒体采访时说，"我的使命是继续带领广泰人书写空港装备行业的历史。"

📈 重庆聚源：中国西南地区最大的挤塑板制造企业

20世纪80、90年代，重庆有个有名的"泡沫王"，每天在重庆市的大街小巷吆喝着收购泡沫塑料等废品，以此养家糊口。这位"泡沫王"名叫潘会民。熟悉他的人就叫他"泡沫王""潘泡沫"。

谁也想不到，就是这个"泡沫王""潘泡沫"，用了30年的时间将一个不起眼的回收废旧物资的"小作坊"，打造成为中国西南地区最大的挤塑板制造商，被中国工信部认定为国家级的专精特新"小巨人"企业，还获得了联合国约161.29万美元的多边基金赠款。

潘会民是重庆聚源塑料股份有限公司（以下简称"重庆聚源"）董事长。重庆聚源是一家集研发、生产、销售、施工为一体的建筑环保节能企业，主导产品是聚源XPS挤塑板（简称"挤塑板"），这是一种优良的绿色建筑保温建材。在重庆这座传统与时尚交融、繁华与烟火气并存、高楼大厦鳞次栉比的城市，有一半以上的高楼建筑穿的保温隔热"外衣"来自重庆聚源。这些年公司累计生产销售的挤塑板，足足可以绕地球赤道5大圈。

1. 从"小作坊"到国家级专精特新"小巨人"企业

2006年，潘会民告别"小作坊"模式，成立了重庆聚源。公司的定位是一家集研发、生产、销售、施工为一体的建筑环保节能企业，以聚源XPS挤塑板、聚源XPS保温板（简称"保温板"）等为主打产品。

聚源XPS挤塑板的全称为"挤塑聚苯乙烯泡沫塑料板"，这是一种由废旧塑料加工而来的新型环保材料，也是普遍推广的环保节能建筑材料，用在建筑墙体上可以使房屋冬暖夏凉。目前，这种新型环保材料也被广泛应用于地热工程、中央空调通风管道、高速铁路、机场跑道、大型冷库以及车内装饰保温等诸多领域。

从生产第一代建筑节能产品开始，重庆聚源始终致力于产品功能、质量、寿命等特性的迭代升级。公司生产的第三代挤塑板，抗压强度已经达到国内领先水平，彻底改变了国内高强度挤塑板从国外进口的现状，而且每立方米价格比同类进口产品低300～500元，一经推出就受到市场广泛青睐，客户覆盖全国前50强的所有房地产企业。据潘会民介绍，在国内的一些机场，比如昆明机场、重庆江北机场，已经停止从国外进口，开始使用重庆聚源生产的第三代挤塑板。

由于始终坚持"专精特新"的战略定位，重庆聚源在收获市场的同时，也获得了卓越的行业地位，被工信部认定为专精特新"小巨人"企业。

2.人才荟萃激活自主创新动力

重庆聚源成立之初，潘会民为了弥补自身经验和技术上的不足，聘请了十多位行业内的专家教授做公司技术顾问，与中国人民解放军后勤工程学院在建筑节能保温新材料研发、建筑施工技术及工艺改进、工程质量检测分析等领域保持着密切的技术合作关系。他带领公司的数十名技术骨干，结合市场的反馈，在建筑节能保温新材料上不断进行技术创新，对产品进行功能、质量、寿命等特性上的迭代升级，逐步使公司成为集研发、生产、销售、施工和教学为一体的专业生产商，确保了公司的产品质量、施工技术、理论预研、新品开发在业界得到广泛认可，铸就了重庆聚源的良好信誉和品牌形象。

近3年，重庆聚源为了更好抢占市场，成立了自己的研发团队，并每年大幅度增加研发投入占比，大力开发新产品、提升新工艺。2020年，该公司又投入500万元对板材阻燃和保温性能等方面进行工艺改造。

3.专注绿色环保，获得联合国160多万美元赠款

重庆聚源是国内建筑保温建材行业里为数不多的高新技术企业，先后取得10多项国家专利成果。潘会民高度注重绿色发展，公司一直致力于把绿色装配式一体化材料做得更好、更专一，将所有生产线都实现智能化生产、绿色

生产，所有产品都做成保温隔热绿色建材。重庆聚源还因此获得了联合国约161.29万美元的多边基金赠款。

2021年12月22日，由中制智库、中央电视台融媒体、凤凰网财经联合发起的《隐形冠军》大型原创节目组在重庆市沙坪坝融汇丽笙酒店举行了走进"小巨人"企业重庆聚源开机仪式。工信部领导，重庆市政协、住建委、重庆市綦江高新区管委会等相关部门负责人及房地产行业经销商代表共同见证了这一重要时刻。

在开机仪式上，材料专家周长益表示，重庆聚源生产的保温一体板，具有优良的保温隔热性、卓越的高强度抗压性，生产技术达到国内先进水平，与节目选题标准相契合。他认为，重庆聚源入选《隐形冠军》节目，成为打造行业标杆的重要样本，可以为其他企业提供一些参考和借鉴，意义非凡。

📈 昌辉汽车电器：永葆危机意识，创新造就卓越

虽然地处安徽黄山腹地，从农机具生产起家，昌辉汽车电器（黄山）股份有限公司（以下简称"昌辉"）却走出了一条令人瞩目的前沿技术迭代之路。

先进的文化引领和技术创新驱动一直是昌辉集团的两大法宝。昌辉用40多年书写了一个群山深处的企业创新奋斗的奇迹。

作为新时代的徽商企业，昌辉专注于汽车零部件和精密模具加工，目前已经介入智能网联汽车和无人驾驶领域，潜心研究技术，用心拓展市场。历经40余年的发展，昌辉已成为中国汽车及零部件产业的重要力量，被中国汽车工业协会等部门授予"中国汽车零部件行业龙头企业""行业领军企业"等称号；成为为戴姆勒－奔驰、通用、福特、大众等国内外40多家知名汽车主机厂原装配套企业，成为诸多知名企业的核心供应商和战略合作伙伴。

1.危机意识造就亮剑精神

如何让自己的产品跟上时代的发展，而且站在技术的最前沿，是醉心追求卓越的昌辉一直在研究的大课题。

20世纪70年代，昌辉的前身为溪口农机厂，是一家仅能制造简单农业机械的作坊式乡办企业，只能生产发电机调节器、半导体和晶体管收音机。随着市场竞争日益激烈，企业经营困难重重，现任昌辉董事长王进丁，当时被老厂长委以重任，带领团队尝试向汽车零部件领域进军。

王进丁下定决心："要不就不做，做就专心做，必须做好。"这个理念发展至今，已完善成为"只有专业才有超越"，成为昌辉在企业文化方面的核心竞争力。

刚刚转型的昌辉，技术水平和生产效率十分低下。为了找到新出路，王进丁去长春寻求合作。一汽被他锲而不舍的精神打动，从此成为昌辉的第一个重要客户。之后昌辉在跟客户的磨合中不断学习和成长，在市场上站稳了脚跟。

1994年的一次出国走访让王进丁敏锐地意识到，昌辉未来要想走在行业的前沿，就必须立刻推动机械工业自动化。于是他靠着三千万元贷款，完成了昌辉有史以来最大的一笔投入，而这一大胆决定，也为企业后续的信息化和工业化建设奠定了基础。

2.永远追求新知识、新技术

伴随着中国汽车工业的飞速发展，昌辉也逐渐步入了快车道，迈开了区域扩张和海外拓展的步伐。

昌辉目前的核心产品，一类是汽车电子电器产品，另一类是汽车电动助力转向产品。尤其在转向系统领域，昌辉经过十余年探索，连续开发了多种系列的汽车EPS产品，在EPS关键技术领域拥有多项完全自主的知识产权，是全球主要乘用车和商用车车企的重要合作伙伴。

为了紧跟时代发展步伐，昌辉又积极布局自动驾驶领域，研发出了更多智能产品。昌辉现在的工厂都已转变成以智能化生产线为主、以人工生产线为辅的智能工厂，机械臂可以完成零件组装、零件拆解等一系列复杂的操作，完全可以替代人工。在保证数量的同时也能稳定质量。

在为奇瑞平台化项目特别定制研发的一条生产线上，工人配合机器取放物料，最复杂、最精密的工作由机器完成。十几个工人的生产线，每天8小时的产量可达500套，产值可达4000万。

早在2010年，科技部就授予昌辉"国家重点高新技术企业"称号。现在的昌辉拥有了400余项国家发明和实用专利技术，在主要技术指标方面国内领先。冲压是汽车制造的核心工艺，0.02毫米的精度让昌辉的技术远高于行业平均水平，逐渐掌握了行业话语权，成为国内7个行业标准的起草制定单位。

📈 凯卓立：做细分领域的开辟者和规则主导者

据中国物流与采购联合会公路货运分会2021年1月的公开数据，汽车尾板市场呈现"一超多强"格局，其中深圳市凯卓立液压设备股份有限公司（以下简称"凯卓立"）拥有31.22%的市场份额，为"一超"，约是排名第二的企业的2.5倍。30年前，凯卓立最早引进国外汽车尾板先进技术，坐了几十年冷板凳，硬生生做出一个空白市场，如今智能化尾板3.0即将闪耀问世，有望率先完成向数字化、智能化的华丽转身。更重要的是，凯卓立创造了一个中国物流运输业的细分领域——车用起重尾板行业，并成为规则的主导者与市场的开辟者。

1. 从仿制到创新，20余年深耕市场

凯卓立的创始人王泽黎是一位出身于航空动力液压控制专业的高级工程师。1991年，他引进国外技术并组织了几个技术人员，决心做"第一个吃螃蟹的人"，开始尝试尾板零部件的OEM生产。

王泽黎于1995年创立了凯卓立品牌，公司从汽车尾板的引入、推广开始做起，然后仿制、自研，最后升级、出口。经过20多年的发展，凯卓立从引进、仿制到反哺欧美，从1.0到2.0再到3.0，产品不断升级迭代。现在"中国人自己的尾板"在国际市场已经供不应求，很多国外订单都需要提前预定，凯卓立的国际化之路越走越宽。

凯卓立扎根尾板行业28年，最终消除了汽车尾板使用的政策性障碍，打开了尾板行业发展的快速通道，从0到1，创造了一个行业，开辟出了一个市场。

2.专业锚定，主导尾板行业的标准与规则

当凯卓立率先引入、推广汽车尾板的时候，才发现这在国内是一个"灰色产业"，虽然尾板行业在国外早已是成熟产业，但当时的国内政策法规却依然空白。这导致尾板行业小作坊遍地、产品质量参差不齐。

凯卓立迎难而上，坚持两手抓，并且两手都很硬：一手抓市场培育，发挥领军作用，联合其他企业进一步挖掘国内尾板市场需求，让尾板成为物流运输装备中的"刚需"；另一手抓行业培育及标准规范，主要着眼于纠偏与统一，努力确立一套可执行的标准规范。

2004年，凯卓立实施《QC/T699-2004车用起重尾板》，对尾板的形式、参数、技术要求、试验方法等进行了规定，这是国内关于汽车尾板的首个企业执行标准。从奔走呼吁到产品践行，凯卓立实现了汽车尾板行业标准的从0到1，并将自己的企业标准逐步变为国家推行的行业与管理标准。2018年5月16日召开的国务院常务会议明确指出，制定安装尾板国家标准、完善管理，作为物流降本增效措施之一；2019年5月10日，国家标准《车用起重尾板安装与使用技术要求》由国家市场监督管理总局、中国国家标准化管理委员会发布，同年底实施。此后，凯卓立还参与了国家对尾板行业行政管理的顶层设计。

凯卓立双管齐下，不仅成为汽车尾板市场的主导者，还能够有效参与或主导尾板行业标准与规则的制定，从而确立了其在中国汽车尾板行业中的领导地位。

参考文献

1 习近平.论把握新发展阶段、贯彻新发展理念、构建新发展格局[M].中央文献出版社,2021.

2 刘鹤.加快构建以国内大循环为主、双循环相互促进新发展格局[N].人民日报,2020-11-25.

3 刘鹤.两次全球大危机的比较研究[M].中国经济出版社,2013.

4 周济,李培根.智能制造导论[M].高等教育出版社,2021.

5 苗圩,刘利华.工业软实力[M].电子工业出版社,2017.

6 刘世锦.读懂"十四五":新发展格局下的改革议程[M].中信出版集团,2020.

7 黄奇帆.结构性改革:中国经济的问题与对策[M].中信出版集团,2020.

8 辛国斌,田世宏.智能制造标准案例集[S].电子工业出版社,2016.

9 制造强国战略研究项目组.制造强国战略研究(领域卷一)(领域卷二)(智能制造专题卷)(综合卷)[M].电子工业出版社,2015.

10 国家制造强国建设战略咨询委员会,中国工程院战略咨询中心.<中国制造2025>重点领域技术创新绿皮书—技术路线图(2017)[R].电子工业出版社,2018.

11 中国工程院"中国工业化中后期过渡阶段产业共性技术支撑体系研究"项目组.中国工业化中后期过渡阶段产业共性技术支撑体系建设研究[R].电子工业出版社,2023.

12 中国工程院工业强基战略研究项目组.工业强基战略研究(卷Ⅰ)(卷Ⅱ)(卷Ⅲ)[M].电子工业出版社,2017.

13　中国工程院战略咨询中心.中国制造强国发展指数报告[R].2019,2020,2021.

14　中国企业联合会,中国企业家协会.2022中国500强企业发展报告[M].企业管理出版社,2022.

15　刘志彪.经济全球化与中国产业发展[M].译林出版社,2016.

16　刘志彪,安同良.现代产业经济分析(第3版)[M].南京大学出版社,2009.

17　江小涓,等.技术贸易：世界趋势与中国机遇[M].清华大学出版社,2022.

18　曹开虎,粟灵.碳中和革命：未来40年中国经济社会大变局[M].电子工业出版社,2021.

19　姚洋,[美]杜大伟,黄益平.中国2049：走向世界经济强国[M].北京大学出版社,2020.

20　张维迎.市场的逻辑[M].西北大学出版社,2019.

21　王宏广.填平第二经济大国陷阱：中美差距及走向[M].华夏出版社,2018.

22　迟福林.高水平开放的中国与世界[M].中国工人出版社,2021.

23　高云龙.中国民营经济发展报告No.18(2020—2021)[M].中华工商联合出版社,2022.

24　王广宇.新实体经济：高质量发展的强国之路[M].中信出版集团,2018.

25　邢予青.中国出口之谜：解码价值链[M].生活·读书·新知三联书店,2022.

26　汪海波.中国产业结构演变史（1949-2019）[M].中国社会科学出版社,2020.

27　彭俊松.工业4.0驱动下的制造业数字化转型[M].机械工业出版社,2016.

28　朱宁.刚性泡沫：中国经济为何进退两难[M].中信出版集团,2016.

29　马国川.国家的启蒙：日本帝国崛起之源[M].中信出版集团,2018.

30　金心异,陈倩,李宁.先行：华为与深圳[M].广东旅游出版社,2021.

31　金海年,顾强,巩冰,等.大国的坎：如何破解"卡脖子"难题[M].中国对外翻译有限公司,2022.

32　李晓西,胡必亮,等.中国经济新转型[M].中国大百科全书出版社,2011.

33　任泽平,罗志恒.全球贸易摩擦与大国兴衰[M].人民出版社,2019.

34　中国民生银行研究院.迈向中高端、高质量——我国主要产业发展研究报告2019[R].中国金融出版社,2020.

35　王小鲁.中国：增长与发展的路径选择[M].中国发展出版社,2018.

36　赵伟,张蓉蓉.转型之机：从中国经济结构转型看资本市场投资机遇[M].中信出版集团,2020.

37　何帆.变量：大国的腾挪[M].新星出版社,2021.

38　赵燕菁.大崛起：中国经济的增长与转型[M].中国人民大学出版社.2023.

39　滕泰,张海冰.创造新需求：软价值引领企业创新与中国经济转型[M].中信出版集团,2021.

40　林雪萍.灰度创新：无边界制造[M].电子工业出版社,2020.

41　郑永年.有限全球化：世界新秩序的诞生[M].东方出版社,2021.

42　宁振波.智能制造的本质[M].机械工业出版社,2021.

43　王缉慈.创新的空间——产业集群与区域发展[M].科学出版社,2020.

44　李晓.双重冲击：大国博弈的未来与未来的世界经济[M].机械工业出版社,2022.

45　曹仰锋.第四次管理革命：转型的战略[M].中信出版集团,2019.

46　符永康.未来的企业：中国企业高质量发展之道[M].中国人民大学,2022.

47　何勉.精益产品开发原则、方法与实施[M].清华大学出版社,2017.

48　程惠芳,王忠宏.先进制造业集群：制造强国的实现路径（现代化新征程丛书）[M].中国发展出版社,2023.

49　张占斌.国内大循环[M].湖南人民出版社,2020.

50　王建.城镇化与中国经济新未来[M].中国经济出版社,2013.

51　段永朝.互联网思想十讲：北大讲义[M].商务印书馆,2014.

52　马晓河.转型中国：跨越"中等收入陷阱"[M].中国财政经济出版社,2020.

53　钟永恒,等.中国基础研究竞争力报告2022[R].科学出版社,2023.

54　工业和信息化部中小企业局"专精特新"中小企业发展政策汇编（2021年）[M].2021.

55　中国中小企业国际合作协会.服务中小企业专精特新发展产业政策评估[R],2019.

56　中国中小企业发展促进中心.2022年度中小企业发展环境评估报告[EB].2022.

57　[德]赫尔曼·西蒙,杨一安.隐形冠军：未来全球化的先锋（原书第2版）[M].张帆,吴君,刘惠宇,刘银远,译.机械工业出版社,2019.

58　[美]克里斯·米勒.芯片战争：世界最关键技术的争夺战[M].蔡树军,译.浙江人民出版社,2023.

59　[美]董洁林.人类科技创新简史:欲望的力量[M].中信出版集团,2019.

60　[英]约翰·齐曼.技术创新进化论[M].孙喜杰,曾国屏,译.上海科技教育出版社,2002.

61　[印度]阿比吉特·班纳吉,[法]埃斯特·迪弗洛.贫穷的本质(修订版):我们为什么摆脱不了贫穷[M].景芳,译.中信出版集团,2018.

62　[美]戴维·奥德兹,[德]埃里克·莱曼.德国的七个秘密:全球动荡时代德国的经济韧性[M].颜超凡,译.中信出版集团,2018.

63　[美]杰克·拉斯穆斯.全球经济的系统脆弱性[M].贾拥民,译.华夏出版社,2023.

64　[美]肯尼斯·斯坦利,[美]乔尔·雷曼.为什么伟大不能被计划:对创意、创新和创造的自由探索[M].彭相珍,译.中译出版社,2023.

65　[美]迈克尔·波特.竞争战略[M].陈丽芳,译.中信出版集团,2014.

66　[美]奥利弗·E.威廉姆森,[美]西德尼·G.温特.企业的性质[M].姚海鑫,邢源源,译.商务印书馆,2010.

67　[德]安德烈亚斯·法迈尔.德国大历史:一本书通晓2000年德国史[M].饶前程,译.中国友谊出版公司,2021.

68　[荷]托马斯·克伦普.制造为王:发明、制造业、工业革命如何改变世界[M].陈音稳,译.中国科学技术出版社,2023.

69　[瑞士]乔治·豪尔,[瑞士]马克斯·冯·泽德维茨.从中国制造到中国创造:中国如何成为全球创新者[M].许佳,译.中信出版集团,2017.

70　[日]后藤俊夫.工匠精神:日本家族企业的长寿基因[M].王保林,译.中国人民大学出版社,2018.

71　[美]范内瓦·布什,[美]拉什·D.霍尔特.科学:无尽的前沿[M].崔传刚,译.中信出版集团,2021.

72　[美]加理·皮萨诺,[美]威利·史.制造繁荣:美国为什么需要制造业复兴[M].机械工业研究院战略与规划研究所,译.机械工业出版社,2014.

73　[美]保·柏林翰.小巨人:不扩张也能成功的企业经营新境界[M].娄丽娜,译.中信出版社,2007.

74 新望.40年改变中国：经济学大家谈改革开放（上下册）[M].北京联合出版公司,2018.

75 新望.制造新格局：30位知名学者把脉中国制造[M].电子工业出版社,2021.

76 新望.中国制造前沿大讲堂[M].红旗出版社,2019

近5年来，我基本上都在与制造业企业家、制造业专家以及各级制造业职能部门打交道。

在中制智库拍摄的《隐形冠军》系列纪录片里，每一集我都要执行一个规定动作，去企业现场参观调研，然后与企业一把手对话。如山东佰盛能源科技有限公司创始人张寿新、温州润新机械制造有限公司创始人杨润德、昌辉汽车电器（黄山）股份有限公司创始人王进丁、河北龙凤山铸业有限公司创始人白居秉、威海广泰空港设备股份有限公司创始人李光太、广西南南铝加工有限公司董事长韦强等。

中制智库每两周一次的企业家沙龙也由我主持。外地企业家远道而来，会前会后都会抽出时间做个别交流。印象较深的有杭州春江阀门有限公司董事长柴为民、江苏常熟纺织机械厂有限公司总经理钱陈辉、菲特（天津）检测技术有限公司总经理胡江洪、天津迅尔仪表科技股份有限公司董事长李红锁、舟山7412工厂厂长陈益峰、杭州之江有机硅公司董事长何永富等。

中制智库承办的制造强国系列论坛，嘉宾都是业界翘楚，理论、政策水平高，代表了中国制造业的主流声音，有的嘉宾观点还形成了现象级的传播。这些嘉宾包括国家制造强国战略咨询委员会成员苏波、干勇、陈建峰、尤政、邬贺铨、陈学东、刘利华、屈贤明、黄群慧、张彦敏、夏斌、宗良，另外如李毅中、黄奇帆、刘世锦、杨志明、年勇、常凯、单忠德、赫尔曼·西蒙、余永定、张维迎、刘志彪、贾康、王宏广、徐林、张相木、周长益、刘九如、吴晓波、吴甘沙、林雪萍、徐静、吴进军、聂秀峰，等等。

在几个比较专业的有关制造业的微信群里，密集、鲜活的讨论紧随全球制造业前沿和宏观大势，群内分享、阅读与呼应几乎成为大家日常生活的一部分。如由我担任群主的"制造业专家"群、刘志彪教授的"产经学术"群、杨静女士的"新智元人工智能"群、沈建光博士的"宏观研究"群、工信智库联盟秘书处的"工信智库联盟成员"群，等等。

几年来，中制智库承担了多个国家部委和地方政府与制造业相关课题的研究工作，如工信部产业政策法规司"提升产业链供应链现代化水平的思路与对策"、工信智库联盟"新时期智能制造若干重大问题研究"、宝武集团工业互联网研究院"数实结合路径与场景"、苏州市市委宣传部"协同发展实践与经验"、河北保定市"电力及新能源装备集群建设"、安徽宣城"绿色智造的宣城实践"、江苏溧阳市"中小制造业企业集群建设"、山东诸城市"如何培育诸城制造业产业集群"等课题的研究。

本书中的一部分观点、素材来源于上述企业或人物。因此，诚挚感谢以上所提到的企业家、专家、群主、机构和有关地方政府。正是因为繁杂不一的经历和广泛的接触面，本书呈现出田野性、开放性和可读性兼具的特点。

北京师范大学经济学院吴浩然博士曾在中制智库担任实习研究员，为本书做了大量资料搜集和图表制作的工作，在此表示感谢。但本书文责自负。

也要感谢中制智库丁德远、何益华、杨明红、刘斐、张得煜、杜马、降蕴彰、张亿、张立超、刘振豪、吴莉、张月等同事对本书的贡献。

著名图书出版人李勇先生直接促成了本书的诞生，没有他的鞭策督促，本书完稿可能还遥遥无期呢。

新　望

2023年6月3日

图书在版编目（CIP）数据

关键时刻：中国制造业何去何从 / 新望著 . -- 北
京：北京联合出版公司 , 2024.3
ISBN 978-7-5596-7379-4

Ⅰ . ①关⋯ Ⅱ . ①新⋯ Ⅲ . ①制造工业—产业发展—
研究—中国 Ⅳ . ① F426.4

中国国家版本馆 CIP 数据核字（2024）第 011862 号

关键时刻：中国制造业何去何从

作　　者：新　望
出 品 人：赵红仕
策　　划：张　缘
责任编辑：周　杨
封面设计：潘　峰　张　敏
版式设计：豆安国
责任编审：赵　娜

北京联合出版公司出版
（北京市西城区德外大街 83 号楼 9 层　100088）
北京华景时代文化传媒有限公司发行
北京文昌阁彩色印刷有限责任公司印刷　　新华书店经销
字数 279 千字　　710 毫米 × 1000 毫米　　1/16　　20 印张　　0.5 彩插
2024 年 3 月第 1 版　　2024 年 3 月第 1 次印刷
ISBN 978-7-5596-7379-4
定价：78.00 元